普通高等教育"十一五"国家级规划

U0587504

高等职业教育物业管理专业系列教材

GAODENG ZHIYE JIAOYU

WUYE GUANLI ZHUANYE XILIE JIAOCAI

物业管理实务

第2版

WUYE GUANLI SHIWU

主编/姚虹华　　副主编/林　澜　　主审/聂孝仑

重庆大学出版社

●   内容提要   ●

　　本书是高等职业教育物业管理专业系列教材之一。全书对物业管理基础环节——
物业管理工程设备设施的维保服务、安保服务、保洁服务和绿化服务中的作业要求、作业
规范、作业标准进行了归纳阐述，也对物管接待、应急、延伸服务、租售经营、质量管理、
技能训练、考核评优等日常主要工作实施方法进行了介绍和探讨。在编写过程中，作者
力求全面、务实，以反映目前我国物业管理实务运作的基本工作方法、技术水准，帮助读
者切实提高物业管理的技能和水平，掌握实务运作的方法和手段。还配有电子教案，供
教师参考。

　　本书可以作为大专院校物业管理专业教材，也可以作为物业管理从业者的参考读物。

图书在版编目(CIP)数据

物业管理实务/姚虹华主编. —2 版. —重庆:重庆大学
出版社,2009.1(2018.1 重印)
(高等职业教育物业管理专业系列教材)
ISBN 978-7-5624-3325-5

Ⅰ. 物…　Ⅱ. 姚…　Ⅲ. 物业管理—高等学校:技术学校—
教材　Ⅳ. F293.33

中国版本图书馆 CIP 数据核字(2009)第 008094 号

高等职业教育物业管理专业系列教材
物业管理实务
第 2 版
主　编　姚虹华
副主编　林　澜
主　审　聂孝仑

责任编辑:肖顺杰　王启志　　版式设计:肖顺杰
责任校对:秦巴达　　　　　　　责任印制:赵　晟
*
重庆大学出版社出版发行
出版人:易树平
社址:重庆市沙坪坝区大学城西路 21 号
邮编:401331
电话:(023) 88617190　88617185(中小学)
传真:(023) 88617186　88617166
网址:http://www.cqup.com.cn
邮箱:fxk@cqup.com.cn(营销中心)
全国新华书店经销
POD:重庆新生代彩印技术有限公司
*
开本:787mm×1092mm　1/16　印张:17　字数:362 千
2005 年 1 月第 1 版　2009 年 1 月第 2 版　2018 年 1 月第 7 次印刷
ISBN 978-7-5624-3325-5　定价:36.00 元

特别鸣谢（排名不分先后）：

上海市房地产科学研究院
重庆经济技术开发区物业发展有限公司
重庆融侨锦江物业管理有限公司
重庆新龙湖物业管理有限公司
重庆华新锦绣山庄网络物业服务有限公司
重庆大正物业管理有限公司
重庆科技学院
三峡联合职业大学物业管理学院
成都航空职业技术学院
四川建筑职业技术学院
昆明冶金高等专科学校
成都电子机械高等专科学校
黑龙江建筑职业技术学院
重庆城市管理学院
湖北黄冈职业技术学院
武汉职业技术学院
贵州大学职业技术学院
广东建设职业技术学院
广东白云职业技术学院
福建工程学院
重庆市物业管理协会
解放军后勤工程学院
重庆教育学院
重庆邮电大学
重庆大学城市学院
西安物业管理专修学院
四川外语学院南方翻译学院
西南师范大学
宁波高等专科学校
成都大学
成都市房产管理局物业管理处

序
XU

　　中国内地的物业管理从20世纪80年代初起步,经过20多年的磨砺,今天已经发展成为一个拥有两万多家企业,230多万从业人员,在大、中城市占GDP总值2%左右的一个生气勃勃的朝阳行业。可以毫不夸张地说,今天生活在大、中城市的人们,已经离不开物业管理了。随着社会经济的发展和人们生活水平的不断提高,物业管理服务还将进一步深入到全国中、小城镇的居民小区中,获得更大的发展空间。

　　行业的发展引发对物业管理专门人才的强烈需求。以培养人才为己任的高等院校,尤其是高等职业院校,用极大的热情关注着物业管理这一新兴行业的发展,纷纷开设物业管理专业。20世纪90年代中期,广州、深圳、重庆等地建立了物业管理专门学院,争先为物业管理行业培养和输送各类应用型人才,在一定程度上缓解了物业管理专业人才匮乏的矛盾。许多教育工作者、理论工作者和实务工作者,在百忙之中编写出版了物业管理专业高等和中等教育的多种教材和专著,一定程度上满足了物业管理专业教育的急需。

　　由于物业管理专业在我国尚处于起步发展阶段,对物业管理的经验总结和理论研究虽有一定进展,但尚未形成完善的物业管理学科体系。各类物业管理专业基础课、专业课的教学大纲正在制定,物业管理的相关政策法规陆续出台。在新的形势下,编写出版一套《高等职业教育物业管理专业系列教材》,以适应物业管理专业教育迅速发展和不断提高的需要,是十分必要和紧迫的。重庆大学出版社在广泛深入调研的基础上,邀请国内物业管理界和20多所高等院校的专家、学者和部分知名物业管理企业"双师型"职业经理组成编委会,由上海房地产科学研究院副院长王青兰博士任主任,重庆经济技术开发区物业发展有限公司副总经理、重庆融侨锦江物业管理有限公司总经理、各高校教授、专家任副主任和编委。经反复研究,决定在2004年秋季陆续推出一套理论够用、突出应用、定位准确、体例新颖、可操作性强的《高等职业教育物业管理专业系列教材》。

　　本套系列教材的框架体系,教材与教材之间的相关性、独立性及衔接性,每本教材的编写大纲,知识点的提出,实例和案例的选择,思考题和习题设置,均由任课教师和物业管理界的专家、实务工作者共同研究确定,并由企业界专家负责审稿。旨在使学生通过本套教材的学习,既掌握物业管理专业的基础理论和专业知识,又熟悉物业管理企业各主要工作部门实际操作的标准程序与技能,真正成为应用型、技能型的专业人才。

来自教育界、理论界、实务界的编委、主编、参编、主审,按照教育部《关于以就业为导向深化高等职业教育改革的若干意见》提出的"高等职业教育应以服务为宗旨,以就业为导向,走产学研结合的发展道路"的精神,结合自己熟悉的领域,优势互补,大胆尝试,严把教材质量关。期盼这一良好的开端,能使本套教材充分凸现理论紧密结合实际的特色,成为培养应用型、技能型专业人才的好教材。

本套系列教材可以供高等职业教育应用型本科和专科学生使用,还可以作为物业管理从业人员的日常工作参考用书。

物业管理专业的高等职业教育方兴未艾,高职教育紧密结合社会发展和行业发展需求,不断地向行业输送符合专业需求的应用型、技能型人才任重道远。我们有理由相信,在高校与物业管理界紧密合作和共同努力之下,物业管理学科建设定将取得丰硕成果和明显进步,使我们的高等教育更好地为行业培育出一大批应用型、技能型专业人才,为行业的发展不断提供优质的人才资源。

让我们一路同行,共创物业管理的美好明天!

编委会

2004 年 8 月

第 1 版 前 言
DI YI BAN QIAN YAN

　　物业管理在我国属于新兴行业,充满着生机和活力,显示出很强的生命力,人们用"三分建、七分管"来形容这一行业的重要性。根据社会发展的趋势和城市管理模式的变化,越来越多的社会财富要归入物业管理的范畴,并进行市场化运作,物业管理必将成为城镇管理的重要内容。随着经济发展的市场化趋势的加快以及城市管理部门管理职能的转变,物业管理行业从城镇物业的经营管理分离出来,将会更快地发展和壮大。广阔的物业管理市场,使得物业管理行业面临许多机遇和挑战。目前,对这一行业在认识、观念上还有待于深入探讨,在规范化运作上还需要进一步摸索和完善。

　　物业管理实务是从物业管理的实际工作出发,强调具体实施物业管理的各项日常工作的程序和方法。掌握物业管理实务的基本知识和实际操作技能,是从事物业管理工作的先决条件。为此,我们编写了这本《物业管理实务》教材,希望对读者掌握相关知识,提升工作能力有所助益。

　　本教材集成多年物业管理教学和实践的经验,针对现有物业管理教材侧重于对物业管理的基础理论、基本内容的论述较多,但是对以理论为基础针对不同情况的灵活运用和具体操作偏少的不足,力争在理论联系实际方面有积极的探讨和突破。表现为教材力图在全面论述基础理论内容的基础上,更主要偏重于处理现实工作问题的能力。这对于即将从事物业管理工作的在校学生和有意从事物业管理工作的人员,可以提供具体的操作方法和处理问题方法的借鉴;对于长期从事物业管理工作的人员,在改进工作方法和提高管理能力上也有一定参考价值。本教材还围绕物业管理的实际工作,在每章的理论论述之后,附以相应的典型案例和思考题,力争使学习者在熟悉基本原理之后能够运用所学的知识解决实际工作中遇到的难题。

　　本书适合高职高专学校和专业培训的教学需要,也可作为成人教育、函授、自学考试以及在职人员的自学教材。

　　本书由姚虹华任主编,林澜任副主编。各章的编写人员分别是(以章节为序):成都航空职业技术学院姚虹华:第1章、第4章;成都世纪城物业管理有限责任公司水巨场:第2章第1~8节、第10节;黑龙江建筑职业技术学院刘群:第2章第9节;黑龙江建筑职业技术学院曲庭顺:第3章、第5章;昆明冶金高等专科学校林澜:第6章;姚虹华与林澜共同编写:第7章;重庆邮电学院应用技术学院二分院周晓红:第8章、第9章;黑龙江建筑职业技术学院刘伟东:第10章、第11章。

物业管理在我国还是一门新兴的管理学科,在理论体系的建立、基础理论的完善、相关理念的确立、政策法规的制定以及具体工作的实践中,存在着相当多的问题,有待于进一步探讨。希望此书能起到抛砖引玉的作用,望各位专家、同行及读者不吝赐教。同时,在本书的编写过程中参考了部分学者和业内人士的著述,在此一并感谢。

编　者

2004 年 10 月

第 2 版 前 言

DI ER BAN QIAN YAN

随着我国房地产业的蓬勃发展,物业管理行业也有了长足进步。随着《中华人民共和国物权法》的颁布和《物业管理条例》的修订,物业管理服务工作的性质从法律层面得以充分肯定,也被赋予更高要求。高层次的物业管理人才需求日益兴旺。

我国高等职业教育经过多年发展,已经作为一种办学层次,占据高等教育的半壁江山。高等职业物业管理人才的培养,契合了物业管理业的需要。因其教学过程的实践性、开放性和职业性,高等职业物业管理专业日益得到重视和发展。

在这样一个大背景下,为努力适应高等职业物业管理人才的培养要求,编者对本教材进行了改版。其主要指导思想是按照目前高等职业教育改革的思路,重视人才培养的能力目标,面向工作过程进行教学设计,在第 1 版教材注重物业管理实操能力的培养基础上,为任务驱动项目导向的教学项目设计提供一定帮助,并提供了更丰富的教学资源。

第 2 版修改的主要内容有:

1. 根据国家有关文件精神,全书统一将"物业管理企业"或"物业管理公司"更改为"物业服务企业"或"物业服务公司"。

2. 在原有教材强调教学内容的标准化和可操作性基础上,在涉及实际操作问题的各章补充"服务运作中的常见问题及应对措施"一节,介绍管理实务中常见问题及处理方法的经验总结,提高学习者的实际工作经验。

3. 整合了第 2 章与第 7 章的部分内容,纠正重复现象;修订了第 3 章中与实际不够贴切的内容;勘校了各章节表述不够准确之处。

4. 每章增加案例分析若干,设置开放性问题,供教师在教学中选用,以促进教学过程与能力训练更好结合。

5. 增加第 12 章"物业管理实务技能训练"。本章结合高职学生知识技能水平,设计若干教学训练项目,建立仿真工作流程,供教学中教师选用,对学生进行实际训练,使本教材达到理论知识学习和技能提高的双重功效。

6. 每章正文前增加了导读,旨在提纲挈领地介绍本章的重点、难点和主要内容。

配合纸质教材的出版,编者还在出版社教学资源网上(www. cqup. net)免费提供配套电子课件,展示物业管理设备,进行日常管理实操演示,再现真实工作环境、氛围、问题,使教学过程与物业服务工作实际密切结合。

本书第 2 版工作由主编姚虹华主持进行。第 1 版的部分作者水巨场、周晓红、林澜、姚虹华参加了第 2 版修订工作,分别对原负责章节进行了修订。新增的第 12 章由姚虹华、林澜共同编写。

编　者
2008 年 7 月

目 录
MU LU

第 **1** 章
概　述

【本章导读】

　　现代房地产业的蓬勃发展催生了物业服务工作,为其向高层次、高标准发展打下了坚实基础。本章作为《物业管理实务》的入门章节,重点介绍了物业服务工作的性质、特点和发展趋势,强调物业服务作为高水平现代服务业的重要领域,有自身的独特性质和特点,要求有较高的管理水平和经营理念。希望通过本章内容,为学习者建立对目前物业服务工作发展层次和未来发展方向的基本认识,理解现代物业服务工作的理念及工作重点,能够在今后的物业服务工作中提升物业服务的层次。

　　在中国内地,物业管理是一个新兴的服务行业。经过20多年的发展,在大部分地区开始步入初级阶段,并已经在全国大中城市逐步形成企业化经营、专业化管理和社会化服务的格局。如果说物业管理从房地产业脱离出来是该行业的第一次革命,那么物业管理内涵的进一步深化、管理方法手段的进一步丰富和完善,就成为物业管理行业第二次革命的内容。物业管理与其他行业相比,在管理服务的对象上和运作方式上都有着自身的特点。这些特点决定了物业管理服务和运作的复杂性与不确定性,也决定了其内容的广泛性与多变性。本章将对物业管理实务运作的特点及其未来发展趋势进行探讨。

▌1.1　物业管理实务的含义

　　所谓物业管理实务,是物业管理企业根据物业管理的工作内容,按照既定的工作程序、工作标准进行实际运作的过程。它强调的是如何保证物业管理中各项日常工作的具体实施和如何达到相应的服务质量要求。物业管理是一项实践性很强的工作,熟练掌握物业管理各方面、各环节具体运作的实务知识,是从事物业管理工作的必备条件。

1.1.1 物业管理实务的性质

作为一项服务性工作,物业管理服务有着与其他服务一样的共性。区别于有形商品,它是无形的,难以定价,无法储存或展示;服务的提供与消费是同时进行的,消费者参与了服务的全过程,服务效果既取决于员工的行为,又取决于消费者的主观感受;服务是不可储存的,供需难以同步。这些特点决定了物业管理服务工作是一种人力高度密集的工作,需要员工不断跟进消费者的需要,方有可能达到"消费者满意"的目标。为此,物业管理需要从管理制度和员工培训两个方面入手,在服务质量方面需要达到如下具体要求:

(1)可靠性 准确可靠地执行所承诺服务的能力。

(2)响应性 帮助顾客及为其提供便捷服务的自觉性。

(3)安全性 员工以专业知识和谦恭态度获得业主信任的能力。

(4)移情性 能够给予业主充分关心和提供个性化的服务。

(5)有形性 以有形的工具、设备、人员和书面材料显示自身的专业水准。

此外,因物业管理实务所处的领域,其性质还有以下一些需要强调的独特方面:

1)物业管理实务的规范化

物业管理的基本出发点是根据社会生产力发展水平和人们对生活需求的变化,运用现代管理科学、先进的维修养护技术,运用经济手段来管理房产物业,为业主(使用人)提供所需要的全方位、多层次的管理服务。物业管理实务是物业管理赖以成长的依托。通过量化的、规范性的操作技术和方法,物业服务公司可以在较长的时期内稳定推行工作方针,贯彻管理服务理念。因此,物业管理实务的各项工作内容均需定员、定时、定量、定制进行,以满足物业管理实际工作的需要。

2)物业管理实务的标准化

物业管理工作是一项社会性很强的工作,但也要坚持有偿服务原则。无论是为用户提供必需的物业管理日常服务,还是提高物业投资的经济效益,在市场经济等价交换的原则约束下,物业管理的所有实务性工作都必须质价相符。物业服务公司以特定的工作团队和工作内容满足业主各种显性的和可能产生的隐性需要,提供有价值的服务产品,使服务与需求匹配,价格与内容相符。因此该服务产品必须可评价、易衡量,也即能够以标准化指标指导和落实物业管理实务中的各项工作。

3)物业管理实务的制度化

由于物业管理实务工作涵盖了物业管理日常工作的各项内容,涉及工作内容、工作程序、方法和手段,为提高管理的科学性、有效性,应对复杂多变的外部环境,必须对日常工作制度化,固定程序,确保服务质量稳定。在危机处理上要求提前做出预案,提高员工应对突发事件和各种意外的能力和水平。这是物业管理程序性和制度化的基本要求。

1.1.2 物业管理实务的特点

物业管理实务具有以下特性:

1) 实践性与操作性

物业管理实务涉及的是物业管理的具体工作,包括的内容具体而繁杂,有些还是重复的,涉及经营、管理与服务的各个方面,要解决物业管理每一步做什么、怎么做、注意什么的问题,需要具备专业的知识,按照一定程序加以执行,因此实践性和操作性很强。

2) 系统性与综合性

物业管理实务涉及的工作面广而复杂,并具有很强的系统性和综合性。从前期介入到日常运作,环环相扣。这一特性要求在做物业管理的具体工作时,既要分工明确、各司其职,又要统筹兼顾、互相协调配合。因此,才有物业服务公司中"首问责任制"的推广和必要。

3) 相关性与多样性

物业管理实务是为业主、使用人提供的服务性工作,必然会与业主、使用人产生密切的相关性。同时,它涵盖业主生活的绝大部分时间,要保障满足业主生活多方面的需要。所以物业管理工作不能放松,需要责任落实,管理到位,定时检查,并应建立及时的反应系统。

4) 复杂性与发展性

随着社会的发展变化和人们生活水平的提高,人们对服务的需求也会不断增加、不断变化,随之而来,物业管理所包括的内容和项目也会不断增加、不断变化。物业服务企业要能适应这种增加的变化和需求,同时也应主动开辟一些新的服务项目和领域,培育自身的应变机制,增强自身的管理创新能力和活力,以提高管理水平和竞争能力。

1.2 物业管理实务的发展趋势

把握物业管理实务的发展趋势和走向,满足社会经济和城市建设的发展以及广大业主对物业管理的需求,是物业管理行业值得深思和探索的问题。根据物业管理的现状与行业发展态势,物业管理实务的未来发展将会呈现以下趋势:

1) 物业管理实务将发展成为城市管理、社区建设的重要组成部分

从当今世界经济发展规律来看,社会经济的发展必将导致第三产业的迅速崛起,

满足人民生活水平提升和更多精神需要的物业管理行业也成为发展势头强劲的新兴产业。随着中国房产管理由传统的计划经济模式向市场经济体制转换,商品物业的覆盖面迅速扩大,福利型行政性房屋分配和管理体制将在短期内退出,由适应市场经济运行规律和城市发展的物业管理体制所取代。房地产管理体制改革和房地产业的迅速发展,促使物业管理涉及面更为宽广,呈现加速推进的态势,进入蓬勃发展时期,成为发展势头强劲的第三产业。

对生态环境的保护是实现经济持续增长的必然途径。优美的居住环境,已成为人们改变居住现状、提升居住需求层次的首选条件之一。物业管理除立足于物业的管理外,更重要的是要对业主提供多方位的服务,营造高层次、高品位的文化生活,满足业主不断追求的文化需要。物业管理多功能、全方位的管理服务特点,使物业管理在社区文化、社会治安和培养健康文明的生活方式等方面,有巨大的潜力和广阔的发展空间,对城市管理和社区精神文明建设具有不可替代的作用。

2) 物业管理服务将实现由服务管理型向经营管理型的转变

目前,政府在制定物业管理服务费的指导价时考虑到业主的经济承受能力,给出了相关物业的最高限价,而作为新兴企业在税费负担上并没有得到与之相应的优惠,这使得物业管理行业发展步履维艰。但随着国民经济的发展和社会消费水平的不断提高,人们的消费水平和消费观念正逐渐发生变化,物业管理费用的收取标准也将会根据市场供求变化和管理质量水平并按价值规律全面界定。物业管理费用收取市场化,必然带来物业管理价值的回归,有利于维护企业的经济利益,促进行业的良性发展。企业将从根本上扭转保本微利、亏损补贴的局面,在行业可持续发展的前提下,使企业利润不断增长。

日益成熟的市场环境和日趋规范的企业行为使企业要想生存与发展,就必须千方百计提高内部管理水平,提高员工职业道德素质,完善服务内容,提高服务质量;同时树立现代经营管理理念,制定正确的经营策略,提高自主经营能力,满足企业自我积累、自我发展的需要。

3) 物业管理行业的发展将更加健康有序

到目前为止,物业管理行业在我国的发展时间短,专业理论学科体系建立还不完善,政策法规还不能完全适应行业发展的要求,物业服务企业与各大产业的经济关系以及与政府行政管理部门、其他社会组织的社会关系还未理顺。但是,随着今后物业管理市场化进程的加快以及现代企业制度的建立,物业服务企业将成为真正的法人企业,其经营管理活动将会得到进一步的加强和发展。

政府为扶持物业管理行业的发展,将继续提供强有力的政策支持,并形成较为完善的物业管理政策体系。在税收政策、价格政策等方面对物管企业的扶持已成为热门话题。

以资质条件审查为手段的市场准入制度,物业管理招标投标工作的推广,从业人员职业资格认证工作,政府对企业的行政干预和指导的弱化,物业管理协会对行业自律管理作用的增强,能够解决目前一些企业规模过小、综合实力差、管理不到位、投诉增多、影响行业形象、浪费社会资源等问题。

4)物业服务企业向规模化、品牌化方向发展

目前物业服务企业小、弱、散、差的现象普遍存在,全行业 2 万多家物业服务企业中,仅有约 1/3 的企业在财务上基本持平或略有赢利,而按现代企业制度建立起来的企业还不足 4%。随着物业管理招标投标工作的大力推行和物业管理市场化的发展,物业服务企业将从数量型增长向质量、规模、效益型增长转变,规模化经营的资产重组必然驱使物业服务企业向品牌化方向发展,物业管理的技术含量将不断提高;并在有限的市场资源条件下,企业竞争的进一步加剧势必推动物业管理行业整体素质的提高,社会资源配置也将得到进一步的优化。

信息技术的快速发展、房屋建筑所采用的大量高科技现代技术、现代物业设施的智能化系统,以及信息、网络技术的普及,给物业管理带来了革命性的发展。物业管理虽是劳动密集型行业,但其技术性、科学性日益增强,使行业的科学技术水平与管理能力不断提高,物业管理将步入一个崭新的时代。

本章小结

物业服务既包括对房屋、附属设备设施的养护以及环境秩序的维护,以使物业发挥出最大的使用价值,也包括为业主生活的便利而提供的个性化服务和开展文化活动,以满足业主的精神需要,营造现代生活方式。

物业服务工作具有服务领域的共同特性,需要通过对业主需求的了解,设计可实施的技术规范,然后接受物业服务委托,签订物业服务合同,形成特定的权利义务关系,并在服务提供过程中做到质价相符。

物业管理实务涉及物业服务的常规工作,包括维保、安保、保洁、绿化、接待以及危机处理,它强调的是如何保证物业管理各项日常工作的具体实施和达到相应的服务质量要求。

物业服务行业是城市管理、社区建设的重要组成部分,服务经营活动的规范化有助于本行业的可持续性发展。

习 题

1.物业管理实务的性质有哪些?
2.试述物业管理实务的特点。
3.物业管理实务的发展前景如何?

第 2 章
维保服务

【本章导读】

　　维保服务在物业服务工作中占有重要地位,尤其在现代化程度高的高档楼宇中更是如此。服务和设施设备管理水平对物业服务的质量、经营成本乃至物业服务企业的发展起到至关重要的作用。本章通过对维保服务工作的对象、内容、要求、方法的介绍,希望学习者熟悉供配电系统、给排水系统、电梯系统、中央空调系统、弱电系统、房屋维养的工作对象、工作内容、管理手段,能够按照要求,在工作中实施维保服务的计划管理、运行管理、维修管理、安全管理、档案管理。

　　在物业管理行业,通常所称房屋是指人们为居住、办公、经营、娱乐等目的而建筑的建筑物,如住宅、楼宇、大厦、厂房等;设备是指这些建筑物附属设备的简称,是物业正常使用的基础,也是业主能正常工作、生活的物质保障,如供电、给排水、电梯、供暖、制冷等机电设备及智能化系统等;设施是指在人们工作和生活场所里提供的美观、舒适、方便、安全的附属配置,如围墙、道路、车库、休闲设施、绿化、园林景观及外装饰物等。

2.1　维保服务概述

　　维保服务是指专业工程管理人员根据所掌握的物业及设施设备原理、性能,对其进行维修保养,使之保持最佳运行状态,有效发挥其使用功能,为业主(使用人)提供高效、安全和舒适环境的工作。

2.1.1　维保服务的特点

　　房屋、设备、设施的维护和保养(简称维保)服务是物业服务企业最常见、最持久、

最基本的工作内容之一,是物业管理的核心组成部分。它具有以下 3 个特点:

1) 很高的技术性

随着城市现代化程度的提高,物业管理向规模化发展,物业服务公司所管理的设备种类以及内容越来越多,管理和维护的技术要求也越来越高。要求物业管理工作人员不仅要有房屋建筑工程专业技术知识和与设备相关的专业技术知识,从而对房屋、设备、设施的管理维修方案做出正确合理的决策,对质量、成本和进度进行有效的控制,而且要了解和掌握所管辖区域内的各种设施、设备的原理和性能,研究最佳使用和维护方法,最有效地发挥其功能,以达到延长物业使用寿命,为业主提供良好的服务,保障良好生活居住环境的目的。

2) 很强的计划性

这项工作存在着不同阶段和具体步骤,以及各项工作之间不可逆转的工作程序。因此,要做好对房屋、设备、设施的维修保养,一般需要先进行情况调查,对其质量和安全进行检查、研究、规划后才能决定维护和保养方案,签订维修合同,严格按维修施工程序组织维修。

3) 复杂性

房屋、设备、设施的维护和保养的复杂性是由其多样性和个性化以及其普遍性和分散性所决定的。要求工作人员根据不同的房屋结构以及各建筑具体的完损情况等,分别采用不同的维保方法,制订不同的维修方案,组织不同的维修施工。

2.1.2　维保机构设置

建立一支结构合理、技术过硬的工程技术队伍是确保设备有效运转的基础。维保机构及其人员主要根据所管辖物业的类型、设备的复杂程度、服务质量的要求等设置编制。编制是否科学、合理,直接影响设备运行的成本和效率。

一般大型的写字楼、高层商住公寓、大型商场等综合楼宇通常采用维修与运行分列的组织方式,由于其专业分工较细,所以对设备的运行管理和维修保养都比较到位,但成本相对较高。而一些中、小型的住宅小区,为了降低成本,通常采用运行与维修一体化的方式,即不分运行、巡视、维修等工作类型,也不分强电、弱电、电梯、空调、消防、给排水等工种,机电运行以电工为主二合一,维修以专业为主不分家,所以要求员工必须具备一专多能的本领,最好一个维修人员能有多种操作证书。

2.1.3　维保服务的目的和内容

物业服务公司对所管物业进行维保的直接目的是确保设备的正常运转,延长设备运转寿命,降低物业管理的成本;最重要的是能充分发挥各种设备的使用功能,使物业业主和使用人得到最大限度的满足。

在物业管理中对房屋、设备、设施的维护和保养的内容很多,由于物业的状况不同,管理的内容也各有所别,但基本内容是相同的,主要包括以下方面:

1) 计划管理

(1)建立设备档案登记卡　参考设备使用说明书、使用手册、安装调试质量说明中的有关维护保养内容,对要进行维护保养的设备建立设备档案登记卡,并按说明书中规定的维护保养项目设计表格,建立维护保养记录。

(2)编制设备计划维护总表　将全部维护保养记录表中的任务和时间汇总到计划维护总表中,制定出年度设备维护保养一览表。

(3)发出维护保养指令工作单　维护保养指令工作单是根据计划维护总表及维护保养一览表的安排,按时向员工发出的工作命令。

(4)维护保养计划的落实跟踪检查　员工根据指令完成任务后必须在工作单上做好记录,包括所用时间、检查结果等,并签字交回。技术主管及主管工程师要对维修工的工作进行检查或抽查,考核其工作质量。

2) 组织巡查

除按计划进行维护保养外,还要安排员工根据不同的设备及运行时间状况进行每日或每周巡查。要培训员工充分利用视觉、听觉、触觉、嗅觉,检查使用设备的运行情况:要查看计量表读数如电压、电流、压力、温度等是否正常,聆听设备运行的声音是否有异常,触摸设备温度及振动情况是否正常,嗅一嗅设备是否发出焦味或其他异味等。要加强员工的责任感,坚持和完善设备的巡查制度,这样做可以及时发现设备的初期问题,及早解决,同时也将降低维保成本。

3) 资料档案管理

设备及资料的建档是工程管理的一项十分重要的工作,认真、详细地做好该项工作,将对今后进行故障维修、制订设备的预防性维护计划及设备的巡回检查计划带来许多方便。

①建档是汇集、积累设备运行状态的最基本工作,设备均应建立相应的设备登记卡。

②档案是提供分析设备在使用期改进措施的资料来源。研究分析设备档案资料,可改进设备管理和检修计划,提高维修和管理水平。

③设备登记卡应填写设备名称、型号、编号、安装地点、制造厂家、供应商家、联系电话、地址、设备主要数据、备件存放地点、维护保养要点、事故分析等项。

4) 安全运行管理

为保障业主(使用人)的利益以及设备操作人员的生命安全,必须制定设备安全

运行的有关管理规定,具体包括:

①设立安全管理组织,进行安全教育和培训。

②经常保持工作场所安全,定期或不定期实施安全检查。

③若发生事故,必须进行原因调查和分析;调查分析的结果必须保存及公示,提请员工注意,增强员工的运行安全知识。

④制定工作安全守则及奖惩规定,负责人经常参与监督各项安全活动及安全措施的执行。

2.2　供配电系统的运行和维修保养

2.2.1　供配电设备构成

1) 高压配电设备

(1)高压隔离开关　高压隔离开关亦称高压闸刀开关,无灭弧装置,分闸时有明显的断点,不能带负荷操作。其主要作用是在检修时用于隔离电源。

(2)高压负荷开关　高压负荷开关有不完善的灭弧装置,分闸时有明显的断点,可通、断正常的负荷电流和过负荷电流,检修时也可用于隔离电源。但不能配以短路保护装置来自动跳闸。

(3)高压断路器　高压断路器有较完善的灭弧装置,分闸时无明显断点,可通、断正常的负荷电流、过负荷电流和一定的短路电流。

(4)高压熔断器　高压熔断器主要用于电路的短路保护。

(5)电流、电压互感器　电流、电压互感器都是特殊变压器,其主要作用一是使高电压、大电流的电路和测量仪表、继电保护电器隔离,保障观察人员的安全;二是扩大仪表的量程。

2) 低压配电设备

(1)低压刀开关　有灭弧罩的低压刀开关可通、断负荷电流,没有灭弧罩的低压刀开关只能作隔离电源用。

(2)低压刀熔开关　低压刀熔开关是低压刀开关和低压熔断器组合成的开关电器,可作短路保护和隔离电源用。

(3)低压负荷开关　低压负荷开关是带灭弧装置的刀开关与熔断器串联而成的。低压刀熔开关,具有刀开关和熔断器的双重功能。

(4)低压断路器　低压断路器既能带负荷通、断电路,又能在短路、过负荷和低电压(失压)时自动跳闸,其功能和高压断路器相似。

(5)低压熔断器 低压熔断器在低压电路中起短路保护作用,也能实现过负荷保护。

3)电力变压器

电力变压器的功能是对电能的电压进行变换。目前应用最广泛的变压器是油浸变压器和干式变压器。油浸变压器其主要构造是:绕在铁芯上的原、副绕组浸泡在铁制的油箱内,绕组的引线经套管绝缘子引出后与高、低压线路相连。变压器按额定负荷20年的寿命设计,不论是油浸变压器还是干式变压器,其寿命主要受绝缘材料老化的影响。超负荷运行或散热不好导致温升太高时,绝缘老化加剧寿命减短。

4)箱式变电站

箱式变电站是将高压断路器、干式变压器、低压配电开关和计量装置共同组合在一个箱体内,其结构上一般为高压端和低压端分别在两侧,变压器位于中间。箱式变电站充分考虑了便于操作和安全、通风、防小动物等要求。它不需要专用的设备房间,安装方便,在目前的物业中得到了普遍应用。

5)发电机

为了保障消防系统和一些重要设备的可靠运行,在无双回路供电的情况下,一般采用备用柴油发电机组作为后备电源,在市电故障时自动或手动投入运行,以保障消防中心、消防电梯、消防水泵、排烟设备、防火卷帘、事故照明、保安设施、监控中心等用电。

6)插接式母排

插接式母排又称插接式母线槽,是近年来在民用高层建筑中应用较广的载人容量较大的配电产品。其结构紧凑,传送电流密度大,绝缘强度高,安装时的互换性强,配电路线的延伸、改变方向以及变径灵活、方便,而且供电安全可靠。

2.2.2 供配电设施的安全操作管理

供配电设施的安全操作管理有两方面的含义,一方面是保障设备的运行安全,另一方面是保障设备使用和管理人员的人身安全。供配电设施的安全操作管理就是规范供配电设施的操作程序,保证供配电设施操作过程中的安全,防止供配电设施损坏、绝缘老化、误操作等造成短路、漏电所引起的火灾、触电事故。

1)安全操作注意事项

①操作高压设备时,必须使用安全用具。使用操作杆、棒,戴绝缘手套,穿绝缘鞋。操作低压设备时戴绝缘手套,穿绝缘鞋,同时注意不要正向面对操作设备。

②严禁带电工作。紧急情况下须带电作业时,必须有监护人、足够的工作场地和充足的光线,并戴绝缘手套,穿绝缘鞋。

③自动开关自动跳闸后,必须查明原因,排除故障后再恢复供电。必要时可以试合闸一次。变配电室倒闸操作时,必须一人操作、一人监护。

④电流互感器二次侧不得开路,电压互感器二次侧不得短路,不能用摇表测带电设备的绝缘电阻。

⑤设立安全标志。应对各种电气设备设立安全标志牌:配电室门前应设"非工作人员不得入内"标志牌;处在施工中的供电设备,开关上应悬挂"禁止合闸,有人工作"标志牌;高压设备工作地点和施工设备上应悬挂"止步,高压危险"等标志牌。

2)安全操作规程

为确保安全,防止误操作,工作人员须遵守以下的操作规程:

(1)送电操作规程 变配电所送电时,一般应从电源侧的开关合起,依次到负荷侧的开关。有高压断路器、高压隔离开关、低压断路器、低压隔离开关的情况下,送电时,一定要按照:高压隔离开关(刀开关)→高压断路器→低压隔离开关(刀开关)→低压断路器的合闸顺序操作。

(2)停电操作规程 变配电所停电时,一般应从负荷侧的开关拉起,依次拉到电源侧开关,以保证每个开关断开的电流最小、较安全。有高压断路器、高压隔离开关、低压断路器、低压刀开关的电路中,停电时,一定要按照:低压断路器→低压隔离开关(刀开关)→高压断路器→高压隔离开关(刀开关)的拉闸顺序操作。

(3)变压器维修前的安全操作规程 为确保在无电状态下对变压器进行维修,必须先拉开负荷侧的开关,再拉开高压侧的开关。用验电器验电,确认无电后,在变压器两侧挂上三相短路接地线,高低压开关均挂上"有人工作,请勿合闸"的警示牌,才能开始工作。

2.2.3　供配电设备的运行管理

1)变配电室巡视内容

变配电室的值班电工必须按照规定的次数对高压开关柜、变压器、落地电表箱、辖区线路进行检查、巡视、监控,将每次巡视的时间、设备、结果等记入"运行巡视记录"。变配电室的巡视内容包括:

①变压器的油位、油色是否正常,运行是否过负荷,是否漏油;干式变压器的温度是否在规定范围内,冷却风扇是否运行正常等。

②配电柜有无声响和异味,各种仪表指示是否正常,各种导线的接头是否有过热或烧伤的痕迹,接线是否良好。

③配电室防小动物的设施是否良好,各种标示物、标示牌是否完好,安全用具是

否齐全以及是否放于规定的位置。

④按时开关辖区内的路灯或灯饰。

2)线路巡视内容

①电杆有无倾斜、损坏、基础下沉现象。

②沿线有无堆积易燃物、危险建筑物。

③拉线和扳桩是否完好,绑线是否紧固。

④导线接头是否良好,绝缘子有无破损。

⑤避雷装置的接地是否良好。

⑥对于电缆线路,应检查电缆头、瓷套管有无破损和放电痕迹,对油浸纸电缆还应检查是否漏油。

⑦检查暗敷电缆沿线的盖板是否完好,路线标桩是否完整,电缆沟内是否有积水,接地是否良好。

3)配电房管理规定

①配电房是关键部位,非工作人员不得入内。

②值班员必须持证上岗,熟悉配电设备状况、操作方法和安全注意事项。

③值班员必须密切注意电压表、电流表、功率因数表的指示情况;严禁变压器、空气开关超载运行。

④经常保持配电房地面及设备外表无尘。

⑤配电房设备的倒闸操作由值班员单独进行,其他在场人员只做监护,不得插手;严禁2人同时进行倒闸操作,以免发生错误。

⑥因故需停某部分负荷时,应提前1天向使用该部分负荷的用户发出停电通知。对于突发性的停电事故应通过电话、口头通知或广播向业主做出解释。

⑦经常保持配电房消防设施的完好齐备,保证应急灯在停电状态下能正常使用。

⑧做好配电房的防水、防潮工作;堵塞漏洞,严防蛇、鼠等小动物进入配电房。

⑨值班员应认真做好值班记录和巡查记录,认真执行交接班制度。

2.2.4 供配电设备的档案管理

为掌握供配电设备的历史状况,以便正确使用供配电设备,对供配电设备应建立档案进行管理。一般住宅区或高层楼宇以每幢楼为单位建立档案。其内容主要有:电气平面图、设备原理图、接线图等图纸;使用电压、频率、功率、实测电流等有关数据;"运行记录"、"维修记录"、"巡视记录"及大修后的"试验报告"等各项记录。这些资料由公司工程部供电设备管理员负责保管。运行记录、巡视记录由值班电工每周上报设备管理员一次,维修记录及大修后的试验报告则在设备修理、试验完成后由值班电工及时上报设备管理员。

2.2.5 供配电设备设施的维修管理

供配电设备设施的维修管理有两方面的含义:一方面是搞好设备的养护,消除事故隐患,防止供配电设备设施出现较大故障,使其在最佳运行状态下工作;另一方面是当供配电设备设施出现故障时,及时修复,尽快恢复供电,减少停电给业主生活、工作带来的不便。

1) 低压配电柜的养护

低压配电柜的养护,每半年一次。养护的顺序是:先做好养护前的准备,然后分段进行配电柜的保养。其内容有:

①检查母线接头有无变形,有无放电的痕迹;紧固连接螺栓确保连接紧密;母线接头处有脏物时应清除,螺母有锈蚀现象应更换。

②检查配电柜中的各种开关,取下灭弧罩,看触头是否有损坏;紧固进出线的螺栓,清洁柜内尘土,试验操动机构的分合闸情况。

③检查电流互感器和各种仪表的接线是否接好。

④检查熔断器的容体和插座是否接触良好,有无烧损。

在检查中如发现问题,应视其情况进行处理。该段母线上的配电柜检查完毕后,用同样的办法检查另一段。全部养护工作完成后恢复供电,并填写有关记录。

2) 插接母排的维护

因插接母排不防水,故要特别注意防水。此外,应特别注意零线接插部分是否接触良好,压缩弹簧是否有老化现象。

3) 变压器的养护

①变压器的养护每半年一次,一般安排在每年的 4 月和 10 月。

②在停电状态下,清扫变压器的外壳,检查变压器的油封垫圈是否完好。

③拧紧变压器的外引线接头,若有破损应修复后再接好。

④检查变压器绝缘子是否完好,接地线是否完好,若损伤则予以更换。

⑤测定变压器的绝缘电阻,当发现绝缘电阻低于上次的 30% ~ 50% 时,应安排修理。

4) 供配电设备设施的维修方式

供配电设备设施维修是指对供配电设备设施中出现的故障进行的修复。较大的维修项目如变压器的内部故障和试验、高压断路器的调整和试验等,对此一般采用外委维修的方式。较小的维修项目如路灯照明线路、楼宇内的配电箱及电力计量箱等公共设施出现故障时的维修,对此由物业服务公司的值班电工修理解决即可。若照

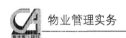

明灯、电度表属业主个人所有,用户找值班电工修理需办理交费手续。值班电工修理后填写维修登记表,并由用户签字。

2.3 给排水系统的运行和维修保养

给排水系统设备设施管理主要针对给排水系统中所涉及的各种设备及管道等的日常操作运行、维护等的管理活动,包括物业服务公司对所管辖区内给排水系统的计划性养护、零星返修和改善添装。

2.3.1 给排水系统组成

给排水系统是指物业管理区域内的各种冷水、热水、开水、纯净水供应和污水、雨水排放的工程设施的总称。它主要包括以下几部分:

1)一次供水系统

一次供水系统是指物业管理区域内通过城市供水管网,直接供入辖区住户的给水系统。其中涉及的设备设施主要有供水管网、水表、阀门等。

2)二次供水系统

由于市政管网的供水压力一般为 0.2~0.4 MPa,所以超过 6 层以上的高层住宅和大厦必须进行二次供水。二次供水系统一般由地下水池、高位水箱、供水泵、水位控制装置等组成。为了达到节能和高质量供水的目的,近年较流行的是变频恒压供水系统。该设备采用可编程变频控制器为主控器件,根据给定的压力信号及反馈的压力信号,通过变频控制器改变水泵电机的供电频率,及时调整水泵运行速度来满足用水量的变化,从而使供水压力平稳。

为了保证供水的可靠性,一般变频水泵都设计为一用一备,而且当变频系统有问题时,可以很方便地转入工频系统。

3)排水系统

排水系统是指物业区域内用来排除污废水及雨雪水的系统。其中主要涉及的设备设施有室内排水管道、通气管、清通设备、抽升设备、室外区域检查井和排水管道、化粪池等。

4)热水供应系统

这部分是指为满足对水温的某些特定要求而设置的设备系统。通常它多用在高档别墅、酒店和商务楼。其中涉及的设备包括淋浴器、供回水管道、热水加压泵、热水计量表、加热器(锅炉或板式换热器)、温度调节器、减压阀等。

5) 管供纯净水系统

该系统多用在高档社区或别墅区。一般是运用逆渗透水处理技术,有效地将原水(自来水、地下水)变成人们可以直接饮用的纯净水。其主要设备有石英砂过滤器、活性炭过滤器、软水器、全自动逆渗透装置、变频调速恒压供水系统、循环供水管道、计量装置和紫外线杀菌仪等。

6) 消防水系统

消防水系统有建筑物内的消防水系统及小区庭院内的消防水系统等,主要包括供水箱、水泵接合器、各式消防喷头、消防栓、消防泵、消防管网、稳压系统等。

2.3.2 给排水设备设施的运行管理

1) 水泵的安全操作规程

(1)启动水泵前的检查 在启动水泵前,先检查水泵的进、出水闸阀是否已经打开,如没有则应打开;检查水泵机组是否有空气,若有则应予以排除;检查电压表、信号灯等仪表指示是否正常。

(2)启动水泵 打开水泵控制柜的电源开关,将转换开关置于"手动"位置,启动水泵的启动按钮。水泵启动时,注意观察启动电流。如果一次不能启动成功,可以再试启动两次,每次应间隔3 min。如果3次未启动成功,则应停下来查找原因,排除故障后才能再启动。如果启动成功,使水泵运转5 min以上,同时观察运转时电流表的指示,以确定有无异常情况(如异常声响、异常气味等)。检查运转时水泵漏水是否严重,是否漏水成线;若出现漏水严重情况,应查找原因,并进行维修。维修完毕后再次按上述要求启动水泵,若一切正常,按"停止"按钮使水泵停止;然后将水泵开关置于自动位置,水泵自动启动并运行。

(3)停止水泵 在正常运转过程中,若要停止水泵,要将转换开关置于"0"(停止)位置;如果需要长时间停止运转或检查,应拉下电源开关,关闭水泵的进出水闸阀。

2) 给排水设备的日常巡视

给排水设备运行管理中的日常巡视工作内容主要包括:水泵房有无异常的声响或大的振动,压力指示是否正常,电机控制柜的指示灯有无异常,电机温升是否正常,闸阀连接处是否漏水,水泵漏水是否成线,水池、水箱水位是否正常,止回阀、浮球阀、液位控制器是否动作可靠。在巡视过程中发现不正常情况时应及时采取措施,解决不了的问题,应立即上报工程部主管,请求协助解决。

建立二次供水管理巡查制度。定期对水池、水箱进行巡查并记录,保证水池、水箱完好,加盖、加锁,出水口干净;水池、水箱入口、溢流口防蚊虫、弃物装置完备,无溢漏、渗漏现象;水池、水箱周围无沙子、碎石及垃圾、污物等。

3) 化粪池的管理规定

①化粪池每年由专业公司至少清掏一次。

②化粪池入口铁盖应盖好,未经管理处主任批准不得开启化粪池盖。

③化粪池开盖后要有专人看护并设置警示牌,清理后马上盖好。

④化粪池内的沼气充分散发后才可作业,工作场地周围严禁烟火,以防爆燃。

4) 水泵房管理规定

①值班人员应对水泵房进行日常巡视,检查水泵、管道接头和阀门有无渗漏水。

②经常检查水泵控制柜的指示灯状况,观察停泵时水泵压力表指示。在正常情况下,生活水泵、消防水泵、喷洒泵、潜水泵的选择开关应位于自动位置。

③生活水泵每星期至少轮换一次,消防水泵每月自动和手动操作一次,确保消防水泵在事故状态下正常启动。

④泵房每星期由分管负责人打扫一次,确保泵房地面和设备外表的清洁。

⑤水池观察孔应加盖并上锁,钥匙由值班人员管理;透气管应用不锈钢网包扎,以防杂物掉入水池中。

⑥按照水泵保养要求定期对其进行维修保养。

⑦保证水泵房的通风、照明,以及应急灯在停电状态下的正常使用。

2.3.3　给排水设备设施的维修养护

1) 水泵的维修养护

生活水泵、消防水泵每3个月进行一次全面养护,排污泵、潜水泵每半年进行一次全面养护。具体而言,水泵的维修养护内容主要有:

①检查水泵轴承是否灵活。如有阻滞现象,则应加注润滑油;如有异常摩擦声响,则应更换同型号、规格的轴承。

②水泵叶轮如有卡住、碰撞现象,则应更换同规格水泵叶轮。

③如轴键槽损坏严重,则应更换同规格水泵轴。

④检查压盘根处是否漏水成线,如是则应加压盘根。

⑤清洁水泵外表。若水泵脱漆或锈蚀严重,则应彻底铲除后重新刷油漆。

⑥检查电动机与水泵弹性联轴器有无损坏,如损坏则应更换。

⑦检查机组螺栓是否紧固,如松弛则应拧紧。

2）控制柜的维修养护

维修组对控制柜每半年进行一次全面养护。维修养护内容主要有：

①清洁柜内所有元器件，清洁外壳；检查、紧固所有的接线头。

②检查柜内所有接线头的号码管是否清晰，有无脱落。

③对于交流接触器，应清除灭弧罩内的碳化物和金属颗粒，清除触头表面的污物，不能正常工作的触头应更换；检查复位弹簧是否正常工作，然后拧紧所有紧固件。

④自耦减压启动器的绝缘电阻不低于 0.5 MΩ，否则应进行干燥处理。

⑤外壳接地可靠，如有松脱或锈蚀，则应做除锈处理，然后拧紧接地线。

⑥热继电器的绝缘盖板应完整无损，检查导线接头有无过热痕迹或烧伤。

⑦自动空气开关绝缘电阻应不低于 100 MΩ，否则应烘干；在开关闭合或断开过程中，应无卡位现象，触头表面应清除干净。

⑧中间继电器、信号继电器应做模拟试验，检查动作是否可靠，信号输出是否正确。

⑨检查信号灯、指示灯是否指示正常。

⑩检查远传压力表信号线接头是否腐蚀，否则应重新焊接或更换。

3）电机的维修养护

电机外观应整洁完好，接地线连接良好。用摇表检测绝缘电阻，电阻应不低于 0.5 MΩ，否则应做烘干处理。电机接线盒内三相导线及连接片应牢固紧密，检查电动机轴承有无阻滞或异常声响，电动机风叶有无碰壳现象。清洁外壳，外壳是否脱漆严重，若严重应重新油漆。

4）泵房闸门、管道及附件的维修养护

检查闸阀密封胶垫是否漏水，如有则应更换；检查黄油麻绳处是否漏水，如漏水则应重新加压黄油麻绳。对阀杆加黄油润滑，锈蚀严重者应重新油漆。止回阀的维修养护应检查止回阀的密封胶垫是否损坏，弹簧弹力是否足够，油漆是否脱落。浮球阀的维修养护应检查密封胶垫、连杆、连杆插销。液位控制器应检查密封圈、密封胶垫是否损坏，如损坏则应更换。清除压力室内污物，疏通控制水道，检查控制杆两端螺母是否紧固，紧固所有螺母。

5）水池、水箱的维修养护

水池、水箱的维修养护和清洗消毒工作每半年进行一次，若遇特殊情况可增加清洗消毒次数。水泵管理员和清洗员应持有经卫生防疫站认可的健康证。清洗消毒的程序如下：

①清洗消毒水池（箱）。应提前两天由管理处通知有关用水部门和业主做好储水准备。提前关闭水池（箱）进水闸阀，让水池（箱）水位用到接近消防用水水位，以免

浪费。

②关闭进水总阀,关闭水箱之间的连通阀门,开启泄水阀,抽(放)空水池(箱)中的水。

③在水池(箱)内作业时,光源需采用36 V以下的安全电压,最好用手电筒或应急灯。

④在确保安全的情况下,清洗人员进入水池,对池壁、池底洗刷不少于3遍,并对管道、阀门、浮球按维修养护要求进行检修保养。

⑤清洗完毕后,排除污水;然后喷洒1∶100的净水溶液(或防疫站配制的消毒液)对水池(箱)壁、底进行消毒;再用清水冲洗两遍整个水池(箱),彻底排出消毒水溶液;最后关闭泄水阀,注入清水。

清洗消毒后,用干净的瓶子从水池(箱)中部提取500 ml水并在瓶子中部贴上标签,标签上应写明送检单位及送样日期。当天由管理处安排人员送至市卫生防疫站进行检测,如果检测不合格,则应重新清洗和消毒水池(箱)直至合格为止。完整保存政府防疫、卫生部门出具的定期水质化验合格报告及每次清洗消毒记录。

6)室外给排水管道的维修养护

①室外给排水管道每半年全部检查一次,水管阀门完好,无渗漏,雨、污水排水管道应通畅无堵塞,若有堵塞,应清除杂物;若管道坡度不正确,应重新铺设。

②明暗沟每半年全面检查一次,沟体应完好,盖板齐全。

③污水井、雨水井、化粪池每季度全面检查一次,每半年对易锈蚀的雨、污水井盖及化粪池盖刷一次不同颜色的防锈漆,以保持其上的标识清楚;同时行车路面井盖要加防震垫圈。

④室外喷水池每月检查保养一次,要求喷水设施完好,喷水管道无锈蚀。

7)消防栓的维修养护

消防栓每季度全面进行试放水检查,每半年养护一次,主要检查消防栓玻璃、门锁、栓头、水带、连接器阀门、"消防栓"等标识是否齐全。对水带的破损、发黑、发霉与插接头的松动现象进行修补、固定,更换变形的密封胶圈,将水带折叠卷好,将阀门杆上油防锈,抽取总数的5%进行试水,清扫箱内外灰尘,将消防栓玻璃门擦净,最后贴上检查标志(标志内容应有检查日期、检查人、检查结果)。上下雨污水管每6个月检查一次,每次雨季前检查一次,对于铸铁管道每4年油漆一次,要求水管无堵塞、漏水或渗水,流水通畅,管道接口完好,无裂缝。

8)自动喷洒消防灭火系统的维修养护

①定期巡视系统的供水总控制阀、报警控制阀及其附属配件,确保其处于无故障状态。

②定期检查警铃启动是否灵活。打开试警铃阀,水力警铃应发出报警信号,如果

警铃不动作,应检查整个警铃管道。

③每月对喷头进行一次外观检查,不正常的喷头应及时更换。

④每月检查系统控制阀门是否处于开启状态,保证阀门不会误关闭。

⑤每两个月对系统进行一次综合试验,按分区逐一打开末端试验放水阀,试验系统灵敏性。

⑥当系统因试验或因火灾启动后,应在事后尽快使系统重新恢复到正常状态。

2.4　电梯系统的运行和维修保养

2.4.1　电梯设备构成

目前在各种物业中常用的电梯有两类:电动扶梯(即自动扶梯)和垂直升降电梯。

电动扶梯是一种可连续运输的客运工具,由以下几大部件组成:驱动装置、桁架、导轨系统、梳齿板、前沿板、围裙板、梯级、内外盖板、扶手系统、控制箱等。

垂直升降电梯一般由下列部分组成:

1) 井道和机房

井道和机房是电梯正常运行所要求的房屋建筑部分。井道由围壁、顶板及底坑围成,并形成一个容纳电梯轿厢和对重的有限空间,在每个层站开有出、入口。机房用来安装曳引机、电控屏、限速器等,一般设置在井道的顶部(但目前已有部分电梯采用无机房或小机房结构)。底坑一般深入地面,用于安装缓冲器、限速器钢丝绳张紧装置。要求底坑进行防水处理或有排水设施。

2) 传动部分

传动部分即曳引机,主要由电动机和钢索组成。它一般安装在机房的顶部,通过钢丝绳牵引轿厢及对重。曳引机由蜗轮减速箱、绳轮、电机、靠背轮、抱闸、底座等组成。高速无齿轮直流电梯曳引机,由电机直接带动绳轮,无减速箱装置,其余部件相同。而无机房电梯一般采用蝶形马达。

3) 升降设备部分

升降设备部分包括轿厢、对重、门厅和导轨。轿厢是容纳物体和乘客的箱体,对重是用来平衡轿厢重量的。门厅上有机械锁和电气接点,客梯多采用由轿厢门上的开门刀带动厅门上的橡皮轱辘来完成自动开关。导轨是轿厢上下移动所走的轨道。

4) 安全装置

安全装置由降速装置和电气安全设备组成。降速装置主要有限速器和缓冲器,限速器是控制轿厢速度的设备,缓冲器是电梯的最后安全保护。当电梯轿厢超越终端层站时,缓冲器则起到缓冲作用,避免电梯撞底或冲顶,确保乘客的安全。电气安全设备是指电梯控制系统中实现安全保护的电气元件。电气安全装置及其作用通常包括:

①设置在机房内的电梯主开关,可切断轿厢照明及通风、轿顶电源插座、火灾报警、机房和滑轮间照明以及井道照明等全部供电电路。

②熔断器和热继电器用作曳引电机的短路及过负荷保护。

③相序继电器作断相和错相保护。

④称重装置可作电梯的超重保护。

⑤行程开关可作电梯运行端站减速及端站限位保护。

⑥电梯门安全触板带动连锁开关或光电传感器、感应式近门传感器,控制开关门电机,防止电梯夹人、夹物。

⑦电梯所有金属设备外壳接地,以防触电事故发生。

5)控制部分

控制部分主要指电气控制设备和必要的线路。电梯的操纵控制系统结构及其控制方式标志着电梯的发展水平,我国目前使用的电梯按其操纵方式分类有按钮控制电梯、信号控制电梯、集选控制电梯、并联控制电梯、程序控制电梯及智能控制电梯等。

6)电梯停电应急装置

电梯停电应急装置是用于电梯供电电网发生故障时的一种安全应急装置。当外电网正常时,该装置将外来三相 380 V 电源供给电梯控制系统,同时该装置自动给蓄电池充电,将电池充满后处于待命状态。当外电网突然断电时,该应急装置首先将外供电线路切断,同时将电梯安全回路、门锁电路、平层电路等与电梯系统隔离,并切换至该装置,输出相应电能,使电梯运行至平层位置,打开轿厢门,从而让乘客安全离去。

2.4.2 电梯设备管理

1)电梯设备管理概述

电梯是现代建筑中有效的人员运输设备,也是重要的公共设施之一。在物业管理中,电梯管理一般采取两种不同的模式:一种是由有维修资质的物业服务公司自己设立维修部门,使用中的管理和养护均由物业服务公司直接负责;另一种是把养护维修工作外委给电梯厂商或专业公司,而物业服务公司只负责使用中的运行管理。不管属于哪一种模式,物业服务公司都应对电梯本身有一个基本了解,掌握电梯管理的常识。

电梯设备管理主要包括电梯设备的安全管理、运行管理、维修保养管理以及档案管理等内容。

2）电梯设备的安全管理

电梯设备的安全管理主要包括：电梯使用安全教育、安全措施以及电梯困人的援救管理等。电梯设备的安全管理好坏直接影响电梯管理人员和乘梯人员的安危，所以电梯设备的安全管理居物业管理的首要地位。

为防止电梯因使用不当造成损坏或引起伤亡事故，必须加强电梯的使用安全教育；并设置乘梯警示牌，悬挂于乘客经过的显眼地方，敬告乘梯人员安全使用电梯的常识。

每年必须对所有运行的电梯经技术监督部门进行年审，合格后方能照常使用。每2年必须对所有运行的电梯进行称重试验，以检验称重装置的可靠性。

在电梯经过地震、火灾、水浸或发生重大事故后恢复运行前，必须经由技术监督部门重新审核并出具合格证后方可运行。

3）电梯设备的运行管理

电梯设备的运行管理，就是保障电梯良好运行所实施的管理活动。其主要内容包括：

（1）电梯设备的运行巡视　巡视是由电梯管理人员实施的，电梯管理人员每日应对电梯进行一次巡视、检查，发现问题应及时处理。

巡视人员应注意：曳引机是否有噪声、异味，是否烫手；轴承螺栓是否松动；减速箱的油位、油色是否正常，联轴器是否牢固可靠；指示仪表、指示灯、各继电器动作是否正常；变压器、电抗器等是否过热；制动器是否正常；曳引轮、曳引绳、限速器等是否正常；通信设施、标示牌、盘车手轮、开闸扳手等救援工具是否放在指定位置；电梯运行有无振动，开关门是否顺畅；底坑限速器是否正常。当巡视中发现不良状态时，巡视人员应及时采取措施进行调整。如果问题严重则应及时报告公司工程部主管，协同主管进行解决。巡视人员应根据巡视情况填写"电梯巡视记录"。

（2）垂直升降电梯运行管理规定　每天开电梯后进行一次电梯全段运行状况检查。注意轿厢、井道等设施有无湿水情况。升降机的任何改动，均须书面征询专业维修公司的意见后方可进行。搬运有可能超载的沉重物件时，要事先确定可行性，以避免意外。进行定期维护保养时，应告知管理处，并放置工作牌。出现故障及紧急事故时，应立即采取临时应变措施。年审标志张贴在轿厢内壁按钮上方。

（3）电动扶梯运行管理规定

①严格遵守电动扶梯操作规程，每天按预定时间表启停。

②合上总电源开关，合上电动扶梯控制箱上的主开关。

③用专用钥匙按需要的运行方向接通钥匙开关，梯级和扶手带立即运行。启动

后,必须把钥匙回复到中间位置后拔出,操作者方可离开电动扶梯。

④按下"停止"按钮,电动扶梯即停止运行。

⑤在达到额定转速前,检查电动扶梯是否启动自如;若有异常,立即按"急停"按钮停止。

⑥当发现或接报电动扶梯发生故障,应马上停运,并通知维修人员立即到场。

(4)电梯机房管理规定 每周对机房进行一次全面清洁,保证机房和设备表面无明显灰尘。机房及通道内不得住人,或堆放杂物。保证机房通风良好,风口有防雨措施。机房内悬挂温度计,机房温度不超过40 ℃。夏季气温偏高的地区,机房内应安装通风或空调设备。保证机房照明良好,并配备应急灯,灭火器和盘车工具挂于显眼处。毗邻水箱的机房应做好防水、防潮工作。机房门窗应完好并上锁,未经管理处经理、领班允许,禁止外人进入,并注意采取措施,防止小动物进入。"电梯困人救援规程"及各种警示牌应清晰并挂于显眼处。按规定定期对机房内设施和设备进行维修保养。每天巡视机房,发现达不到规定要求的要及时处理。

4) 电梯设备的维修保养管理

电梯属于特种设备,为使电梯安全运行,需要有一定资质的维修单位对电梯进行经常性的维护、检查和修理。一般的物业服务公司都是外委专业电梯公司进行维修保养,有条件并取得资质的物业服务公司也可自行组织维修,而物业服务公司的电梯管理员则负责电梯发生故障时的紧急处理工作。一般电梯维修保养管理制度主要包括:

(1)月维修保养制度 主要检查各种按钮是否灵活,开关是否正常,有无噪声和异味,限速制动元件是否可靠。检修完成后应填写"电梯月维修保养工作单"。

(2)季维修保养制度 每季度对机房内的主要设备进行检修。如:检查曳引电机运行时,有无异常噪声;减速机是否漏油,减速机和曳引电机的升温是否超标;曳引电机制动器是否可靠;速度反馈装置的反馈信号有无变化,控制柜的电气元件动作是否可靠;限位开关的动作是否可靠。检修完成后填写"电梯季度维修保养记录"。

(3)年维修保养制度 每年对电梯的整机运行性能和安全设施进行一次检查。整机性能包括乘坐的舒适感、运行的振动、噪声、运行速度和平层准确度。安全设施保护包括超速保护,断相、错相保护,撞底缓冲装置保护,超越上下限位置的保护等。整机检修完成后应填写"电梯年维修保养记录"。

(4)电梯故障处理制度 电梯管理员或管理处值班电工接到电梯故障的通知后,在5 min内到达现场,根据现场情况做出正确判断,并对电梯被困人员进行解救。对于一般电梯故障,处理后填写"电梯维修记录",电梯的重大故障应由技术监督局专业人员检验合格方可使用。

5) 电梯设备的档案管理

为了解电梯的整体状况,工程部以高层楼宇为单位建立电梯设备档案。电梯设备档案包括:电梯的原理图、安装图、"电梯设备巡视记录"、"电梯设备维修记录"等项内容。档案中的"电梯设备巡视记录",由管理人员在每月初整理成册,交管理处存档。

2.5　中央空调系统的运行和维修保养

一般情况下,办公楼、住宅、医院、商场等建筑物所应用的空调均属于舒适性空调。舒适性空调虽然对环境温度、湿度等也有要求,但对这些参数的允许波动范围并不像工艺性空调那样严格,因此物业服务公司对空调设备设施的管理主要是舒适性空调系统所涉及的设备设施管理。

2.5.1　中央空调系统的主要设备设施

中央空调设备设施主要有以下几部分:

(1)冷水机组　冷水机组是中央空调系统的冷源,按冷凝器的冷却方式可分为风冷式和水冷式两种;按制冷方式的不同又分为蒸汽压缩式制冷和吸收式制冷,其中压缩式制冷目前应用最为广泛。压缩式制冷机组由压缩机、冷凝器、膨胀阀和蒸发器等装置组成。

(2)组合式空调机组　组合式空调机组是在送回风系统中,用来对空气进行处理的设备,它由不同功能的空气处理段组合而成。

(3)风机盘管　风机盘管是安装在空调层间内对室内空气进行循环处理的设备,主要由表面冷却器、风机和集水盘组成。

(4)冷却塔　水冷式冷水机组需要大量的冷却水对设备进行冷却,冷却塔的功能即是使冷却水降温,从而使之可以循环使用。

(5)水泵　用以克服空调系统中的冷却和冷冻水在循环运行时的阻力。

(6)控制装置　主要有温度计、压力计、低压保护、水流断水保护等,有的设备设施还设有自动控制器,如室温自动控制、制冷机冷量自动调节等。

(7)管道系统　空调系统中的回风道、风阀、防火阀、冷冻水供回水管道、凝结水管道及附件、阀门等属于管道系统,它也是空调系统的一个重要组成部分。

2.5.2　中央空调操作规程

1)设备运行前的检查准备工作

首先查看主机、副机的电源是否接通,查看电压表是否正常,电压波动值不超过设计值的 ±10%,再检查冷冻水系统及冷却水系统是否已充满水,若未充满应查找原

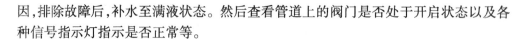

因,排除故障后,补水至满液状态。然后查看管道上的阀门是否处于开启状态以及各种信号指示灯指示是否正常等。

2)开机操作程序

首先启动冷冻水泵,先启动一台,当运行平稳后再启动其余水泵(备用泵除外);其次,启动冷却水泵,运行平稳后,启动冷却塔的风机。水系统启动以后,注意观察电流、电压、水量、水压是否正常,若有异常,立即停机。一切正常后过 5 ~ 10 min 启动压缩机。压缩机启动后,观察压缩机运行电流、压缩机的吸排气压力,观察压差、回油情况以及出水的温度和听运转声音,检查有无异常振动、噪声或异常气味,确定一切正常后说明启动成功。一般停机 1 周以上重新开机时必须先预热 24 h,并注意 1 h 内启动次数不得超过 4 次。

3)停机日常操作

首先应关掉压缩机的电源,但保留总电源,以便主机处于预热状态;若要长时间停机应关闭总电源,然后再关闭冷冻泵。在关闭冷冻水泵时,先关闭冷冻泵出口的阀门,然后再关闭冷冻水泵,以免引起管道的剧烈振动。停泵后再将阀门开启到正常位,确认无异常情况后才算停机成功。

2.5.3　中央空调设备运行管理

1)中央空调设备运行巡视

开机成功后,为了保证空调系统的良好运行,中央空调设备设施在正常运行过程中值班管理员应每隔 2 h 巡视一次中央空调机组。巡视的部位主要包括:中央空调的主机、冷却塔、控制柜及管道、闸阀附件。在运行巡视过程中,主要巡视内容包括:检查电压表指示是否正常,正常情况下为 380 V,不能超过额定值的 ± 10%;检查三相电流是否平衡,是否超过额定电流值;检查油压表是否正常,油压的正常范围为 100 ~ 150 Pa;冷却水管理中主要检查进水、出水温度(正常进水温度 < 35 ℃,正常出水温度 < 40 ℃);冷冻水管理中同样主要检查进水、出水温度(正常进水温度 10 ~ 18 ℃,出水正常温度 6 ~ 8 ℃)。另外,辨听主机在运转过程中是否有异常振动或噪声;对于冷却塔,应查看冷却塔风机运转是否平稳,冷却塔水位是否正常;检查管道、阀门是否渗漏,冷冻保温层是否完好;检查控制柜各元件动作是否正常,有无异常的气味或噪声,等等。值班员在巡视监察过程中,如发现情况应及时采取措施,若处理不了,应立即报给工程部管理组,请求支援。管理组派维修组人员及时到场,运行组人员协助维修组人员处理情况。

对于中央空调运行情况,当值的管理员应及时、准确、完整、清晰地记录在"中央空调运行日记表"内,并由工程部中央空调运行组组长负责装订成册,上交工程部管理组存档,以便管理处掌握各种设备设施的运行情况,制定严格的运行及操作管理规定,采取预防措施,调整维修养护制度,提供可靠的技术资料。

2) 中央空调机房管理制度

①非值班人员不准进入中央空调机房,若需要进入,须经过工程部主管的同意,并在值班人员的陪同下方可进入中央空调机房。

②严禁存放易燃、易爆危险品。

③备齐消防器材、防毒用品,并放置在方便显眼处。

④禁止在机房内吸烟。

⑤每班值班员打扫一次中央空调机房的卫生,每周机房运行组人员清洁一次中央空调机房内的设备设施,做到地面、天花板、门窗、墙壁、设备设施表面无积尘、无油渍、无锈蚀、无污物,表面油漆完好、整洁光亮,并且门窗开启灵活、通风良好、光线充足。

⑥机房应随时上锁,钥匙由当值管理员保管,管理员不得私自配钥匙。

3) 中央空调风机房管理制度

严禁无关人员进入风机房;机房设备由工程部空调班负责维护及日常巡查;风机房必须保持整洁,各类标志清晰,不得存放杂物或作其他用途;进入风机房维修必须注意用电、防火安全;空调运行人员每天两次巡查风机房,发现问题及时处理,并记录在新风机系统检查表上。

2.5.4　中央空调设备维修养护管理

1) 空调设备维修养护管理职责

空调设备维修养护管理主要是指对中央空调系统及设备设施定期养护和及时维修,以确保中央空调设备设施各项性能完好,增加各种设备设施的寿命,保证设备正常安全运行。工程部管理组负责制订中央空调维修保养计划并检查该计划的执行情况;工程部中央空调维修组具体负责中央空调的维修养护;管理处负责向有关用户通知停用中央空调的情况。

2) 空调设备设施维修养护计划的制订

空调设备设施的维修养护,其技术性较强,因此每年的年底就要制订下一年的维修养护计划。制订计划时,为了使计划制订得准确、合理、完整、明确,应由工程部与管理处及维修组人员共同研究制订并上报公司审批。中央空调维修养护计划在制订过程中,应考虑到中央空调使用的频度、中央空调的运行状况、有无故障隐患,以及合理维修养护的时间(避开节假日、特殊活动日等)。维修养护计划的内容主要包括:维修养护项目的内容、具体实施维修养护的时间、预计的费用以及所需备品、备件计划等。

3) 空调设备设施的维修养护

空调设备设施的维修养护主要是对冷水机组、冷却风机盘管、水泵机组、冷冻水、冷却水、凝结水路及风道、阀类、控制柜等的维修养护。其具体的维修养护内容如下：

(1)冷水机组 冷水机组是把整个制冷系统中的压缩机、冷凝器、蒸发器、节流阀等设备以及电气控制设备组装在一起，提供冷冻水的设备。对于设有冷却塔的水冷式制冷机中的冷凝器、蒸发器，每半年由维修组进行一次清洁养护。压缩机每年进行一次检测、保养，检测、保养内容包括：检查压缩机的油位、油色，如油位低于观察镜的1/2位置，则应查明漏油的原因并排除故障后再充注润滑油；如油已变色则应彻底更换润滑油。检查制冷系统内是否存有空气，如有则应排放。检查压缩机和各项参数是否在正常范围内，压缩机电机绝缘的正常电阻在 0.5 MΩ 以上，压缩机运行电流正常为额定值，三相基本平衡，压缩机的正常油压为 1 ~ 1.5 MPa，压缩机外壳的正常温度在 85 ℃ 以下，吸气压力正常值为 0.49 ~ 0.54 MPa，排气压力正常值为 1.25 MPa；并检查压缩机运转时是否有异常的噪声和振动，检查压缩机是否有异常的气味。通过各项检查确定压缩机是否有故障，视情况进行维修更换。

(2)冷却塔的维修养护 每半年对冷却塔进行一次清洁保养。先检查冷却塔电机，其绝缘电阻应不低于 0.5 MΩ，否则应干燥处理电机线圈；检查电机风扇转动是否灵活，风叶螺栓是否紧固，转动是否有振动；检查制塔壁有无阻滞现象，若有则应加注润滑油或更换同型号规格轴承；检查皮带是否开裂或磨损严重，视情况进行更换，并检查皮带转动时的松紧状况(每半月检查一次)并进行调整；检查布水器布水是否均匀，否则应清洁管道及喷嘴；清洗冷却塔(包括填料、集水槽)，清洁风扇、风叶；检查补水浮球阀动作是否可靠；清洁整个冷却塔外表，检查冷却塔架，金属塔架每两年涂漆一次。

(3)风机盘管的维修养护 维修组每半年对风机盘管进行一次清洁养护，每周清洗一次空气过滤网，排除盘管内的空气。检查风机转动是否灵活，如果转动中有阻滞现象，则应加注润滑油，如有异常的摩擦响声应检查风机的轴承。对于带动风机的电机，用 500 V 摇表检测线圈绝缘电阻，应不低于 0.5 MΩ，否则应做干燥处理或整修更换。检查电容是否变形，如是则应更换同规格电容。检查各接线头是否牢固，清洁风机风叶、盘管、积水盘上的污物，同时用盐酸溶液清洗盘管内壁的污垢，然后拧紧所有的紧固件，清洁风机盘管的外壳。

(4)水管系统的维修保养 维修组每半年对冷冻水管、冷却水管、冷凝给水管进行一次保养，检查冷冻水、凝结水管路是否有大量凝结水，保温层是否已有破损，尤其是管路中阀件部位的保温层应重点检查，及时整修。

(5)阀类、仪表、检测器件的维修养护 维修组每半年对中央空调系统所有阀类进行一次养护。对于管道中节流阀及调节阀，应检查是否泄漏，检查阀门的开闭是否灵活,若阀门破裂,则应更换同规格阀门。对于常用的温度计、压力表、传感器,若有仪表读数模糊不清应拆换,更换合格的温度计和压力表。检测传感器的参数是否正常并做模拟实验,对于不合格的传感器应拆换。

(6)送回风系统　对送回风系统每年初次运行时,应先将通风干管内的积尘清扫干净,设备进行清洗、加油,检查风量调节阀、防火阀、送风口、回风口的阀板,确定叶片的开启角度和工作状态,若不正常,应进行调整,若开闭不灵活应更换。检查水管系统与空调箱连接的软接头是否完好,空调箱是否漏风、漏水,凝结水管是否有堵塞现象,若有要及时整修。检查送风管道连接处漏风是否超标准,送风噪声是否超标准,若有则应寻找原因加以处理。

2.6　弱电系统的运行与维修保养

2.6.1　弱电系统概述

随着科技的飞速发展,现代科技产品和智能化设备大量进入高档楼宇和小区,走进寻常百姓家。由于有线电视系统和通讯系统目前基本上都是由有线电视公司和电信部门维护到最终用户,因而物业服务公司一般管理和维护保养的系统与设备如下:

1)安防系统

(1)出入口控制系统　出入口控制系统也叫门禁管制系统,它包括 3 个层次的设备。底层是直接与人员打交道的设备,有读卡机、电子门锁、出口按钮、报警传感器和报警喇叭等。控制器接收底层设备发来的有关人员的信息,再发出处理的信息。单个控制器就可以组成一个简单的门禁系统,多个控制器通过通信网络同计算机连接起来就组成了整个建筑的门禁系统。计算机装有门禁系统的管理软件,它管理着系统中所有的控制器,向它们发送控制命令,对它们进行设置,接受其发来的信息,完成系统中所有信息的分析与处理。

(2)车辆管理系统　该系统以计算机工业控制网络为核心,综合利用门禁、IC卡、电视监控识别、网络等现代化技术和设备,对车辆进行出入控制和收费管理。它一般由管理计算机、全自动栅栏、读卡机、发卡机、车辆感应器、图像抓拍对比、收费管理软件系统等组成。

(3)防盗报警系统　防盗报警系统一般采用红外对射装置或门磁开关、玻璃破碎探测器等对建筑内外重要地点和区域进行布防。它可以探测非法侵入,及时向监控中心报警,并记录入侵的时间、地点,它还可以向摄像监视系统发出信号,让其录下现场情况。另外,安装在楼内的运动探测器和红外探测器可感知人员在楼内的活动,接近式探测器可以用来保护财物、文物等珍贵物品。

(4)闭路电视监视系统　闭路电视监视系统在重要的场所安装摄像机,使保安人员在控制中心便可以监视整个小区或大楼内外的情况。监视系统在接到报警系统和出入口控制系统的示警信号后,还可以进行实时录像,录下报警时的现场情况,以供事后重放分析。目前,先进的视频报警系统还可以直接完成探测任务。

2)楼宇自控系统

楼宇自控系统其实是智能化大厦的一部分,一座大厦通常有一系列的基本设备,如空调系统、照明系统、配电系统、给排水系统、消防系统等,把各个设备系统进行智能化的集散控制,通过计算机的信息处理,配合控制硬件及适当的管理软件,互相结合就组成了楼宇的自动化控制系统。在设备结构上分两个网络,一个是联系直接数字控制器(DDC)和网络控制器的控制网络,另一个是网络控制器与计算机工作站和服务器联通的高速数据网。

楼宇自控系统通常包含有下列一些功能:

(1)公共用电设备监控　具体包括:各用电设备运行状态显示、各用电设备的电费计量、各建筑物内通风用送排风机的运行状态显示和控制、高层住宅楼电梯运行状态的显示、电梯故障报警、电梯系统与消防信号的联动等。

(2)给排水设备监控　具体包括:显示生活水池、水箱(包括与消防合用)、集水井、污水池的液位,超高或超低液位报警及其水位控制;各种生活水泵、排水泵、污水处理设备及电磁阀的启停控制和台数控制(可扩展),以及运行状态和故障报警显示。

(3)照明设备监控　具体包括:楼道内照明的节电控制开关的控制和开关状态显示;应急照明的应急启停控制,开关状态显示和故障报警;高层住宅楼障碍照明的开关控制,开关状态显示及故障报警;景观照明和停车场照明的开关控制,开关状态显示;各照明系统的电费计量。

3)综合布线系统(PDS)

综合布线系统是一种集成化通用信息传输系统,利用无屏蔽双绞线或光纤来传输语言、数据、图像以及监控等信号。它是智能化建筑中连接各个子系统,传输各种控制信号必备的基础设施。

一个完整的PDS包括6个子系统:设备间子系统、垂直子系统、管理子系统、水平子系统、工作区子系统、建筑群子系统。

PDS克服了传统布线各系统互不关联、施工管理复杂、缺乏统一标准及适应环境变换的灵活性差等缺点,它采用积木式结构与模块化设计,实施统一标准。

4)可视对讲系统

可视对讲系统目前在高档社区得到了普遍应用,一般设计为三方通话。在楼宇的单元门上安装有电控锁和带微型摄像头的主机,住户家里安装有可视挂式分机,管理中心则安装有可三方通话的主机。现在的可视对讲系统都扩展有住户紧急呼救系统。

5) 远传收费管理系统

远传收费管理系统是目前在高档大型社区为方便水、电、气查抄和收费的计算机管理系统。一般在业主户内(用户端)安装有水、电、气计量传感器,用户采集器将采集到的计量信息分类后送至数据控制器,并将计量数据经打包处理后送至中心控制器。使用该系统可不入户即可对住户的水、电、气计量进行远程抄录。

系统所采用的远传式电表、燃气表、水表均应为相应行业配套的公司提供的具有计量许可证的专用表具。

系统所配置的用户采集器、数据控制器等设备,如发生故障,系统能自动报警。

2.6.2　弱电系统运行管理

1) 楼宇自控系统运行管理规程

①控制计算机保持 24 h 开启。

②每月对系统相关数据进行备份。

③控制点定义、预定日程等参数不可随意更改。

④当有"危急告警"发生时立即查明及检修。

⑤每天监控 NCU 状态,发现不在线故障立刻处理。

⑥网络控制器、控制计算机故障应于 4 h 内修复,现场控制器、扩展模块故障应于 8 h 内修复。

⑦保养时选择一定数量的控制点进行测试。

2) 安防系统运行管理规程

①保证系统的不间断电源随时处于运行状态。

②未经主管工程师的同意,严禁修改系统参数。

③系统参数修改及其他重大维修应及时记录在当值日志上,并及时通知当值监控员。

④系统发现异常立即处理,并记录在当值日志上。

⑤摄像头和红外报警器故障应于 3 h 内修复,矩阵开关故障应于 8 h 内修复,监视器和线路故障应于两个工作日内修复,在故障处理期间应有特殊保安措施。

3) 远传能源计费系统运行管理规程

①各用户定义、收费单价等参数不得随意修改。

②每月抄表一次并打印收费表格,同时对抄表数据进行一次备份。

③每两周对读数很小的采样器进行抽查,发现故障立即维修。

④抄表仪、计费计算机故障应于 4 h 内修复,各采样器和线路故障应于 8 h 内修复。

⑤严禁在计费计算机上使用自带软件及游戏。

4)计算机网络(服务器)运行管理规程

①所有网络设备应保持 24 h 运行。

②每天用相应工具整理主、备服务器磁盘碎片。

③严禁在网络设备上使用自带软件及游戏。

④严禁私自接驳因特网系统。

⑤各设备运行参数、接线、元器件不得随意修改。

⑥防火墙、服务器、主干交换机路由器故障应于 4 h 内修复,接入交换机及网络线路故障应于 8 h 内修复。

2.6.3 弱电系统维修保养规程

1)楼宇自控系统维修保养规程

①注意计算机显示的各控制模块的工作情况,保养时选择一定数量的控制点进行测试。

②对各现场控制器进行功能检测:

A. 数字量输入(DI)检测:用程序方式或手动方式对全部 DI 点进行动作检测。对于脉冲或累加信号,按设备说明书和设计要求检查其发生脉冲数与接受脉冲数是否一致。

B. 数字量输出(DO)检测:用程序方式或手动方式对全部 DO 点进行动作检测,其检测数值和受控设备的电气控制开关的工作状态应正常;如果单体受电试运行正常,则可以在受控设备正常受电情况下观察其受控设备的运行是否正常。

C. 模拟量输入(AI)检测:测量值和显示值的相对误差不应大于 5%。

D. 模拟量输出(AO)检测:用程序方式或手动方式检测其每一检测点,在其量程范围内读取 5 个测点即 0%,25%,50%,75%,100%;控制效果应满足功能要求。

③对运行可靠性进行检测:

A. 关闭中央监控主机、数据网关(包括主机至现场控制器之间的通讯设备),观察全部现场控制器及受控设备的运行是否正常;重新开机后抽检部分现场控制器及受控设备的运行记录和状态,同时观察系统框图和其他图形是否能自动恢复。

B. 关闭现场控制器电源后,观察现场控制器及受控设备是否运行正常,重新受电后观察现场控制器是否能自动检测受控设备的运行,记录状态并予以恢复。

2)综合布线系统维修保养规程

严格按照保养计划进行系统的保养。配线架跳线的压接只能使用专用工具,配线架没有用的跳线应拆除。清除配线架、光纤机架、楼层配线架上的灰尘,保持设备清洁。检查紧固有关的配线架和模块。检查配线架上的标志,发现缺失马上补充。工作完成后填写通讯线路设备检查表。

3) 安防系统维修保养规程

①维修保养工作应由专人进行,每半年对整个系统的主机、线路、层楼解码器进行一次全面的检查。

②定期检查机箱电源电压是否合乎要求,紧固各电线接头,清扫机箱内外灰尘。

③对于楼宇对讲系统,应对防盗门启闭机械装置定期润滑,及时更换因疲劳原因失去功能的零件;应对电控开锁功能进行检测:可在分机上实施电控开锁。

④应对其选呼功能进行检测:楼宇入口处的主机应能正确选呼任一分机,并能听到振铃声。应对其通话功能进行检测,要求用楼宇入口处的主机对任一分机选呼后,应能实现双工通话,话音清晰,不出现振鸣现象。

⑤具有可视的对讲系统所传输的视频信号应清晰,能实现对访客的识别。

⑥对带有紧急报警(求助)功能的楼宇对讲系统,应按以下步骤进行检测:

A.使管理机处于通话状态,同时触发两台报警主机的报警键,管理机立即发出与呼叫键不同的声、光信号,逐条显示报警信息(包括时间、区域)。

B.使系统处于守候状态,同时触发呼叫键和报警键,报警信号具有优先功能,管理机应发出声、光报警并指示发生的部位,并应至少能存储 5 组报警信息。

⑦对于周界防范报警系统,应对其报警功能进行检测:人为触发入侵探测器,报警控制中心应可实时接收来自入侵探测器发出的报警信号(包括时间、区域及类别),要求报警信号能保持至手动复位时。

同时应对故障报警功能进行检测:报警控制中心与入侵探测器之间的连接发生断路、短路或并接其他负载时,应有故障报警信号产生,并指示故障发生的部位。要求报警信号能保持至故障排除时,同时要求故障报警不应影响非故障回路的报警功能。

⑧对于闭路电视监视系统,应检测系统的时序、定点、同步切换、云台的遥控操纵、多画面分割、录放像功能等。

4) 计算机网络(服务器)维修保养规程

接到业主故障投诉后,须利用相应设备确认故障范围。注意后备电源电池充放电情况。维修保养时主、备服务器不可同时退出。网络专线中断时应立即向网络供应商通报故障。保养时注意检查各插件情况,并填写网络设备检查表。

5) 远传能源计费系统维修保养规程

每天使用相应工具软件扫描计算机硬盘。注意检查不间断电源后备电池充放电情况,发现有电平值不正常的采样器应立即维修。根据保养计划做系统保养。每半年做一次电表与抄表仪数据校正。计算机内抄表数据每满 1 年,用光盘进行备份后即可删除,以节省硬盘。

2.6.4 房屋设施的防雷安全管理

房屋设施遭雷击时,上百万伏的高压和巨大的能量会造成房屋设施的损坏,尤其对弱电系统危害极大,很容易造成弱电设备的损失,还可能造成人身伤亡事故,造成很大的经济损失,所以防雷管理应引起物业服务公司的足够重视。物业服务公司的防雷管理主要是管好、维护好防雷器具,保证雷雨季节防雷器具正常工作。

1)屋顶设施的防雷

屋顶水箱、CATV天线等都高出屋面许多,按照规定应装避雷针。避雷针由3部分组成:伸向高空的金属物体叫接闪器,埋入大地的金属物体叫接地体,连接接闪器和接地体的是引下线。遭雷击时,避雷针可将雷电流迅速引入地下,避免房屋设施受损。

2)建筑物的防雷

建筑物防雷一般采用金属带、金属网作为接闪器,称为避雷带或避雷网。避雷带除沿屋顶周边装设外,屋顶上面还用圆钢或扁钢纵横连成网,用来保护高层建筑免遭直击雷和感应雷。

3)防雷设施的管理与维护

每年4月份雷雨季节前由工程部统一安排用接地电阻测量仪对避雷针、避雷器和接地体装置的接地电阻进行测量,并做好测量记录。在大雷雨后,也要对系统进行检查,察看是否因引雷击而导致某些连接点的松脱和断开。

接闪器与引下线和接地体的连接必须牢固可靠,接地电阻值应符合规定要求,一般是不大于10 Ω;对大于10 Ω的部位,要查找出原因,重新焊接或另外增设接地体,保证防雷设施良好运行。

检查如发现引下线受到严重腐蚀,其腐蚀程度占截面积的30%以上则应及时更换;发现接头松脱要立即紧固,在雷雨季节任何对故障的拖延都可能招致严重的后果。

2.7 消防系统的运行和维修保养

消防设备是保障高层楼宇用户生命财产安全的基本手段。如何保证消防设备正常工作,预防物业火灾的发生,最大限度地减少火灾损失,为用户提供安全环境,保障其生命及财产安全,是物业服务公司在所有设备管理中的重点。尤其是大厦的消防系统,其设备多、分布广,工程部门应有专业工程师对其进行管理和维护。

2.7.1　消防系统设备概述

1) 火灾自动报警设备

火灾自动报警设备是现代灭火设备的重要组成部分,一般由探测器、区域报警器和集中报警器等组成。发生火灾时,探测器将火灾信号转换成电信号,传送给区域报警器,再由区域报警器将信号转输到集中报警器。

火灾探测器的种类较多,有感烟、感温、光电和可燃气体探测器等。

区域报警器由数字电路和稳压电源电路构成。用于监视某个区域(或楼层),能将探测器输入的电压信号转换成声光报警,并能显示出具体火警区域的号码,还能供应探测器稳压电压、输出火警信号给集中报警器以及操作有关的灭火和阻火设备。

集中报警器的作用是将所监视的若干区域内的区域报警器所输入的电压信号,以声、光的形式显示出来,将着火的区域和该区域的具体着火部位显示在屏幕上。

2) 自动喷水灭火设备

自动喷水灭火设备可分为喷雾水冷却设备、喷雾水灭火设备和喷洒水灭火设备(俗称自动喷水灭火设备)。

3) 水幕设备

水幕设备是能喷出幕帘状水流的管网设备。水幕设备的保护对象一般是门、窗以及舞台的垂幕等,一些大的立面、屋顶或成套设备也可采用。大型建筑物和大型装置,为了在其内部的各部分之间进行防火分割,也可以利用水幕。

4) 二氧化碳灭火设备

二氧化碳灭火原理是通过减少空气中氧的含量,使其达不到支持燃烧的浓度。

喷洒二氧化碳进行灭火的设备叫做二氧化碳灭火设备。二氧化碳灭火设备按其用途,分为全充满灭火设备和局部应用设备两类。

5) ZQ 气溶胶自动灭火装置

ZQ 气溶胶自动灭火装置是一种新型灭火设备,具有灭火效率高,对大气臭氧层无损害的优点。它由 ZQF 气溶胶发生器、ZQK 启动控制器(或 ZQJ 启动接口)、ZQM 启动模块等组成,具有自动感应火灾、自动报警、自动延时、手动启动等功能,也可与消防控制中心连接实现消防联动。

6) 干粉灭火系统

干粉灭火系统主要用于扑救可燃气体和可燃、易燃液体火灾,也适用于扑救电气

设备火灾。根据设置干粉灭火系统场所的要求,干粉灭火系统分为自动操作系统、半自动操作系统和手动系统(移动式)3种。

7)泡沫灭火系统

喷洒泡沫灭火剂进行灭火的装置叫做泡沫灭火系统。泡沫灭火系统主要有液上喷射和液下喷射两大类型。按所用的泡沫灭火剂,它分为空气泡沫灭火系统和化学泡沫灭火系统两种。按设备的安装方式,它分为固定式泡沫灭火系统、半固定式泡沫灭火系统和移动式泡沫灭火系统3种。

8)室内消火栓

室内消火栓是建筑物内的一种固定灭火供水设备。它包括消火栓及消火栓箱,通常设于楼梯间、走廊和室内的墙壁上。箱内有水带、水枪并与消火栓出口连接,消火栓则与建筑物内消防给水管线连接。

9)室外消火栓

室外消火栓与城市自来水管网相连接,它既可供消防车取水,又可连接水带、水枪,直接出水灭火。室外消火栓有地上消火栓和地下消火栓两种。地上消火栓适用于气候温暖地区,而地下消火栓则适用于气候寒冷地区。

10)消防水箱

低层建筑室内消防水箱应储存10 min的室内消防用水量。高层建筑消防水箱的储存量,一类建筑不应小于18 m³,二类建筑和一类住宅建筑不应小于12 m³,二类住宅建筑不应小于6 m³。

11)消防水泵

消防水泵是保证室内消防用水的给水管网压力和流量的机械设备。为了确保消防用水的持续供应,消防水泵要符合下列要求:

①一组消防水泵至少应有两条吸水管,其中一条发生故障时,其余的吸水管应仍能满足消防供水的要求。高压消防给水系统的每台消防水泵则应各有独立的吸水管。

②消防水泵的吸水管和出水管,为便于检查和维修,一般应敷设在水泵房的地面上;其阀门应设在操作方便的地方,并需有明显的启闭标志。

③消防水泵的吸水管口径不应小于消防水泵进水口的直径。

④消防水泵宜采用自灌式引水,以保证及时供水,一般应在接警后5 min内即能启动工作。为保证在任何情况下都能正常运转,应设置两路电源或设备,用内燃机动力。

⑤消防水泵与动力机械应直接连接,如有困难时,可采用不少于4条的三角胶带

传动,以免打滑。

⑥固定消防水泵一般应设置备用泵,备用泵的工作能力不应小于主要泵。

⑦消防水泵的出水管上,应装设止回阀和供试验、检查用的放水阀。

2.7.2　消防系统的运行管理

1)消防中心管理制度

系统必须由专人负责,坚持 24 h 值班制度。值班人员要有高度的责任感和警惕性,不得随意离开消防中心,并认真填写消防系统运行记录。消防中心严禁其他无关人员进入。每天值班人员接班后要检查消防系统是否正常工作。出现报警信号,立即检查信号真伪情况。消防中心严禁吸烟,严禁存放易燃、易爆等危险品。消防中心内的电话属专用报警电话,任何人不得占用。消防中心内应配备手持灭火器材、消防扳手、消防斧等消防器具。

2)火灾自动报警设备的运行管理

火灾自动报警设备,是建筑物特别是高层建筑物和重要建筑群中必不可少的重要消防设施。因此,火灾自动报警设备一旦投入使用,就要严格管理,无关人员不得随意触动,切实保证全部系统处于正常运行状态。为此,维护管理人员必须做到以下几点:

①值班人员对火灾自动报警系统的报警部位和本单位各火警监护场所对应的编排应清楚明了。

②设备投入正常使用后,为确保可靠运行,必须严格按定期检查制度进行检查。

③每天检查:通过手动检查装置,检查火灾报警器各项功能(如火警功能、故障功能)是否正常,有无指示灯损坏。

④每周检查:进行主、备电源自动转换试验。

⑤每半年检查:对所有火灾探测器进行一次实效模拟实验,对失效的火灾探测器应及时更换;对电缆、接线盒、设备做直观检查,清理尘埃。

⑥由于火灾自动报警装置连续不间断运行,加之误报原因比较复杂,因此报警装置发出少量误报在所难免。要求值班人员一旦接到报警,应先消音并立即赶往现场,待确认火灾后,方可采取灭火措施,启动外控其他灭火装置,并向消防部门和主管领导汇报。

⑦高压给水系统维持压力的消防水泵,在正常运行中,应严格监视或巡回检查水泵机组是否有不正常的噪音或振动,轴承温度是否超过允许值(最高 75 ℃),各种监视仪表是否正常等。备用水泵和临时高压给水系统的消防泵的灌水状况、动力设备等应保持良好的战备状态,发生火警可以立即启动。

2.7.3　消防系统的维修保养规程

1)火灾自动探测报警设备的维修保养

由于火灾自动探测报警设备线路复杂,技术要求较高,而且各生产厂的产品结构、线路型号又不大相同,所以故障类型也较多,除一般常见故障外,其维修应由专业维修人员进行。

为了保证火灾自动探测报警设备正常、可靠地运行,应每月对其进行一次较为详细的检测。对一般常见故障的检查方法有:对于主电源故障,检查输入电源是否完好,熔丝有无烧断,接触是否不良等情况;对于备用电源故障,检查充电装置、电池有否损坏,连线有无断线;对于探测回路故障,检查该回路至火灾探测器的接线是否完好,有无火灾探测器被人取下,终端监控器有无损坏;对于误报火警,应勘察误报的火灾探测器的现场有无蒸汽、粉尘等影响火灾探测器正常工作的环境干扰存在,如有干扰存在,则应设法排除。对于误报频繁而又无其他干扰影响火灾探测器正常工作的,此火灾探测器应及时予以更换。对一时排除不了的故障,应立即通知有关专业维修单位,以便尽快修复,恢复正常工作。每月检测完成后,要将检测结果详细地填写在"消防设备月保养记录表"上。

2)自动喷淋系统的维护保养

如发现喷头有腐蚀、漏水、堵塞等现象,应对所有的喷头进行检查,对达不到要求的,应进行更换。经常保持喷头的清洁,以免尘埃沉积而起隔热作用,影响喷头的效能。使用超过25年后,要对全部喷头进行抽查,对不符合要求的,应进行更换。

3)管道系统的检查和维护

如发现管道系统有腐蚀现象,应对管道系统进行耐压试验。试验时,可用系统内的供水泵,也可采用打压泵,试验压力一般在 $5 \sim 6 \ kg/cm^2$。因管内生锈结垢或外来物而引起管道堵塞,必须及时进行清理。清理工作要从室外开始,选择管子末端的消火栓作为排水口,以便提高水的流量和流速,将室外管网内的沉积物冲洗排出。

为防止管道系统漏水,平时应做到:严禁将管子用作其他各种支撑;拆装喷头时,必须按操作规定使用合适的工具;管子一般应涂上两层防腐漆,还应根据腐蚀的严重程度,1~5年内重新涂刷一次;采用镀锌钢管的管系,如发现有局部腐蚀,可用热沥青涂刷,再用纱带缠绕包扎。

4)供水设备的检查

(1)蓄水池的检查　检查蓄水池是否有过多的沉淀物,在金属结构的蓄水设备内壁应涂刷防锈漆,一般情况下,蓄水池每3年清洗一次。

(2)水泵的检查　水泵应定期启动,检查其工作状态和性能,对离心泵,还应检查引水设备;试验水泵时,应打开排水阀,不使水进入管系。

(3)水泵动力的检查　如采用电力作为水泵的动力,应检查是否有停电的应急措施;如采用发电机为动力,应检查发电机的工作状态和燃油储存情况,燃油应有供 3 h 运转所需的储备量。

5)室内消火栓的维护保养

定期检查室内消火栓是否完好,有无生锈、漏水现象;定期检查卷盘、水枪、水带是否损坏,阀门、卷盘转动是否灵活,发现问题应及时检修;消火栓阀杆上应加注润滑油,检查接口垫圈是否完整无缺;定期进行放水检查,以确保火灾发生时能及时打开放水;定期检查消火栓箱门是否损坏,门锁是否开启灵活,拉环铅封是否损坏,水带转盘杠架是否完好,箱体是否锈蚀,发现问题,应及时更换、修理。灭火后,要把水带洗净晾干,按盘卷或折叠方式放入箱内,再把水枪卡在枪夹内,装好箱锁,换好玻璃,关好箱门。

6)地上消火栓的维护保养

每月或重大节日前,应对消火栓进行一次检查;清除启闭杆端部周围杂物;将专用消火栓钥匙套于杆头,检查是否合适,并转动起闭杆,加注润滑油;用纱布擦除出水口螺纹上的积锈,检查闷盖内橡胶垫圈是否完好;打开消火栓,检查供水情况,要放净锈水后再关闭,并观察有无漏水现象,发现问题及时检修。

7)二氧化碳灭火系统的维修保养

使用二氧化碳灭火设备,每周应做一次巡视检查。检查设备有无泄漏,管道系统有无损坏,全部控制开关调定位置是否妥善,所有元件自动和手动控制阀有无损坏,是否完整好用。灭火设备每年至少检修一次,自动探测报警系统每年至少检查两次。对于新安装的设备,或安装后长期未做检查的设备,应进行各种功能试验,包括进行手动或自动喷射试验。

8)干粉灭火系统的维护保养

定期检查动力气瓶的压力是否在规定的范围内($130 \sim 150 \ \text{kg/cm}^2$),如低于规定值时,要找出漏气原因,并立即更换或修复。检查喷嘴的位置和方向是否正确,喷嘴上有无积存的污物,密封是否完好。经常检查阀门、减压器、压力表是否都处于正常状态。干粉灭火剂每隔 2~3 年要进行开罐取样检查,当发现结块时,应取出烘干、粉碎,重新灌装。

9)泡沫灭火系统的维护保养

对于泡沫灭火系统的维护和保养要注意以下几点:

①消防泵每周必须运转一次,以确保其正常运转。

②应经常开启和关闭阀门,以保证好用。在冬季,对管线和阀门等各部件应采取防冻措施。

③泡沫比例混合器和泡沫产生器应经常保持清洁、完好,发现损坏应及时维修或更换。

④泡沫比例混合器和泡沫产生器每次使用后应用清水冲洗,并且每年涂刷一次防水油漆。

⑤应保证消防水源充足,补水设施良好。

⑥消防泵站应由熟悉全套设备操作的专门人员轮流值班,并建立制度,严格执行。

2.8 设备事故与异常情况处理

2.8.1 供配电系统的异常情况处理

1)触电急救

在物业服务公司的辖区内,发现有人触电时,当班电工应保持清醒的头脑立即组织抢救。抢救的方法是:

(1)脱离电源 人体触电较重时会失去知觉,往往不能自行脱离电源。救护人员应根据触电场合和触电电压的不同,采取适当的方法使触电者脱离电源。低压触电时,应首先拉开电源开关,并远离开关用绝缘的杆棒把电线挑开。脱离电源要快,必须争分夺秒,触电时间越短救活触电者的希望越大。

(2)现场抢救 触电人员脱离电源后,应根据伤势情况做如下处理:触电者尚未失去知觉时,应使其保持安静,并立即请医生进行救护,密切观察症状变化;触电者失去知觉,但有呼吸心跳,应使其安静仰卧,将衣服放松使其呼吸顺畅。若出现呼吸困难并有抽筋现象,应进行人工呼吸或及时送医院诊治。触电者呼吸和心跳都停止时,注意不能视为死亡,应立即对其进行人工呼吸,直到触电者呼吸正常或者医生赶到为止。

2)变配电室发生火灾时的处置

变配电室发生火灾时,当班人员应立即切断电源,使用干粉灭火器和二氧化碳灭火器灭火。并立即打火警电话119报警,注意讲清地点、失火对象,争取在最短的时间内得到有效的扑救。

3)变配电室被水浸时的处理

变配电室遭水浸时,应根据进水的多少进行处理。一般应先拉开电源开关,同时尽力阻止进水。当漏水堵住后,立即排水并进行电器设备除湿处理。当确认湿气已除,绝缘电阻达到规定值时,可开机试运行,判断无异常情况后才能投入正常运行。

4) 停电

出现这种情况后,水泵房管理员应立即启动柴油发电机,从市电停电到正常供电规定时间不超过 15 min。在使用柴油发电机的过程中,应严格按照《柴油发电机操作标准作业规程》和《柴油发电机运行管理标准作业规程执行》。启动前检查机油油位、冷却液、电池液是否在规定位置,确保总空气开关在"OFF"状态;然后启动发电机,先预热不少于 7 s,后转到启动位置(即从"0"经过"1"预热后,转到"1"位),在启动位置不能超过 5 ~ 7 s。如果没有启动就立即回到"0"位,间隔 30 s 再进行启动。启动后,油压达到正常范围,将柴油发电机空气开关合上,开始供电。在运行过程中,按照规定进行正常巡视,发现问题及时处理,发生异常重大情况,应及时通知主管采取措施,在市电来电时,应在 20 min 内关停柴油发电机。

①在突然发生停电的情况下,所有电工在各配电房待命。工程部应立即确认是内部故障停电还是外部停电,若系内部故障停电,应立即派人检查用电设施、线路情况,查找停电原因并采取措施,防止故障扩大;若系外部停电,一方面要防止突然来电所引发的事故,一方面致电电力局查询停电情况,了解何时恢复供电,并将了解的情况通知管理处。

②有备用供电线路或自备发电设备的,应立即切换供电线路或启动备用发电设备,确保消防系统和生活给水系统正常运作。

2.8.2 给排水系统的异常情况处理

1) 主供水管爆裂

如果发生此种情况,首先应立即关闭相连的主供水管上的闸阀;若仍控制不住大量泄水,应关停相应的水泵,立即通知工程部及客户服务中心。客户服务中心负责联系相应责任部门,并及时通知用水单位和用户关于停水的情况。工程部负责安排维修组进行抢修,维修完毕后启动水泵进行试压,看有无漏水和松动现象;如果试压正常,回填土方,恢复原貌。

2) 水泵房发生火灾

任何员工发现火警,应立即用对讲机呼叫,报明火警具体部位,并立即就近取用灭火器灭火。消防管理中心根据预先制订的灭火方案组织灭火和对现场进行控制,必要时向"119"台报警,并派队员到必经路口引导;同时通知工程部断开相关电源,开启自动灭火系统、排烟系统、消防水泵,以保证消防供水。火扑灭后,工程部对消防设备设施进行一次检查和清点,对已损坏的设备设施进行修复或提出补充申请,并填写

有关记录、报告单。

3)水泵房发生浸水

少量漏水,水泵房管理员采取堵漏措施;若浸水严重,应关掉机房内运行的设备,并拉下电源开关,通知工程部派人处理,同时尽力阻滞进水,协助维修人员堵住漏水源,然后立即排水。排干水后,对浸水设备进行除湿处理,如用干布擦拭、热风吹干、自然通风、更换相关管线等。确定湿水已消除后,试开机运行,如无异常情况即可投入运行。

2.8.3 电梯的异常情况处理

1)发生火灾时的处置

①当楼层发生火灾时,管理人员应立即设法按动"消防开关",使电梯进入消防运行状态。电梯运行到基站后,疏导乘客迅速离开轿厢。电话通知工程部并拨打"119"电话报警。

②井道或轿厢内失火时,应立即停梯并疏导乘客离开,切断电源后用干粉灭火器或1211灭火器灭火。同时,电话通知工程部。若火势较猛应立即拨打"119"电话报警,以便保证高层建筑内的人员和财产安全。

2)电梯遭到水浸时的处置

电梯的底坑遭水浸时,应将电梯停于2层以上;当楼层发生水淹时,应将电梯停于水淹的上一层,然后断开电源总开关并立即组织人员堵水源,水源堵住后进行除湿处理,如用热风吹干。用摇表测试绝缘电阻,当达到标准后,即可试梯。试梯正常后,才可投入使用。

3)电梯困人时的处置

确保乘客的安全是电梯困人援救管理工作的目的。凡遇电梯故障,工程部应首先通知电梯维修公司派员速来困人现场,同时指派经过培训的援救人员根据不同情况,设法先行释放被困乘客。

电梯困人援救的程序如下:

①任一员工接到业主报警或发现有乘客被困在电梯内,应立即通知监控室。监控室记录接报和发现时间,一方面通过监控系统或对讲机了解电梯困人发生地点、被困人数、人员情况以及电梯所在楼层,另一方面通过对讲机呼叫保安和工程部援救人员立即前去处置。

②援救人员通过电梯对讲机或喊话与被困人员取得联系,务必使其保持镇静,耐心等待援救。当被困人员惊恐不安或非常急躁,试图采用撬门等非常措施逃生时,要

耐心告诫乘客不要惊慌和急躁,不要盲目采取无谓的行动,以免使故障扩大,发生危险。注意在这一过程中,现场始终不能离人,要不断与被困人员对话,及时了解被困人员的情绪和健康状况,同时及时将情况向公司总经理或值班领导汇报。应告诫被困人员不可将身体任何部位伸出轿厢外;如果轿厢门属于半开闭状态,援救人员应设法将轿厢门完全关闭。

③根据楼层指示灯、PC 显示、选层器横杆或打开厅门判断轿厢所在位置,然后设法援救乘客。

A. 轿厢停于接近电梯口的位置时的援救步骤如下:关闭机房电源开关→用专门外门锁钥匙开启外门→用人力慢慢开启轿门→协助乘客离开轿厢→重新关好厅门。

B. 轿厢远离电梯口时的援救步骤如下:进入机房,关闭该故障电梯的电源开关→拆除电机尾轴端盖→安上盘车手轮→一救援人员用力把住盘车手轮,另一救援人员手持制动释放杆,轻轻撬开制动,在此过程中注意观察平层标志,使轿厢逐步移动至最接近厅门(0.5 m)为止→当确认刹车制动无误时,放开盘车手轮。

④被困者内如有小孩、老人、孕妇或人多供氧不足时须特别留意,必要时请消防人员协助。在解救过程中,若发现被困乘客中有人晕厥、神志不清(尤其是老人或小孩),应立即通知医护人员到场,以便被困人员救出后即可进行抢救。

⑤援救结束后,工程部应立即请电梯维修公司查明故障原因,修复后方可恢复正常运行。同时电梯管理员要填写援救记录,记录故障发生时间、原因、解救办法和修复时间。此项工作的目的是积累救援经验。

2.8.4　中央空调系统的异常情况处理

1)中央空调发生制冷机泄漏

发现这种情况,值班人员应立即关停中央空调主机,并关闭相关的阀门,打开机房的门窗或通风设施加强现场通风,立即告知值班主管,请求支援,救护人员进入现场应身穿防毒衣,头戴防毒面具。对不同程度的中毒者采取不同的处理方法:对于中毒较轻者,如出现头痛、呕吐、脉搏加快者应立即转移到通风良好的地方;对于中毒严重者,应进行人工呼吸或送医院;若氟里昂溅入眼睛,应用 2% 硼酸加消毒食盐水反复清洗眼睛。寻找泄漏部位,排除泄漏源,启动中央空调试运行,确认不再泄漏后机组方可运行。

2)中央空调机房内发生水浸时的处理

当中央空调机房值班员发现这种情况时,应按程序首先关掉中央空调机组,拉下总电源开关,然后查找漏水源并堵住漏水源。如果漏水比较严重,在尽力阻滞漏水时,应立即通知工程部主管和管理组,请求支援。漏水源堵住后应立即排水。当水排除完毕后,应对所有湿水设备进行除湿处理,可以采用干布擦拭、热风吹干、自然通风

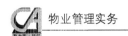

或更换相关的管线等办法。确定湿水已消除,绝缘电阻符合要求后,开机试运行,没有异常情况即可投入正常运行。

2.9 房屋本体维修保养

房屋在使用的过程中产生的自然损坏和人为的损坏必然导致房屋使用功能的降低或丧失,为增加房屋的合理使用寿命以及恢复其原有的功能,就必须有目的、有针对性地进行房屋修缮、管理。房屋的维修管理是指对已建成的房屋进行翻修、大修、中修、小修以及综合维修和维护保养。一般情况下房屋的维修管理主要是为了恢复保持和提高房屋的安全性与耐久性,其次为了改善或改变房屋的居住条件以及提高房屋的艺术性要求。

2.9.1 房屋维修管理的内容

1)维修管理的内容

房屋维修管理的内容主要包括以下5个方面:

(1)房屋修缮计划管理 物业服务企业应根据房屋的实际状况及各类设施设备维修、更新周期制定房屋维护、维修计划,并按时完成,确保房屋的完好与正常使用。

(2)房屋修缮技术管理 房屋修缮技术管理是对房屋的勘查、鉴定、维修、使用等各个环节的技术活动和技术工作的各种要素进行科学管理的总称。物业服务企业房屋修缮的技术管理工作包括:

①组织查勘、鉴定,掌握房屋完损情况,按房屋设计使用和完损情况,拟订修缮方案。

②加强日常养护,有计划地组织房屋按年轮修。

③分配年度修缮资金,审核修缮方案和工程预决算,与施工单位签订施工合同。

④组织自行施工或配合施工部门对住户进行适当安置,保证修缮工程按时开工。

⑤工程进行中,监督施工单位按规定要求施工,确保修缮工程质量,竣工后,进行工程验收。

⑥建立健全房屋技术档案,并进行科学管理。

(3)房屋修缮质量管理 质量管理是房屋维修管理中最重要的一个环节,主要内容有:

①强化修缮工程质量监督。对于中修以上的房屋修缮工程,必须向房屋所在地的上级主管部门办理质量监督手续,未办理监督手续,不得施工。

②加强工程质量检查和验收。中修以上的房屋维修工程,应进行勘察设计,并严格按照设计组织施工,修缮工程必须按有关质量标准逐项检查施工质量和工程质量,

按建设部《房屋修缮工程质量检验评定标准》的规定核验。竣工后,物业服务企业进行评定验收,不合格的工程,不得交付使用。

③完善修缮工程质量保修制度。房屋的修缮工程实行质量保修制度,质量保修的内容和期限,应在合同中载明。

(4)房屋修缮施工管理　房屋修缮施工管理指物业服务企业为实现房屋修缮的总目标,针对修缮工程的施工而进行的计划、组织、指挥、协调和监督等管理工作。施工管理常见两种情况:

①物业服务企业自己拥有一支维修养护队伍来进行修缮工程的施工。

②物业服务企业负责对房屋修缮工程实行招标,或以分包方式把房屋的维修养护分包给专业的维修队伍。

(5)房屋修缮资金管理　房屋修缮资金管理指修缮资金的筹措与使用安排。房屋修缮的资金,其来源除业主交缴的维修基金以及物业管理服务收费中的一部分外,还包括物业服务企业多种经营的部分盈余。

2) 维修管理中的责任划分

物业维修日常管理内容多且比较复杂,主要涉及房屋修缮责任的划分。房屋修缮责任的划分是为了确定物业服务企业、业主(使用人)应分别承担的修缮责任和担负修缮费用的界限。其基本原则有:

(1)新建房屋在保修期内的修缮责任　自每幢新建房屋竣工验收之日起,在规定的保修期内,由施工单位负责房屋质量保修,竣工验收与业主入住的时间差,由建设单位负责。在正常使用下,房屋建筑工程的最低保修期限为:

①地基基础工程和主体结构工程,为设计文件规定的该工程的合理使用年限。

②屋面防水工程、有防水要求的卫生间、房间和外墙面的防渗漏,为 5 年。

③供热与供冷系统,为 2 个采暖期、供冷期。

④电气管线、给排水管道、设备安装为 2 年。

⑤装修工程为 2 年。

(2)保修期满后的修缮责任　保修期满后,由业主承担房屋修缮责任,并承担修缮费用。对业主委托物业服务企业管理的物业,具体规定如下:

①物业服务企业承担房屋建筑共同部位、共用设施设备、物业规划红线内的市政公用设施和附属建筑及附属配套设施的修缮责任。修缮费用按建设部《城市异产毗连房屋暂行规定》执行,由各业主按业权比例分担。具体做法是建立物业维修基金,事先向各业主按比例收取,在全体业主的监督下专款专用。该费用应在物业管理委托合同中写明。

②业主承担物业内自用部位和自用设备的修缮责任。可由业主自行修缮,也可委托他人或物业服务企业修缮,费用由业主支付。

(3)其他情况　凡属使用不当或人为造成房屋损坏的,由其行为人负责修复或给予赔偿。

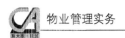

2.9.2 房屋维修管理的范围、标准

1)维修工程分类

按照房屋完损状况,其维修工程分为翻修、大修、中修、小修和综合维修5类。

(1)翻修工程 凡需全部拆除、另行设计、重新建造的工程为翻修工程。翻修工程适于主体结构严重损坏,有倒塌危险的房屋,以及无维修价值的房屋和基本建设规划范围内需要拆迁恢复的房屋。

(2)大修工程 大修工程是指需拆除部分主体构件,但不需全部拆除,一次修缮费用在该建筑物同类结构新建造价的25%以上的工程。大修工程主要适于严重损坏的房屋。

(3)中修工程 中修工程指需拆换少量主体构件,保持原房的规模和结构,一次修缮费用在该建筑物同类结构新建造价的20%以下的工程。中修适于少量结构构件形成危险的房屋,主要适于一般损坏的房屋。

(4)小修工程 小修工程即房屋的日常养护及修理。小修工程的平均费用一般为房屋现时造价的1%以下。

(5)综合维修工程 一般也称为轮修工程,指成片多幢大、中、小修一次性应修尽修,其费用控制在该(幢)建筑物同类结构新建造价的20%以上的工程。

2)房屋修缮范围

房屋修缮范围,原则上按照租赁合同的约定办理,一般常见情况如下:

①用户因使用不当、超载或其他过失引起的损坏由用户负责赔修。

②因用户特殊需要对房屋进行装修,以及进行拆、扩、改建时,必须报请管理单位鉴定同意,其费用由用户自理。

③因擅自在房基附近挖掘而引起的损坏,用户应负责修复。

④市政管道及处理装置、道路及桥涵、房屋进户水表之外的管道线路、天然气管道及灶具、人防设施等的修缮,由各专业管理部门负责。

2.9.3 房屋日常养护内容

房屋日常养护的内容包括:

1)地基基础的养护

地基属隐蔽工程,发现问题采取补救措施都很困难,应予以重视,一般从以下几个方面做好养护工作:

(1)坚决杜绝不合理荷载的产生 地基基础上部结构使用荷载分布不合理或超

过设计荷载,会危及整个房屋的安全,而在基础附近的地表堆放大量材料或设备,也会形成较大的堆积荷载,使地基由于附加压力而产生附加沉降,所以应从内、外两个方面加强对日常使用的监督,防止出现不合理荷载状况。

(2)防止地基浸水 地基浸水会使地基基础产生不利的工作条件,因此,对于地基基础附近的用水设备,如上下水管、暖气管道等,要注意检查其工作情况,防止漏水。同时,要加强对房屋内部及四周排水设施如排水沟、散水等的管理与维修。

(3)保证勒角的完好无损 勒角位于基础顶面,将上部荷载进一步扩散并均匀传递给基础,同时起到基础防水的作用。勒角破损或严重腐蚀剥落,会使基础受到传力不合理的间接影响而处于异常的受力状态,也会因防水失效而产生基础浸水的直接后果。

(4)防止地基冻害 季节性冻土地区,要注意基础的保温工作。对按持续供热设计的房屋,不宜采用间歇供热,并应保证各房间采暖设施齐备有效。如有使用中闲置不采暖房间,尤其是地基基础较近的地下室,应将门窗密闭,必要时增加保温措施。

2) 楼地面工程的养护

楼地面工程面层材料较多,水泥砂浆及块料面层的损坏有空鼓、起壳、裂缝等,而木地板更容易被腐蚀或蛀蚀。针对楼地面材料特性一般注意以下几个主要方面:

(1)保证经常用水房间的有效防水 对厨房、卫生间等房间,一方面注意保护楼、地面的防水层免遭破坏,另一方面加强对上、下水设施的检查与保养,防止管道漏水、堵塞,以免造成室内长时间积水而渗入楼板,导致侵蚀损害,发现问题及时处理,以免形成隐患。

(2)避免室内受潮或虫害 紧接土壤的底层房间,水分会通过毛细现象透过地板或外墙渗入室内;南方空气温度经常持续较高的水平,常因选材不当而产生返潮现象。这是造成室内潮湿的两种常见原因。所以应针对材料的各项性能指标,做好防潮工作,保持室内有良好的通风等。虫害包括直接蛀蚀与分泌物腐蚀两种,由于通常出现在较难以发现的隐蔽性部位,所以必须做好预防工作。尤其是分泌物的腐蚀作用,如常见的白蚁病,会造成房屋结构的根本性破坏,故应对虫害预防工作予以足够的重视。

(3)加强二次装修的科学管理 由于个别业主在使用过程中出现功能变化与装修档次要求的提高,对所拥有的物业进行二次装修时,容易改变房屋结构,进行拆改设备或明显加大荷载的破坏性装饰,影响了房屋的安全性能及使用性能。如吊顶时砸穿楼板,导致受力钢筋腐蚀,造成楼板的缺陷,严重时会产生危害;地面装修易破坏原有的防水层,而未采取补救措施,从而发生严重渗漏事故;增设隔墙或地面饰面时使楼面荷载超载,易造成垮塌事故。所以必须加强二次装修的科学管理,以保证整个房屋的正常使用。

3) 墙台面及吊顶工程的养护

墙台面及吊顶工程一般由下列装饰工程项目组成:抹灰、油漆、刷(喷)浆工程、裱糊工程、块材饰面工程、罩面板及龙骨安装工程等。养护时一般应满足以下几点要求:

(1)定期检查,及时处理 定期检查一般不少于每年1次,对容易出现问题的部位重点检查,尽早发现问题并及时处理。对台面、踢脚、护壁及木制品等磨损频率较高的工程部位,要缩短定时检查的周期。

(2)加强保护与其他工程相接处 墙台面及吊顶工程经常与其他工程相交叉,在相接处要注意防水、防腐、防裂、防胀。如水管穿墙加套管保护,与制冷、供热管相接处加绝热高强度套管。

(3)注意清洁与清洁方法 墙台面及吊顶如灰尘与油腻等积累太多,容易吸潮、生虫以及直接腐蚀材料,应做好经常性的清洁工作。清洁时需根据不同材料的各自性能,采用适当的方法,如防水、防碱腐蚀等。

(4)注意日常工作中的防护 各种操作要注意防止擦、划、刮伤墙台面,防止撞击。在日常生活中有难以避免的情况,要加设防护措施,如台面养花,使用腐蚀性材料等,应有保护垫层。

(5)注意材料的工作环境 遇有潮湿、油烟、高温、低温等非正常工作要求时,要注意墙台面及吊顶材料的性能,防止处于不利环境而受损。一般应采取有效防护措施。

(6)定期更换部件,保证整体协调性 由于墙台面及吊顶工程中各工种以及某一工程中各部件的使用寿命不同,因而,为保证整体使用效益,可通过合理配置,使各工种、各部件均能充分发挥其有效作用,并根据材料部件的使用期限与实际工作状况,及时予以更换。

4) 门窗工程的养护

门窗是保证房屋使用正常,通风良好的重要途径,应在管理使用中根据不同的类型特点注意养护,使之处于良好的工作状态。如木制门窗易出现的问题有:门窗扇下垂、弯曲、翘曲、腐朽、缝隙过大等;钢门窗有翘曲变形、锈蚀、配件残缺、露缝透风、断裂损坏等常见问题;而铝合金门窗易受到酸雨及建材中氢氧化钙的侵蚀。一般门窗养护注意以下要点:

(1)严格遵守使用常识与操作规程 门窗是房屋使用频率较高的部分,要注意保护,使用时,应轻开轻关;遇风雨天,要及时关闭并固定;开启后,旋启式门窗扇应固定,严禁撞击或悬挂物品,避免长期处于开启或关闭状态,以防门窗扇变形、关闭不严或启闭困难。

(2)经常清洁检查,发现问题及时处理 门窗构造比较复杂,应经常清扫,防止积垢而影响正常使用。发现门窗变形或配件短缺等现象,应及时修理或申请处理,防止对其他部分造成破坏或发生意外事件。

（3）定期更换易损部件,保持整体状况良好 对使用中损耗较大的部件应定期检查更换,需润滑的轴心或摩擦部位,要经常采取相应润滑措施,如有残垢,还要定期清除,以减少直接损耗。

（4）北方地区外门窗冬季使用管理 北方地区冬季气温低、风力大、沙尘多,外门窗易受侵害,所以,应做好养护工作。如采用外封式封窗,可有效控制冷风渗透与缝隙积灰。长期不用的外门,也要加以封闭,卸下的纱窗要清洁干燥,妥善保存,防止变形或损坏。

5）屋面工程维修养护

屋面工程在房屋中的作用是防水、保温、隔热等,由于建筑水平及要求的提高,现在又增加了许多新的功能,如采光、绿化以及太阳能采集利用等。所以防水层的养护也就成为屋面工程维修养护中的中心内容,一般注意以下几点：

（1）定期清扫,保证各种设施处于有效状态 一般非上人屋面每季度清扫 1 次,防止堆积垃圾、杂物及非预期植物如青苔、杂草的生长。遇有积水或大量积雪时,及时清除。上人屋面要经常清扫,在使用及清扫时,应保护重要排水设施如落水口,以及防水关键部位如变形缝、泛水等构造。

（2）定期检查、记录,并对发现的问题及时处理 定期组织专业技术人员对屋面各种设施的工作状况按规定项目内容进行全面详查,并填写检查记录。检查后,对所发现问题及时汇报处理,并适当调整养护计划。

（3）建立大修、中修、小修制度 在定期检查、养护的同时,根据屋面综合工作状况,进行全面的小修、中修、大修,这样可以保证其整体协调性,延长其整体使用寿命,以发挥其最高的综合效能。

（4）加强屋面的使用管理 在使用中,要防止产生不合理荷载与破坏性操作。上人屋面在使用中要注意污染、腐蚀等常见病,在使用期应有专人管理。屋面的各种设备、设施,如天线、广告牌等,首先要保证不影响原有功能,其次要符合整体技术要求。在施工中,应专人负责,并采用合理的构造方法与必要的保护措施,以免损坏屋面。

（5）建立专业维修保养队伍 屋面工程具有很强的专业性与技术性,检查与维修养护都必须由专业人员来负责完成。为减轻物业服务企业的负担,并能充分达到较高的技术水平,一般应建立起由较高水平的专业技术人员组成的专职机构。

6）通风道的养护管理

通风道在房屋建设和使用过程中是容易被忽略而又容易出现问题的部位,因此对通风道的管理应加以重视。在接管验收时,应将通风道作为一个单项,进行细致的验收,确保通风道畅通、安装牢固、不留隐患。在房屋使用过程中,应注意：

①住户在安装抽油烟机和卫生间通风器时,必须小心细致操作,不要乱打乱凿,对通风道造成损害。

②不要往通道里扔砖头、石块或在通风道上挂东西,挡住风口,堵塞通道。

③物业服务企业每年应逐户对通风道的使用情况及有无裂缝破损、堵塞等情况进行检查,发现不正确的使用行为要及时制止,发现损坏要认真记录,及时修复。

④检查时可用铁丝悬挂大线锤放入通风道,检查其是否畅通。

⑤通风道发现小裂缝应及时用水泥砂浆填补,严重损坏的,在房屋大修时应彻底更换。

7)垃圾道的养护管理

许多住宅楼、办公楼等通用房屋都设有垃圾道。垃圾道由通道、垃圾斗底层垃圾间及出垃圾门等部分组成。物业服务企业要加强管理,对垃圾道堵塞、损坏等现象应及时派人修理。平时养护中应注意:

①指定专人负责垃圾清运,保持垃圾道通畅。

②搬运重物时要注意保护好垃圾道,避免碰撞,平时不要用重物敲击垃圾道。

③不要往垃圾道中倾倒体积较大或长度较长的垃圾。

④垃圾道出现堵塞时应尽快组织人员疏通,否则越堵越严,疏通起来更加费时费力。

⑤垃圾斗、垃圾门每两年应重新油漆一通,防止锈蚀,延长其寿命,降低维修费用。

⑥垃圾道出现小的破损要及时用水泥砂浆或混凝土修补,防止其扩大。

2.9.4 房屋维修日常服务的程序及考核指标

1)日常服务程序

房屋维修日常服务的小修项目,主要是通过维修管理人员的查房和业主或使用人的随时报修两个渠道来收集。零星养护的特点是修理范围广,项目零星分散,时间紧,要求及时,具有经常性的服务性质。管理人员根据房屋维修计划表和随时发生的急修项目,开列小修维单。维修人员凭维修单领取材料(或经费),根据维修单列的工程地点、项目内容进行施工。零星养护应力争做到"水电急修不过夜,小修项目不过三,一般项目不过五"。

2)考核指标

日常养护考核指标主要有以下几种:

(1)定额指标 小修养护工人的劳动效率要100%达到或超过人工定额;材料消耗要不超过或低于材料消耗定额。达到小修养护工程定额的指标,是完成小修养护工作量,搞好日常服务的必要保证。

(2)经费指标 小修养护经费主要通过收取物业管理服务费筹集,不足部分从物业服务公司开展多种经营的收入中弥补。

(3)服务指标 又分为以下几种:

①走访查房率。一般要求管理员每月对辖区的住(用)户要走访查房 50% 以上;每季对辖区内住(用)户要逐户走访查房一遍。其计算公式如下:

$$月(季)走访查房率 = \frac{当月(季)走访查房户数}{辖区内住(用)户总数} \times 100\%$$

②养护计划率。应按管理员每月编制的小修养护计划表依次组织施工。考虑到小修中对急修项目需及时处理,因此在一般情况下,养护计划率要达 80% 以上,遇特殊情况,可统一调整养护计划率,其公式如下:

$$月养护计划完成率 = \frac{当月完成计划内项目户次数}{当月养护计划安排的户次数} \times 100\%$$

③养护及时率。其公式为:

$$月养护及时率 = \frac{当月完成的小修养护户次数}{当月全部报修中应修的户次数} \times 100\%$$

(4)安全指标　为确保生产安全,物业服务企业应建立一系列安全生产操作规程和安全检查制度以及相配套的安全生产奖惩办法。在安全生产中要十分注意以下 3 个方面:

①严格遵守操作规程,不违章上岗和操作。

②注意工具、用具的安全检查,及时修复或更换有不安全因素的工具、用具。

③按施工规定选用结构部件的材料,如利用旧料时,要特别注意安全性能的检查,增强施工期间和完工后交付使用的安全因素。

2.10　维保服务的运作规范与管理规范

2.10.1　设备综合管理标准作业规程

建立设备综合管理标准作业规程的目的是从总体上确立物业服务公司各类设备的管理要求,确保各类设备管理工作的统一、完整和完善。设备综合管理标准作业规程适用于物业服务公司对各类设备的综合管理工作。其职责表现在:工程部负责所辖小区的各类设备的日常管理工作;公司办公室负责各类设备档案的管理工作。

设备综合管理标准作业规程要点如下:

1)设备档案的建立

①工程部在接管物业后 1 月内应建立管辖范围内的"设备设施清单",价值 5 000 元以上的设备应建立"机电设备台账",并在建档后的 3 个工作日内将台账移交公司办公室存档。

②工程部应在接管物业后两个月内将所辖物业内的所有设备进行设备标识及设备编号。其要求如下:

A. 所有设备应单机单台或按功能系统进行"设备标识"。

B. "设备标识"用标牌形式予以实施,标牌应有设备名称和设备编号等内容。

C. 设备编号按图2.1所示规则编制。

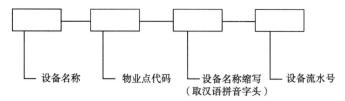

注意事项:1. 设备流水号按物业点的设备总数流水编制;
　　　　　2. 同类型同系统设备的流水号码应保持相对的集中和连续性。

图2.1　设备编号规则

D. 标识的制作规范:

——标识材质用0.5 mm厚的铝薄板制作,表面抛光呈本色;

——设备编号用凹形字体,涂黑色磁漆;

——尺寸为75 mm×20 mm(长×宽)。

E. 地面井盖的标识规范:

雨水、污水、给水、消防、电气井盖均按照下列不同颜色根据竣工图纸进行油漆和编号:

——雨水井盖用蓝色油漆;

——污水井盖用黄色油漆;

——给水井盖用绿色油漆;

——消防井盖用红色油漆;

——电气井盖用白色油漆。

井盖编号规则如图2.2所示。

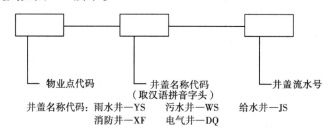

图2.2　井盖编号规则

F. 所有设备应按单机单台或功能系统建立设备卡。

G. 设备台账应保持与设备现行状态一致。为此,设备管理人员应将诸如设备封存、停用、限制使用范围、调迁、报废和更换零部件及检测情况及时分别在设备台账或设备卡片上予以登录。

　　H. 设备台账和设备出厂原件(合格证、说明书、保修协议等)统一由管理处保存。

2)设备状态标识

　　①工程部应对设备状态进行标识,以防止因设备操作造成人员伤害和设备损坏。

　　②设备状态分为运行、备用、停用、封存、报废、待报废、检修及严禁合闸等。

　　③标识的方式方法:

　　A. 设备状态用标识牌进行标识,标识牌用 300 mm × 150 mm × 3 mm(长 × 宽 × 厚)的白色塑料板制作,距边缘 10 mm 处用宽 3 mm 的红色不干胶线条作边框,字体为红/黑色不干胶粘于底板上。

　　B. 设备状态标识牌应在设备状态确定后,由设备操作人员及时悬挂于应予标识设备的显眼位置。

　　C. 设备状态改变,标识应随之改变。

3)设备管理质量原则

　　①三干净——设备干净、机房干净、工作场地干净。

　　②四不漏——不漏电、不漏油、不漏气、不漏水。

　　③五良好——使用性能良好、密封良好、润滑良好、紧固良好、调整良好。

4)设备记录

　　①设备台账。

　　②设备卡。

　　③采购设备验收表。

　　④设备停用/封存/报废审批表。

　　⑤设备定点管理检查表。

2.10.2　维修工作标准作业规程

1)维修工作程序

　　①维修户内给排水设施的工作程序如下:

　　A. 维修人员接到值班人员的维修指令后 10 min 内,准备好工具袋及针对维修项目的配换零件若干,以及鞋套、清洁毛巾、塑料垃圾袋等。

　　B. 维修人员应身着干净工装,佩戴工作牌。

　　C. 到达用户单元后应先敲门或按门铃,在用户许可后才能套上鞋套进屋维修。

　　D. 当判定维修项目属有偿服务时,根据《用户手册》上的收费标准向用户报维修价格。

E.用户同意维修,则将收费金额填在"维修单"对应位置上。如用户不同意该价格,维修人员在"维修单"上注明原因,交用户签名。

F.因材料不足暂不能维修的,应向用户解释清楚,并预约下次维修时间,将有关情况记录在"维修单"上。

G.因用户自购设备故障无法维修的,应详细向用户说明原因,由用户联系其设备的供应商维修,同时将情况记录在"维修单"上交用户签名。

H.在维修时,根据故障情况采取相应的维修措施,不扩散范围,注意做好现场周围物品的防护和遮盖,尽量保持户内环境干净,并要求用户有人在场监管维修过程。

I.维修完毕,要将所有维修垃圾装入塑料袋带走,并将维修部位和周围环境清理干净。

J.用户试用、验收后,维修人员填写维修记录,请用户在"维修单"上确认签名。

K.维修人员将签好的"维修单"返给值班人员,由其做好维修终结记录。

②维修户内电器的工作程序如下:

A.维修人员接到维修指令后10 min内准备好工具袋,带上必备的工具及针对维修项目的零配件若干、干净毛巾1条、塑料袋1个。

B.身着工装,佩戴工作牌,持维修单按门铃(或敲门)。

C.待用户开门后首先问"您好",然后礼貌客气地询问是否有电器(或某项目)需要维修,用户首肯后才进屋维修。

D.将毛巾铺在待修电器的旁边(屋顶墙上作业除外),工具材料都放在毛巾上。

E.维修完毕要将所有维修垃圾装入塑料袋带走,并将所维修部件及周围环境抹干净。

F.按"维修户内给排水设施"工作程序中F,G的内容执行。

③用户报修工作流程如图2.3所示。

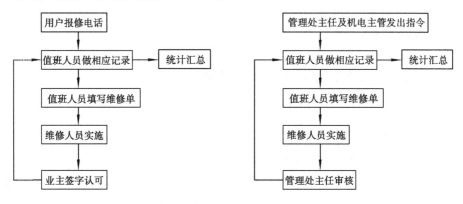

图2.3 用户报修工作流程图　　　　图2.4 共用设施维修流程图

④共用设施维修流程如图2.4所示。

⑤当设备抢险维修时需停电、停水、停空调等情况下,遵照如图2.5所示程序执行。

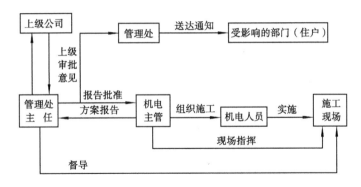

图 2.5　设备抢修流程图

2.10.3　物业工程部门管理规范

1)值班制度

①值班人员必须严格坚守岗位,不得私自离岗、串岗。未经批准擅自脱离岗位者,作违反劳动纪律处理;造成损失的,追究其经济责任。

②值班人员必须集中精力,保持警觉,认真工作,不得麻痹大意或做与本岗位无关的事情。

③值班人员必须服从上级主管的安排,听从调配,执行上级主管的工作指令。

④值班人员必须严格执行巡检制度,做到腿勤、眼尖、耳灵、脑活、手快,及时发现隐患,迅速排除故障,保证设备安全运行。

⑤值班人员外出作业必须随身携带对讲机,随时保持联系。

⑥值班人员必须掌握正确实施应急处理方案。

⑦遇突发性事件,应保持冷静,果断处理;并做好事故现场的保护工作,收集有关数据和原始记录,等候上级到场处理。

⑧值班人员必须做好当班的工作记录,按栏目要求认真如实填写。

2)交接班制度

(1)接班人须知

①上一班设备运行情况。

②正在检修的设备情况。

③仪表指示是否正确。

④设备故障处理的经过和结果。

(2)交接班程序

①按规定时间由交班人主持交接班。

②交班人口述本班工作情况记录及当前运行方式。

③交接双方共同巡检设备一次,接班人检查,交班人随从。

(3)交接班暂停　凡有下列情况不得交接班,必要时须立即通知上级主管到场处理:

①设备记录与实际运行状况不符。

②交接班人数不齐或不在场。

③当值人员精神状态不良,包括疲倦、醉酒、伤病等。

④设备有故障在抢修中,而又必须交接双方共同处理。

⑤设备运行有异常而又找不出原因或运行情况不明。

3) 报告制度

(1)须报告班组长的情形

①主要设备非正常操作的开停、调整及其他异常情况。

②设备出现故障或停机检修。

③零部件更换及修理。

④维修人员的去向。

⑤运行人员暂时离岗。

⑥对外班组及上级联系。

(2)须报告技术主管的情形

①重点设备非正常操作的启停、调整及其他异常情况。

②采用新的运行方式。

③重点设备发生故障或停机抢修。

④系统故障及检修。

⑤重要零部件更换及修理、加工及改造。

⑥工具、备件、公共维修材料领用。

⑦员工加班、调班、补休、请假。

⑧与上级及外协联系。

(3)须报告工程部经理的情形

①重点设备发生故障或停机修理。

②影响大厦(小区)运行的设备故障或停机修理。

③系统运行方式的重大改变。

④重点设备主要零部件更换、修理、外委加工。

⑤系统及主要设备的技术改造。

⑥系统或设备的增改工程及外委施工。

⑦技术骨干、班组长以上人员岗位调整及班组组织结构调整。

⑧员工一天以上的请假,班组长以上员工的补休、换班。

2.11 完善物业设备管理

2.11.1 提高使用寿命,全面掌握设备的运行

物业设备维保工作的好坏,直接关系到设备的使用效能和使用寿命。管理好物业设备是关系到业主的切身利益,关系到物业保值增值的大事。具体要求如下:

①要掌握物业设备的运行管理,做好设备维护,首先应熟悉小区(大楼)的各类管线的分布情况,因为它是设备与终端业主之间的联系纽带。

②同时工作人员还需熟悉设备的结构原理、工作方式,对各类发电机组、变压器,水泵等设备的性能做到了如指掌。

③对新接管的物业,要加强设备的验收,对设备运行情况进行跟踪、监测、记录,消除设备存在的隐患。

④日常管理中要根据物业设备运行的负载变化(如电梯在全天(24 h 内)的使用频度,在不同季节对空调的温度要求)进行合理、适时调度,发掘设备潜能,做到物尽其用,充分发挥设备的最大使用价值。

⑤对重大的主要设备采取预防性维修保养,防止其出现故障;对一般设备做好日常维修保养。

2.11.2 建立设备管理体系,提高管理绩效

俗话说"没有规矩、不成方圆",要做好物业设备管理就必须建立和完善设备管理体系,对设备进行规范化、标准化、专业化的管理,具体要求如下:

①为了延长设备的使用寿命,要建立并不断完善各种规章制度,如机房管理制度、供配电管理制度、设备维修制度等,以期对设备进行规范化、标准化操作,并严格执行,做到责任到岗、任务到人。

②创建良好的设备运行环境,提高管理规范性。如:设备上要有设备卡、设备台账;设备房要保持清洁,不得堆放杂物等。最终目的是培养职工高标准的工作态度。

③重视设备原始档案管理,为确保设备的完好与使用安全、及时维修创造条件。物业设备的结构复杂,管线纵横,要求设备的原始档案要清楚、齐备、正确。如发电机等一些重大设备发生故障需原生产厂家维修时,可通过设备台账及时与生产厂家取得联系,为设备的及时维修赢得宝贵时间。

2.11.3 降低设备故障,做好维修保养

设备在于管理,好的设备若得不到及时维修保养,就会常出故障,缩短其使用年限。对设备进行维修保养,能保证设备运行安全,最大限度地发挥设备的使用功能。对设备进行维修保养,要求做到以预防为主,坚持日常保养与科学计划维修相结合。

1)坚持做到"三好、四会、五定"

"三好":即对设备用好、修好、管理好。

"四会":即对设备会使用、会保养、会检查、会排除故障。

"五定":即对设备进行清洁、润滑、通风、检修时,做到定人、定点、定时、定质和定责。

2)注重安全管理

对设备进行维修保养时,要以人为本,做好安全管理工作。操作人员应严格按照操作规程和制度开展工作,如在检修电气设备时,应使用个人防护工具,做好必要的防护,防止意外事故发生。总之,设备管理最基本和最重要的要求是,保证设备体系运行安全,用户使用安全和操作人员操作安全。

3)结合实际、降耗节能

物业服务企业必须建立适合于自身特点的设备维修保养方案,遵循"安全、经济、合理、实用"的原则,有计划、有步骤地做好设备的预防性维修保养,将设备故障隐患消灭在萌芽状态。

同时,物业服务企业在物业设备维修中要提出节能改造可行性方案,尽可能采用节能设备以及经济适用且品质优良的节能材料,修旧利废、合理更新,以达到降耗节能、延长设备使用寿命的目的;同时可降低设备运行成本与维修费用,培养服务队伍的创新精神,维护业主的合法权益。

案例分析

案例2.1

苏先生家住高层住宅小区。一日,苏先生家因烟头引起周围纸张燃烧,其家人急忙从家中水龙头接水灭火。苏先生想起楼层有消防栓,就跑出屋拉开消防栓,打开消防栓阀门,拉着软管喷枪一边向屋内跑一边打开喷枪开关,结果喷枪内滴水未出。幸亏楼层灭火器箱内有几只灭火器,在周围邻居及闻讯赶来的管理公司保安员的救援下,终于用灭火器扑灭了火焰。后经了解消防栓喷不出水,是由于小区有居民盗用消防栓里的水,管理公司担心水费超标,所以擅自将消防栓的总阀门关掉了。于是,苏先生向该小区物业服务公司投诉,要求赔偿经济损失,且声称不排除通过法律途径追究物业服务公司的责任。

分析讨论:

(1)由于消防栓没有水,火灾造成业主经济损失,物业服务公司应负什么责任?

(2)为了防患于未然,物业服务公司平时应加强哪些方面的工作?

案例 2.2

某大厦管理公司接到写字楼一用户的投诉,称早晨从楼层热水器中接水饮用时,发现里面有一只小红虫。因大厦使用二次供水,故用户要求物业服务公司查清污染源,提高供水质量。

分析讨论:

(1)怎样预防二次供水污染?

(2)本案应如何处理?

案例 2.3

某大厦物业服务公司按计划对 13 ~ 23 楼消防自动报警系统进行测试。负责测试的工程部员工是刚入职的新员工,不太熟悉操作程序,致使大厦楼层警钟一起发出了刺耳的鸣声。很多用户以为大厦发生火警,惊慌失措,四处逃生,场面十分混乱。虽然物业服务公司发现误报后,马上通过消防广播向用户说明情况,可仍有几家用户向大厦管理公司投诉,其中一家用户声称当时正与几位重要客户在洽谈生意,警钟误响给客户造成极恶劣的影响,严重影响了该公司的对外形象,要求物业服务公司给予解释。

分析讨论:

(1)怎样预防发生此类事情?

(2)工程部门与大厦管理处在哪些方面需要沟通和衔接?

案例 2.4

2004 年 4 月 3 日,某大厦物业服务公司接到位于 12 层楼的一家国外咨询公司的书面投诉,称该公司在 4 月 2 日因设备故障报修,当日上午 11:00 左右,王先生为维修人员张某、李某开门后即到里间办公去了,维修期间该公司无人在场。11:30 两名维修人员走后,王先生发现放于外边办公室的手机没了。据王先生回忆,其中一名维修人员的工装后袋鼓鼓的。据此,王先生要求物业服务公司能协助查明手机是否被两名维修人员随手拿走。

分析讨论:

(1)物业服务公司应如何避免此类事情的发生?

(2)要做到良好、完善的维修服务,对工程人员的要求有哪些?

案例2.5

2003年7月一天的凌晨,某商住楼23楼供水管突然爆裂,刹时间一股水流从裂缝中喷射而出,很快淹过走廊,漫到电梯厅。见此情景,巡楼保安员王某一边报告值班主管,一边用备用沙袋挡在电梯口,防止水流进电梯井损坏电梯。由于事发突然,物业服务公司紧急进行处置后,23楼仍有几家用户进水,遭到投诉。

分析讨论:

(1)本案当事故发生后,物业服务公司应有哪些部门协调处理?

(2)物业服务公司怎样才能将事故所造成的影响减至最低?

案例2.6

1997年4月,某38层高的大厦刚投入使用不久,供电局设在大厦车场入口处的变电房爆炸,整个大厦停电长达一天。1号电梯困在3~4楼,内有七八名客户。物业服务公司工程人员配合电梯保养公司于20 min后打开电梯门,将困梯人员救出。大厦楼层用户因电梯无法启动只好步行下楼,大厦广场上也集聚了近100名准备上楼的客户。

分析讨论:

(1)本案例充分说明了电梯管理的重要性,如何才能做到防患于未然?

(2)电梯故障应急处理方案包含哪些主要内容?

本章小结

维保服务包括对房屋、附属设施设备的计划养护、正常使用或运行,也包括对因使用寿命和意外而产生的损坏的及时维修。它可以为业主提供安全、舒适的生活、工作环境,也可以促进物业的保值、增值。

管理者通过计划管理、运行管理、维修管理、安全管理以及档案管理等,实现对供配电设备、给排水系统、电梯设备、中央空调系统、弱电系统、消防系统和房屋建筑进行维护、养护的管理,完成这一物业服务的重要工作。

习 题

1.配电房管理有些什么内容?

2.水箱应多长时间清洗一次?如何清洗?

3.中央空调开机前应做哪些工作?主机运行后主要注意哪些参数?

4.防雷系统如何进行维护?

5. 简单介绍弱电系统的主要构成。

6. 电梯困人时怎么办？

7. 现代物业有哪些自动消防设备？简述其工作原理。

8. 概述房屋日常保养的主要内容和维修责任。

9. 设备管理的质量原则是什么？

10. 什么是设备的综合管理？

11. "变频恒压供水系统"的原理是什么？

12. 火灾探测与报警系统如何进行维护？

13. 电动扶梯的安全操作内容有哪些？

14. 设备安装的保修期限是多长时间？防水工程的保修期限是多长时间？

15. 新建房屋的保修期从什么时候开始计算？

第3章
安保服务

【本章导读】

安保服务与保洁服务并称为物业日常管理的两大重点工作,物业环境秩序的状态对业主生活质量和人身、财产安全有着决定性作用。安保服务对质量要求很高,容不得半点差错,因此对物业服务企业的管理水平和员工专业能力素质是很大的考验。通过对本章的学习,希望学习者具备安保服务的工作内容和规范要求知识,胜任安保服务的常规管理工作。

安保服务是物业管理的基本服务内容之一,在整个物业管理中有举足轻重的地位,既保证了业主及使用人的安居乐业,奠定社会安定的基础,同时也能见证物业管理的成功与否。

3.1 安保服务概述

3.1.1 安保服务的含义及特点

现代的安保服务就是依靠各种先进设备与工具、训练有素的管理人员,为防止和终止任何危及或影响物业管理辖区内的业主或使用人的生命财产与身心健康的行为与因素,确保住户或使用人人身安全、财物不受损失,以及工作生活秩序正常而进行的管理服务工作。

安保服务可按其形式包括门岗服务、巡逻服务、监控服务、车管服务和消防管理服务等。据此,安保服务有以下几个特点:

1)安保服务综合性强、管理难度大

如某些大型的居住物业小区,物业管理区域大,建筑面积大,业主及使用人众多,有的小区还有许多商服等收益性物业,如超市、饭店,还有一些公司,等等。这造成了小区内人流量大,人员复杂,给安全保卫服务工作带来了一定的困难。

2) 安保服务的服务性强

从内容上来看,为业主提供安全保证本身就属于服务的范畴。所以作为安保部门要本着"服务第一、用户至上"原则,既要有公安人员的警惕性,坚持原则,按制度办事,同时又要如同服务人员,文明礼貌、乐于助人。

3) 安保服务人员的素质要求高

安保部门作为物业管理的重要职能部门,对人员的素质要求较高。要求安保人员不仅要有较高的思想觉悟,同时还要知法懂法和会用法;不仅要坚持原则,依法办事,还要讲究处理问题的方法和艺术。安保人员应具有能与违法犯罪分子作斗争的能力,还要掌握与违反规章制度的群众及业主打交道的方法。

3.1.2　安保服务的内容

安保服务是一项特殊的工作,既属于安全保卫工作,同时又是一种特殊的服务工作,因此,安保服务既有实施安全保卫交通管理的责任,又有宣传安全保卫知识和提供安全服务的义务。具体来说,安保服务主要包括的内容如下:

1) 提供物业管理区域内的安全保卫工作

物业区域内的治安刑事案件的发生都带有突发性、流动性,当公安机关接到报案后,警察赶到现场就已经晚了。所以,物业服务公司应对物业管理区域实行全面的安全保卫工作。它的内容可分为日常安全防范与特发事件处理两大部分,具体包括防事故、防滋扰、防抢劫、防偷盗、防火灾、防爆炸、防破坏、防自然灾害,接受群众报警,处理应急案件,管理交通等工作,保证和维持物业及其附属设备的正常运转和使用;保证公共场所、环境设施等不受人为破坏;防止和阻止任何危及业主及使用人的生命财产的行为出现;终止任何影响业主和使用人身心健康的行为出现,使业主及使用人有一个安全舒适的工作、学习、生活环境,以提高居住生活及办公质量。

2) 提供全方面的安全防范宣传服务

发生安全问题的时候,很多业主及使用人不知道如何应对。如很多人不知道如何防备不法之徒,如何阻止正在进行的犯罪行为,如何才能在保全生命财产的前提下制伏犯罪;同时也缺乏一些关于实行正当防卫的界限与方式等相关知识和发生火灾时如何灭火、逃生等知识。这就要求安保服务部门开展安全防范宣传工作,依靠广大业主(使用人)做好专业防范与群众防范的结合,真正做到"预防为主,防患未然"。

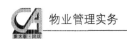

3)协助配合公安机关等部门的工作

安保部门不仅维护物业管理区域内的安全管理和服务工作,同时还要协助公安机关查处治安案件、治安事故,处置治安事件。例如火灾、爆炸、车祸案件的发生,非法集会、游行、示威,聚众哄抢、聚众滋事、聚众械斗等等案件的发生及处理都需要安保部门的配合,为公安机关提供线索或配合其行动;还要协助公安部门做好人口调查,发现和举报在逃的犯罪嫌疑人。这些对于维护社会治安和社会稳定,减少和挽回损失,防止进一步危害都有重要的意义。

4)为业主提供广泛的社区服务

安保部门是与业主接触最多、联系最密切的物业管理部门,它是联系物业服务企业与业主之间的纽带。为业主服务,帮助业主,满足业主的个别要求,也就成为物业安保服务部门的基本职能。它包括临时管理车辆,照顾儿童及老人,寻找走失人员及遗失物品,帮助业主搬运物品,抢险救灾,处理突发事件等等。这些不仅方便了业主的生活,同时改善和提高了物业服务公司的形象,加强了与业主之间的联系。

3.1.3 安保服务的作用

由于安保服务的内容,决定了安保服务有着十分重要的作用,主要体现在如下几点:

1)防止或预防任何危及业主或使用人的生命财产安全的行为

生命权,是公民最重要的权利,是工作和生活的先决条件。财产是公民用来满足物质生活需要的物质资料,是进行一切社会活动的基础,是人们生存、发展的基本保障。保障业主或使用人的生命财产安全是物业保安的根本任务。

2)维护物业区域正常的生活秩序

消除如噪声、废气对业主或使用人的影响,维持正常的交通秩序,以及制止外来人员的骚扰,是物业安保的重要任务。例如,采取相应措施,严禁任何推销人员,各类修补、买卖、旧物回收等流动闲杂人员进入辖区,不准装修工程队擅自进入辖区内找生意;禁止非辖区内的机动车辆驶入辖区,确需进入的要按规定办好登记手续,驶出时查验车内有无可疑物品等,从而维护正常的生活秩序与工作秩序,保障业主或使用人的身心健康。

3)加强小区、大厦内的精神文明建设

邻里关系是生活在一定区域内共享同一空间和设施的住户彼此通过人际交往结成的社会关系。人们对居住环境的要求往往存在着一些矛盾:既希望有和睦、友好的

人际关系,又希望不受到邻里的干扰,保护自己的隐私。在这种要求下,邻里之间就难免产生各种矛盾和纠纷。此类问题产生后,保安员应正确、及时地进行处理,从而促进邻里的团结和社会的稳定。

4)预防和打击各种犯罪,确保一方安全

安保员要准时上下班和交接班,尤其是在巡逻过程中,如遇到可疑情况,要及时报告有关部门;如发现犯罪情况,要立即报警,情况紧急时应挺身而出,制止犯罪,从而维护社会的稳定。

5)确保物业及附属设备设施不受人为损坏

维护和保养物业及附属设备、公共场所、建筑地段等,能延长物业使用年限,提高物业的使用价值,从而使物业得到保值、增值。在正常情况下,砖木结构的房屋使用寿命为 40 ~ 60 年,混合结构的房屋使用寿命为 60 ~ 80 年,框架结构的房屋使用寿命为 80 ~ 100 年。在物业的使用寿命期限内及时制止人为因素的损坏,延长物业的使用寿命,使物业发挥最大的使用价值和经济价值,是物业安保的一项重要任务。

3.1.4 安保服务部门的职责

1)信守合同,确保服务质量

根据安保部的服务宗旨和同客户签订的合同内容,组织力量,下达任务,提出要求,履行合同;并不断地进行督促、检查和总结,圆满完成安保部所承诺的各项安保服务工作。

2)管好队伍,努力提高业务素质

对安保队伍实行科学管理,是安保部的主要职责之一,也是提高队伍素质和战斗力的根本途径。安保队伍管理,就是指对安保队伍有领导、有计划、有意识地进行一系列协调活动的总称。如对安保人员进行招聘、培训、教育、考核、调配、提拔、奖惩,以及负责物资装备、后勤保证、福利待遇等。管理工作做好了,不仅能提高队伍素质,充分调动每个人的积极性,还能充分发挥保安队伍整体的功能,取得最佳效益,达到预期的目标。

3)加强联系,做好协调配合工作

安保服务工作不是孤立的,它需要社会上各个部门和广大群众的支持、理解和配合。因此,安保部的重要职责之一,就是要主动地加强与有关部门或有关方面的联系,不断沟通情况,交流信息,以达到相互理解、相互支持、相互配合的目的。这是做好安保服务工作必不可少的重要条件。

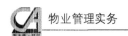

3.1.5　安保人员的职责

安保人员的职责如下：

①安保人员必须认真履行合同义务，完成规定的门卫、守护和巡逻任务。

②保障责任区的安全，防止未经许可的人进入责任区，做好防火、防盗、防水、防毒、防事故、防破坏等工作，维护责任区的治安秩序。

③积极维护社会治安，对责任区内发生的刑事案件、治安案件，要保护好现场，及时报告上级部门和公安机关处理，并积极予以协助。

3.2　门岗服务

3.2.1　门岗服务的含义

门岗服务就是安保人员依据国家法律和业主的要求，对物业管理区域内的大门或大堂进行职责上的严格把守，具体实现对车辆、人员、物品等进行检查、验证和登记的系列工作过程，以保障业主的人身和财产安全，维护物业管理区域内的安全秩序的一种安保服务工作。一般情况下，居住物业及工业物业的门岗设置在物业管理区域内的大门及物业管理区域内的入口，商业物业及写字楼的门岗设置在物业大堂及停车场等主要出入口。

门岗服务根据物业管理安保的方式不同，采取的方法、制度和力度也不同。安保服务按方式可分为封闭式管理、半封闭式管理和开放式管理。封闭式管理要求出入人员必须出示证件，外来人员不得入内或进入必须出具有效证件并登记，并实行 24 h 巡逻值班制度。出入口比较少的高档物业、写字楼和别墅一般采取这种管理方式。开放式管理的安保服务管理难度比较大，对人员出入无限制或限制小，出入人员不需要登记，保安人员只对可疑人员进行盘查和询问，适用于出入口多、人流量大的物业。半封闭式管理是封闭式管理和开放式管理相结合的管理手段，在某一时间段或某一区域实行封闭式管理，在其他时间段和区域实行开放式管理。商住楼和商业物业采取这种管理方式。例如某商住楼 7:00 ~ 20:00 实行开放式管理，其余时间实行封闭式管理，出入人员必须出示证件，这样既保证了商业物业人员的正常流动，又保证了居住业主的安全。

3.2.2　居住物业门岗服务的内容

根据国务院 1988 年批准的《公安部关于组建保安服务公司的报告》和公安部 1989

年下发的《关于保安服务公司管理的通知》的精神,门卫安保服务的主要任务是:依据国家法律、法令、政策对出入大门的人员、车辆、物资进行严格检查、验证和登记,防止不法人员混入,以维护所管物业区域内的安全。具体来讲,其任务包括以下几个方面:

①对出入住宅区的人员进行证件、身份的严格查验,并依据有关会客登记制度严格履行登记手续,以防无关人员进入,扰乱生活秩序。查验出入人员的身份和证件,严格履行进入的登记手续,是门卫的重要职责和任务。通过这一工作,一方面可以严格控制无关人员进入,以保证正常的生活秩序;另一方面,履行登记手续,以便住宅区出事后,进行有关查询或调查,及时配合公安机关和有关部门侦破各类治安、刑事案件。

②对出入住宅区的人员和车辆及时疏导,对所携带、装运的物品和物资进行严格检验、核查,以防住宅区内住户的财产和物品丢失,确保住宅区住户的财产安全。

作为一名安保人员,做好进出车辆及行人的疏导工作,是门卫的重要职责与任务。另外,清理聚集在门口的人员也是保证进出车辆畅通,防止秩序混乱和交通堵塞的重要方面。

③在门卫执勤时,发现可疑人、可疑事件要及时报告主管部门或公司负责人,必要时报告公安部门。例如,发现可疑分子在住宅区门口逗留"踩点",外来人员和住宅区的人员有不正常来往,精神病患者闹事等,应及时报告有关部门,以便采取相应措施妥善处理。

在门卫执勤时,发现有群众闹事、冲击住宅区的,要立即报告,并采取果断措施予以制止。在有关部门和领导没有到达前,门卫可以先行劝阻,做好解释工作,必要时封锁大门,以维护好住宅区的治安秩序。

④在门卫执勤时,发现车辆通过门口时不停车,不接受检查,并强行闯进闯出时,一方面要采取有效措施予以制止,另一方面要详细记下车型、车号及司乘人员的相貌特征,以便事后调查。

3.2.3　商业物业门岗服务的内容

①大堂是出入商业物业的必经之地,人多,情况复杂,安保员必须注意客人的动向,细心观察,保证物业和客人的生命财产安全。

②认真履行自己的岗位职责,保持高度警惕,协助总服务台办理来访登记手续。

③维护大堂的秩序,对在大堂争吵、大声呼叫的客人要立即上前进行婉言劝说和制止,或带离现场,保持大堂的高雅、肃静。

④对大堂的一些公共设施,要注意保护,不准他人随意敲击和损坏。如大堂设有休息沙发,制止有人躺在大堂的休息沙发上,以保持大堂文明的环境。

⑤夜深时要加倍警惕,注意警戒,对 24:00 以后进入大堂的客人要进行认真观察,发现可疑人员应上前盘问和登记报告。

⑥要防止客人在大堂乱丢、乱吐、乱蹲、乱坐,发现这些情况应立即劝阻。

⑦有小孩在大堂追逐打闹、玩耍,以及衣冠不整的客人进入大堂时,要及时劝阻。

⑧不得在大堂找服务员或无关人员聊天,影响正常工作。

⑨不得擅离职守,对来访人员和业主的询问要热情、礼貌、周到,使之称心满意,严禁用粗言恶语对待来访人员和业主。

3.2.4　安保服务门卫的基本要求

1) 仪容仪表

对门卫仪容仪表的要求包括:

①按规定着装,佩戴工作证。

②精神饱满,姿态良好。

③举止文明,大方。

④不袖手、背手、插手,不勾肩搭背。

2) 工作要求

对门卫的工作要求包括:

①能熟练掌握大厦业主(住户)的基本情况,包括姓名、特征及经常交往的社会关系等。

②能准确填写各种表格、记录。

③能熟练掌握报警监控、对讲、电梯等设施、设备的操作程序。

④善于发现各种事故隐患和可疑人员,并能及时正确处理各种突发事件。

⑤服从领导,听从指挥。

3) 服务态度及要求

对门卫的服务态度要求包括:

①礼貌待人,说话和气,微笑服务。

②主动、热情、耐心、周到为业主(住户)服务。

③不准发生争吵以及打斗事件。

④登记有效证件不超过30 s(不出错)。

⑤不出现业主(住户)被盗、被抢等案件。

⑥不准出现大堂秩序混乱等情况。

⑦接到住户报警,不超过2 min赶到现场并报告。

4) 形象规定

对门卫的形象规定包括:

①经常注意检查和保持仪表整洁。

②不准留长发、蓄胡子、留长指甲,头发不得露于帽檐外,帽檐下发长不得超过

1.5 cm,鼻毛不得露出鼻孔。

③精神振作,姿态良好,抬头挺胸,不准弯腰驼背、东倒西歪、前倾后靠、伸懒腰;不准袖手、背手、叉腰或将手插入口袋中;执勤中不准吸烟、吃零食,不勾肩搭背,做到站如松、坐如钟、动如风。

④不准哼歌、吹口哨、听收(录)音机、看书报。

3.2.5　门岗服务登记制度

门岗服务应建立登记制度,一旦发生事故或治安案件,要做到有据可查。门岗服务常见的登记表格有值班记录表(见表3.1)、值班交接表(见表3.2)、出入人员登记表(见表3.3)、出入车辆登记表。

表3.1　值班记录表

部门名称:　　　　　　　　　　　　　　　　　　　　年　　月　　日

班　次	时　　间	值班员	发生情况及处理结果	备注
1	7:00—10:00			
2	10:00—13:00			
3	13:00—15:00			
⋮	⋮			

表3.2　值班交接表

部门:　　　　　　　　　　　　　　　　　　　　　　年　　月　　日

值班人员	上岗时间	下岗时间	值班记录	备注

表3.3　出入人员登记表

部门:　　　　　　　　　　　　　　　　　　　　　　年　　月　　日

时间	姓名	访问单位或人员	离开时间	值班人	备注

3.3 巡逻服务

3.3.1 巡逻服务的含义

安保服务中的巡逻服务是指安保人员对物业管理区域进行巡逻警戒,保证物业管理区域内业主及物业使用人的正常生活和工作秩序。它是安保服务的一种重要手段。巡逻的目的,一是发现和排除各种不安全隐患;二是及时处置各种违法和违反规定的行为。巡逻的方式一般可分为往返式、交叉式、循环式3种,无论采取哪种方式都不宜固定,可以交替使用,这样便于全方位巡逻,又防止犯罪人摸清规律。在巡逻路线上要根据物业特点安排,加强重点部位、要害部位的巡逻。

3.3.2 居住物业巡逻服务的内容

不同的物业有不同的特点,居住物业的特点是产权多,人员复杂。由于工作的原因,有部分时间段业主不在家中,所以易发生盗窃行为和火灾事故。一般而言,居住物业巡逻服务有以下内容:

①维护住宅区的正常治安秩序。住宅区安保的主要任务之一就是通过巡逻维护其正常的生活、治安秩序,以保证各项活动的顺利进行。

②保护住宅区内重要部位的安全。在住宅区内有需要被保护的重点部位和要害目标,如配电室、中央空调室、供水系统、电梯、消防系统、安全监控系统等。这就要求保安人员既要搞好住宅区内的巡逻,又要加强住宅区内的重要部位和要害目标的保护,以确保其安全。

③堵塞漏洞,防止各种治安案件、灾害事故的发生。

④防止各种犯罪事件和治安事件的发生。保安人员在执行任务的过程中,对各种异常现象和嫌疑情况要做到高度敏感,及时发现,立即报告,果断处理,以防止各种犯罪和治安事件的发生。

⑤发现和制止各种违法犯罪活动。对一切违法犯罪行为和活动,要发现得早、控制得住、制止得有效、打击得有力。对当场发现的现行违法犯罪分子,要毫不犹豫地将其抓获,扭送公安部门处理,以确保住宅区内的安全。

⑥加强对各种刑事案件、治安案件和灾害事故的现场保护。

⑦平息巡逻中发现的突发事件和各种意外事件。在巡逻过程中,一旦发现住宅区内有突发事件和意外事故发生,如房屋建筑倒塌、爆炸和雷击、物品损坏等,要毫不犹豫地立即采取紧急措施,平息事件,并立即报告有关部门予以支援。

3.3.3　商业物业巡逻服务的内容

由于商业物业有功能齐全、设施齐备、价值高、空间大、装饰考究、智能化高、人流量大的特点,所以巡逻重点也不同。主要内容有以下几点:

①认真履行自己的职责,对事故苗头及时发现,并消除隐患,确保人员的安全。

②加强对重点地区的巡逻,加大对人流量大、易发生事故或发生事故损失较大的地区的巡逻力度,例如仓库、停车场和销售区域等。发现可疑情况,视情况处理或及时报告部门经理,情况严重的应及时报警。

③在楼层巡逻时应重点注意各区域或房间的安全管理情况,如电器是否合理使用,是否有不安全因素;同时注意房屋及设施设备是否发生破损,发现损坏的应及时报告维修部门修复。

④对违反规定的人员,如闹事、斗殴、损坏设施的,应劝其冷静或将其带到安保部酌情处理。

⑤楼层发生事故,如火警、盗警、凶杀、爆炸等,要立即组织业主和客人疏散,并保护现场,进行处理,防止事态扩大。

⑥巡逻人员不得借助工作之便使用物业内的设施,如写字楼的休闲设施,以及看电视、打电话、和其他工作人员闲聊等。

⑦保护物业的设施设备及装饰物不遭破坏。

3.3.4　巡逻服务人员的要求

1)仪容仪表

巡逻服务人员的仪容仪表要求与门卫的仪容仪表要求类同,在此不再赘述。

2)工作要求

对巡逻服务人员的工作要求包括:

①服从领导,听从指挥。

②能熟练掌握物业管理范围的基本情况,包括业主(住户)的基本情况、楼宇结构、防盗消防设备、主要通道的具体位置、发电机房、配电房、水泵房、消防中心等重点位置。

③善于发现、分析处理各种事故隐患和突发事件,有较强的分析、判断、处理问题的能力。

④熟悉车场的基本情况。

⑤能圆满完成规定的检查内容。

3)服务态度及要求

对巡逻服务人员的态度要求包括：

①微笑服务。

②主动、热情、耐心、周到地为住户服务。

③说话和气,礼貌待人。

④不发生争吵、打斗事件。

⑤按时巡逻,按时到指定地点签到。

⑥不出现业主(住户)家被盗、抢事件。

⑦车场内车辆完好无损,不出现交通事故,不丢一辆车。

⑧接到住户报警不超过 2 min 赶到现场并报告。

⑨处理各种违章时,要文明礼貌,及时有效,机动灵活,不失原则。

⑩及时发现各种事故隐患,不因失职而出现意外事故。

3.3.5　建立巡逻勤务制度

巡逻勤务制度是指在开展执勤、备勤、值班等各项安保服务活动中,共同遵守的办事规程和行为准则。巡逻是一种流动的安保服务,有明确的任务和目的,有具体的标准,知道应该检查和注意哪些问题以及怎么做。建立勤务制度使巡逻更具有目的性和准确性,同时也有利于约束巡逻人员的行为,树立安保人员良好的形象。

巡逻勤务制度主要包括以下几个方面：

1)出巡制度

出巡制度是指在准备上岗巡逻前及上岗巡逻中应该遵守的制度。主要包括 2 个方面:一是执勤保安应在上岗前在规定的时间内到达指定地点参加派勤,接受执勤任务,弄清注意事项;同时检查自己的仪容风纪、标志的佩戴、警械装备和通讯器材的完好等情况;二是执勤保安到达岗位后,按照一定巡逻方式进行巡逻。

2)值班制度

保安除了出巡外,还必须留有一定数量的人员进行 24 h 值班。值班人员的主要任务是：

①接受各种报警,进行接报登记,并按规定的程序进行处理,对重大事件,及时向上级单位报告。

②接受群众的各种紧急求助,指挥保安及时为群众排忧解难。对不属于管辖范围内的问题,要耐心向群众解答,告知其主管部门,并负责联系转达,不得推诿搪塞。

③记录传达电话,及时上报下达,通知有关部门,做好与执勤保安的通信联络。

④根据需要,随时调遣警力,布置巡逻任务,掌握巡逻动态,监督巡逻实施,处置

巡逻中移送的有关事项。

3) 备勤制度

备勤就是预备执勤。保安备勤要求有一支专门的机动队伍,昼夜处于待命状态,以应付突发事件的处置。备勤通常要做好以下几点工作:

①保持一定数量的机动警力,整装待命,同时准备好通讯器材、交通工具等。

②备勤人员如奉命执行紧急任务时,应将出勤地点、时间、工作情况、处理结果进行详细登记,以备查考。

3.4 监控服务

3.4.1 监控服务的概念

随着电子技术的发展以及计算机信息系统的应用,物业安保服务的许多工作都实现了自动化,各种消防设备和安全保卫设备都运用计算机来进行操作管理,计算机系统还可以把这些设备与110报警台、119火警等社会职能部门相连,提高了抢险能力和服务效率。

监控服务是指利用现有的智能安保监控系统对物业管理区域进行监控和控制,保证监控区域内业主及物业使用人的正常生活和工作。智能监控系统一般包括电子监控系统、报警系统、门警系统、电子巡更仪、消防系统等。

1) 电子监控系统

整个监控设备由电子摄像机、屏幕显示、录像机、中央微处理机、中央供电器等主要部分构成。

(1)电子摄像机(探头) 一般安装在大门口、电梯口、电梯内、停车场、各楼层公共走道、大堂、主要通道等重要部位。从安全角度,探头的分布要能监视所有的公共部位,以免出现死角。

(2)屏幕显示 在中央监控室内,将输入的电子信号转换成图像在屏幕上显示出来。屏幕数量可与探头"一对一",又可以"一对多"。当设置的探头较多时,可采用一个屏幕显示4~16个画面或自动滚动切换画面。一旦某一画面出现异常情况,还可以实行单一探头专录或定格。

(3)录像机 由于屏幕众多,一般无法全面、有效地看清所有的画面,通过录像,可以将监视范围的情况逐一录下,并随时提供给有关单位、人员进行查阅。

(4)中央微处理机 它是整个监控系统的大脑,一般设在监控室内或总控室内。它既能对整个住宅区或大楼的多路探头的输入信号进行编组、分路,并在指定的显示屏上显示,又能通过键盘操作,对监控线路的滚动间隔时间、显示时间等进行设定,对探头进行多功能的调试、处理,如上下移动、左右跟踪扫描等。

2)红外线报警系统

红外线报警系统由防盗主机、键盘、门窗传感器、变压器、电瓶等组成。如果在重点部位人为使传感器进入报警状态,一旦在禁止入内的时间内有人出入,传感器就会通过防盗主机发出警报(一般主机安置在监控室内),值班员就会立即做出反应。

3)门警管理系统

门警管理系统由控制器、进出门读卡机、报警传感器、警报器、电磁锁、出门按钮、进出门传感器等组成。该系统最大的特点是为监视及控制人员进出第一区域提供完备的功能。一般控制器可识别3种类型的IC卡,如"用户卡"、"特殊卡"、"设置卡",进出人员只要拥有其中任何一种,均可刷卡进出。

4)电子巡更仪

电子巡更仪由手机、墙机、打印机等组成,手机由巡逻人员掌握,墙机安装在需要巡视的部件,如重要部位、监控死角等。当巡逻保安员到达指定安检位置时,只需将手机插入墙机孔内,手机即可记录巡逻人员的信号、日期、时间,监控人员即可通过手机显示屏或专用打印机输出记录内容,以便查阅巡逻情况。电子巡更仪不能主动进行安全监控,仅是一种控制手段,常用以辅助安全巡视工作。

5)对讲机

对讲机是安保人员用以寻呼、联络、通话的设备,在治安管理中用以及时互通信息,增强安全防治效果。

智能保安监控系统的工作方式是:从计算机引出一条通信总线,所需监控的设备均连接在这条总线上,计算机通过总线得到各个系统的状态信息。这些信息经过计算机的应用软件处理后,输出处理信息,输出的信息通过局域网向有关部门和有关监控点发送或报警。报警时除了发出声音报警外,在计算机的监视屏幕上还将自动显示有关监控点的图像。计算机可以对监控点现场的情景通过摄像机进行捕捉,还可以通过网络控制系统对产生的结果安排相应的指挥和操作,执行必要的报警控制措施,并可将监视录像、报警时间、地点位置、提供的信息、响应方式等在计算机中存储下来。例如,对非法入侵者采取启动录像监视、开追光灯跟踪、关闭出入口堵截、通知保安人员扣押等一系列防卫措施,使得坏人无隙可乘。

3.4.2 监控人员的岗位职责

①负责物业管理区域内的监控系统的操作、报警后的检查和应采取的措施。

②对物业管理区域内有关部位的钥匙负责使用、保管。

③负责物业管理区域有关部位的监控,了解保安情况,掌握巡逻人员是否按规定巡逻指定区域。

④及时对监控和操作中发生的情况进行记录,并负责向上级部门反映工作情况。

⑤负责部门内使用的对讲机的充电和转接。

⑥指导保安人员进行巡逻等安全保卫工作。

3.5 车辆管理服务

3.5.1 车辆管理服务的意义

随着人们生活水平的提高,对车辆使用的需求越来越广泛。国家为了刺激汽车消费市场,出台一系列的政策,使拥有汽车的家庭越来越多。而早期开发的住宅物业,由于缺乏停车场造成车位严重不足,给有车一族带来不便,给物业管理工作带来很多麻烦。如何满足日益增多的车位需求,搞好车辆的安全管理,是物业管理工作中不容轻视的问题。

安保服务部门在进行车辆管理时,主要集中在对物业管理区域内车辆行驶秩序、停车秩序的管理和停车场的管理。

3.5.2 物业管理区域内车辆管理的内容

为了维护物业管理区域秩序,保持物业管理区域内的安静和交通道路、消防通道的畅通,进入物业管理区域内的车辆必须遵守以下规定:

①所有外来车辆,未经许可,不得进入物业管理区域。

②凡是进出物业区的机动车,一律使用停车管理卡。

③进入物业区停放的车辆,必须按指定的地点停放,并按规定收取一定的停车费,停车通道、消防通道及非停车位禁止停车。

④凡装有易燃、易爆、剧毒品或有污染性物品的车辆,严禁驶入物业区内。

⑤车辆必须按规定的行驶路线行驶,不得逆行,不得超速和按喇叭,进入车位时限速 5 km/h。

⑥长期在物业区停放的车辆,需办理立户定位手续,办理车辆保险,领取停放证,对号停放,凭证出入,按月缴费。如停止使用车位,应及时办理注销手续。

⑦车辆停放后,必须锁好车门,关好车窗,并注意车位的清洁卫生。

⑧车辆如损坏路面和公共设施,应照价赔偿。

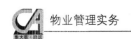

⑨不准在物业区内学习驾车、试车。

3.5.3 物业区域内停车场的管理

停车场是指由专人管理,供车辆停放,实行有偿服务的场所。按设立形式和经营运作特点,它主要分为专用停车场和附设停车场两种。专用停车场多是大型、多层的综合性停车场;附设停车场是指在物业区域地面或底层的停车场,主要为区内业主提供停车方便。

停车场车辆管理规定如下:

①车辆必须按停车场的导向标志和保安人员的指引方位行驶,不得逆行,不得在人行道、绿化带上行驶,不得鸣笛,限速 5 km/h 以下。

②保安人员对进入车场的车辆要指明停放地点,验明车况是否完好,如反光镜、车灯等明显部位及货物数量和其他情况。必要时做好详细记录,经车主当场验证,并签名后方可接收。

③车主停车完毕后,应提醒其关闭车窗,锁好车门,勿将贵重物品放在车内。

④做好进入车场停放车辆的收费工作。月租车固定泊位,按月收取停车费;时租车不得占用月租车位。所有车辆的停放不得超出车位划界范围,并凭牌出入。

⑤对开出车场的车要仔细、认真地做好验证工作,在情况属实时才可放行。如发现手续不齐或可疑情况,要立即进行拦阻、查询,并及时报告。

⑥严禁在停车场内吸烟,严禁装载易燃、易爆等危险物品进场;不得在车场学开汽车、骑摩托车,不得让无关人员在车场停留;不得将垃圾、废物弃置在停车场内。

3.6 物业消防管理

3.6.1 物业消防管理的含义

物业消防管理是物业管理部门遵循火灾发生规律,依照消防法规,对消防工作进行组织、协调、控制、监督等活动的总称。根据《中华人民共和国消防法》(以下简称《消防法》)第 1 章第 2 条规定,"消防工作贯彻'预防为主,防消结合'的方针"。从这句话准确表达了消防工作要以"防"为主,把预防工作放在首位。加强消防管理,关系到业主以及物业使用人的生命及财产安全,关系到建立良好的社会秩序,在现实中具有重大的意义。

3.6.2　物业消防管理的原则

1) 专业消防与义务消防相结合的原则

我国《消防法》第 2 条明确规定，"消防工作坚持专门机关与群众相结合的原则"。这里的"专门机关"主要是指兵役制消防部队、城镇公安消防队，它是城市消防的主要力量。物业服务企业同其他单位一样，应坚持"专业消防与义务消防相结合"的原则。专业消防队是指公安消防队，义务消防队是指消防单位建立的消防组织。专业消防指导义务消防的工作，义务消防为专业消防提供了基础，二者相辅相成，这样才能做好消防管理工作。

"专业消防与义务消防相结合的原则"具体体现在：一是在火灾预防方面，物业服务公司和广大业主、使用人应当自觉遵守消防法规和消防安全规章制度，及时消除火灾隐患，在生产、生活和工作中具有消防安全意识，懂得消防安全知识，掌握消防自救的基本技能，积极纠正和制止违反消防法规的行为。公安消防机构要依法进行监督管理，依法履行消防监督检查、建筑工程消防监督审核等各项法定职责，依法纠正和处罚违反消防法规的行为。二是灭火救援方面，任何人发现火灾都要立即报警，物业服务公司要及时组织力量扑救火灾，并听从公安消防机构统一组织和指挥，服从火场总指挥的决定。火灾扑灭后，还应如实提供相关情况，协助公安消防机构调查火灾事故。

2) 贯彻落实"谁主管，谁负责"的消防原则

"谁主管，谁负责"原则的中心就是层层落实防火责任制，从而调动各部门、各岗位和全体员工搞好消防工作的积极性。作为物业服务公司的法人代表，物业服务公司的总经理要对本单位的防火安全工作负全面责任；各部门经理要对本部门的防火安全负责；各班组负责人以至每个职工都要对自己管辖工作范围内的防火安全负责。这样，消防工作才能层层落实，人人负责，横向到边，纵向到底，纵横结合，形成一个整体性、全方位的防火网络。

3) 科学性原则

科学性原则是指在消防管理活动中，严格遵循科学规律，善于运用消防科学知识体系和现代化技术装备，不断提高消防管理的科学化、现代化水平。作为物业服务公司应做到以下几点：

①应遵循火灾发生和火灾蔓延发展的客观规律，即合理科学地消除火灾发生的条件，减少或消除火灾蔓延发展的条件，从技术上和管理上加强防火方面的对策。

②要善于引进现代管理科学的理论和方法，如在防火检查中应用安全检查表分析法等，结合实际提高消防安全管理的水平。

③要积极应用现代化技术装备,如积极应用计算机和因特网,建立防火档案数据库等,不断提高现代化技术水平。

4)法制性原则

法制性原则亦称依法管理原则,是指依照国家制定的消防法律、法规、规章、技术标准等规范性文件,对消防事务进行管理的原则。为保证物业辖区正常的生产、工作和生活秩序,需要运用法规的规范性和强制力管火治火,防止发生火灾。作为物业服务公司在消防管理方面虽然不是执法者,但在消防管理活动中必须坚持依法办事原则,必须履行《消防法》规定的各项消防安全职责,并通过消防法制教育,使广大员工、业主自觉知法守法。

5)综合治理的原则

用火的广泛性和影响火灾发生的多因素,决定了物业消防工作是一项综合的系统工程。在管理方式上,物业消防工作要同社区的治安综合治理,与辖区物业其他方面的管理统一起来,即将消防工作纳入社区各级政府的议事日程,纳入辖区的生产建设、科研、设计、施工、经营管理之中,做到消防工作与生产建设、设计、施工、经营管理同步实施,协调进行。在物业消防工作的内容上,要综合考虑,形成配套的消防保障体系,即从整体消防规划到具体消防措施,从一般的消防行政管理到消防宣传教育、防火安全检查和整改火灾隐患,从全面抓到重点防范。在运用手段上,要综合运用行政的、经济的、法律的、宣传教育的、科学技术的多种手段,使其相互配合、相互补充,整治火灾隐患,完善消防安全条件,创造良好的消防安全环境。在安全管理上,要把防火安全规章制度同职工的岗位责任制结合起来,落实到每个岗位、每个员工。

3.6.3 物业消防管理的主要内容

1)建设高素质的消防队伍

为加强物业的消防管理,物业服务公司应在安保部内成立一个专职的消防班来负责此项工作,同时要做好义务消防队的建立和培训工作。

2)制定完善的消防制度

①消防中心值班制度 消防中心值班室是火警预报、信息通讯的中心,消防值班员必须有高度的责任感,严肃认真地做好消防中心的值班监视工作。

②防火档案制度 消防部门要建立防火档案,对火险隐患、消防设备状况(位置、功能、状态等)、重点消防部位、前期消防工作概况等记录在案,以备随时查阅。还要根据档案记载的前期消防工作概况,定期进行检查,不断提高防火、灭火的水平和效率。

③消防岗位责任制度 要建立各级领导负责的逐级防火岗位责任制,上至公司领导,下至消防员,都对消防负有一定责任。

④定期进行消防安全检查制度。

⑤专职消防员的定期训练和演习制度。

⑥其他有关消防的规定。

3) 管理好消防设备

现代建筑物内部都设有基本的消防设备,以保证其消防工作的需要。目前,随着科技的发展,各种先进的消防设备都先后得到应用;政府部门也对消防工作越来越重视,制定了严格的消防法规。对新建大厦,必须经检查消防设备符合法规和安全规定,才发给合格证,容许使用。

消防设备的管理主要是对消防设备的保养与维护。消防设备的维修需要专门的技术,特别是一些关键设备,一般应聘请经政府认可的、持有合格消防牌照的专业公司来维修。作为物业服务公司,一般应注意以下几个方面:

①熟悉消防法规,了解各种消防设备的使用方法,制定本大厦的消防制度及有关图册,并使管理人员及住户熟悉。

②禁止擅自更改消防设备,特别是住户进行二次装修时,必须严格审查。

③定期检查消防设备的完好、规范,对使用不当等应及时改正。

④公共防火通道必须保证畅通,绝对不准放置其他物品。

⑤加强消防值班和巡逻,及时发现火灾隐患并予以处理。

4) 加强消防教育培训

"预防为主,培训先行"。消防培训是增强消防工作的透明度、发动用户和物业服务公司员工自觉地同火灾作斗争的一项重要措施,也是贯彻"预防为主,防消结合"方针的一个重要内容,是提高所管辖区内的全民消防意识,普及消防法规和消防知识的重要途径。

(1)对员工的培训教育 物业服务公司的员工是物业消防管理的主要力量,对员工的消防知识培训主要有以下 3 方面内容:

①学习消防理论知识,如政府的消防法规、防火和灭火的基本原理和基本知识。

②熟练使用常用灭火器材,如手提灭火器的操作、防毒面具的穿戴、大楼消防设施的使用等。

③开展消防综合演练,提高员工灭火能力及对各种应急情况的处理能力。

(2)对用户开展消防宣传教育 消防工作仅靠物业服务公司的努力是不够的,还有赖于物业内全体用户的积极配合。物业服务公司必须加强对用户的消防宣传教育工作,促使用户学习消防知识,增强防火意识,提高自救能力。对用户来说,必须了解并掌握如下 3 方面要求:

①大楼防火工作的各项规定。

②手提式灭火器的使用方法。

③消防应急通道位置及出现紧急情况时的疏散方法。

3.6.4　安保部门消防管理的职责

①组织贯彻落实国家和地方的消防法规及公司的消防安全管理规章制度。

②掌握公司内的消防工作情况,收集和整理有关消防安全方面的信息,为领导决策提供可靠的资料。

③开展消防安全检查,制止违章作业,督促火灾隐患的整改工作。

④制订消防安全工作计划,修订消防安全管理规章制度,负责公司内日常的消防安全管理工作。

⑤负责消防设施器材的配置和维护管理工作。

⑥协助公安消防机构做好火灾现场保护和火灾事故调查工作。

⑦对在消防工作中成绩突出者和事故责任者以及违反消防安全管理规章制度者,提出奖惩意见。

⑧积极配合公安消防机构做好工作,及时汇报有关的消防安全工作情况。

⑨认真完成公司防火委员会或防火安全领导小组布置的其他各项工作任务。

3.6.5　安保服务消防演习

物业服务公司每年应组织1~2次消防演习,通过演习来检验小区(或大厦)防火、灭火工作;通过演习来增强员工及用户的消防意识,提高业主及使用人逃生及自救能力;通过演习来检验员工灭火、疏散用户、保护物业等能力;通过演习来检验消防设施的运作情况。

1) 消防演习组织及职责

(1)消防演习组织　建立好消防演习组织是保证消防演习顺利进行的前提。消防演习组织按员工的消防工作任务来划分,主要由灭火队、疏散队、动力队、抢救队等组成。其中,灭火队主要负责火灾的现场灭火工作;疏散队的主要任务是指挥用户通过消防通道疏散,劝阻围观人员远离火灾现场,维持火灾现场秩序等;动力队的主要任务是确保消防用水和应急供电,尽快停止空调等的运行;抢救队的主要任务是负责抢救贵重物品和伤员等。按员工的消防工作位置来划分,消防组织主要由现场灭火抢救队、外围抢救队和动力队组成。

(2)各级指挥员的工作职责

总指挥的职责如下:

①向消防值班人员及其他有关人员了解火灾的基本情况,包括起火的具体方位、燃烧情况、用户疏散情况、灭火人员到位情况及消防设备的运行情况等。

②命令消防值班人员启动相应的消防系统,监视报警运行信号,紧急广播通知用户立即疏散。

③命令物业服务公司员工根据各自的分工,迅速各就各位。

④及时掌握火场扑救情况,命令火场灭火队采取适当方式灭火。

⑤命令抢救队采取有效措施,指挥用户通过防火通道疏散,救护伤员,抢救重要物资,帮助运送消防器材,维护大厦外围秩序,引导消防车到位等。

⑥掌握消防设备及其他相关系统的运行情况,并根据火场灭火需要命令动力队确保应急供电,确保消防供水,确保通讯联络畅通,确保消防电梯正常运行。

⑦协助公安机关查明火灾原因,处理火灾后的有关事宜。

副总指挥的职责如下:

①总指挥不在场时,代行总指挥的职责。

②配合、协调总指挥分析火场情况,决定和指挥义务消防队员使用适当的灭火器材和消防设备灭火。

③迅速向总指挥报告火场情况。

④根据现场需要命令消防中心值班队员操作相应的消防设备。

⑤根据火场情况,向总指挥请求援助或向总指挥建议等。

火场抢救队队长的职责如下:

①指挥抢救人员火速赶往现场,本着先救人、后救物的原则,救护伤员,抢救物资。

②指挥人员安全疏散。

③指挥运输组救护重伤员到附近医院进行抢救。

④指挥运送火场急需的灭火用品。

⑤指挥看护组看护好贵重物品。

⑥指挥保安人员维护好物业外围秩序,保障消防通道畅通,严禁非救火人员靠近或进入受灾建筑物,防止不法分子趁机盗窃、破坏。

⑦安排员工在主要路口等候并引导消防车。

动力队队长的职责如下:

①立即组织设备运行员工和设备抢修员工各就各位。

②指挥变配电房员工确保应急供电,切断非消防供电。

③指挥通讯维修员工确保消防电话畅通和应急广播畅通。

④指挥水暖组启动消防水泵,确保消防应急供水。

⑤指挥空调组停止空调机组运行。

⑥指挥电梯组确保消防电梯正常运行,供灭火、抢救伤员用,将其他电梯一律迫降在第一层,停止使用。

⑦指挥员工启动送风排烟设备,对疏散楼梯间保持正压送风排烟。

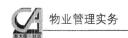

2) 演习时的火灾报警

①当发生火灾时,一般有现场人工报警和消防设备报警两种报警方式。消防演习时,消防中心发现消防系统报警信号或接到火警报告后,立即派消防值勤人员迅速赶到报警楼层现场,查证报警原由;确认发生火灾后,立即报告消防中心,同时就地用灭火器材灭火。

②消防中心根据火灾情况,紧急传呼安保部经理和管理公司领导,报告灾情,必要时尽快向"119"报警。

③管理公司主要领导到位后,以防火责任人为总指挥成立救火指挥部(指挥部设在消防中心),并根据火情迅速制定救火方案,调配所有管理员工,立即开展灭火自救工作。

④在灭火自救初期,管理公司防火责任人全权负责灭火自救工作。一旦真的火灾发生,市消防队到场后,应向消防队报告火灾情况并移交指挥权,协同公安消防队组织灭火。

案例分析

2003 年 7 月的一个周末夜晚,住在××小区东座的一位女士进入大堂后处理一件事情。办完事后,发现放在一旁的手袋不见了。手袋中装有刚发的工资和所在公司保险柜的钥匙。

管理处领导获悉后,马上来到东座大堂,向护卫员和失主进一步了解有关情况,并当即调看了事发时段的大堂监控录像。从录像中找到了可疑之人,这人顺手拿走该女士置于一旁的手袋的全过程在录像中清晰可见。然而遗憾的是,由于摄像镜头位置和角度的局限,录像只显示了可疑人的背影。从背影看可能是设在东座的某公司一员工,但难以进一步确认。

失主不希望带来其他麻烦,要求管理处继续帮助查找,而管理处又清楚自己无法动用传讯、侦察等手段进行查证(能有这样的法律意识相当不错,否则很容易好心办坏事)。如何是好呢? 管理处出了个奇招:在大堂贴出告示,讲清该女士的失窃情况,申明可疑人已被摄入监控录像,希望其主动归还手袋,以免闹出更大的乱子。由于住在楼内的人们对大堂的监控设施都有所了解,自然深信不疑。

翌日,失主高兴地来到管理处,告知手袋已经被悄悄地还回了,里面的财物丝毫不少,对管理处的巧妙处理赞不绝口。

分析讨论:

这是巧妙运用心理学知识的成功案例。首先是管理处的技防设备的完善配置,令偷窃者做贼心虚;二是管理者有较强的法律意识,不意气用事,而是用心理战术来击垮对方。其实有些事情就是这样,看起来很复杂、很难处理,可一旦找到适当的方法,事情的解决马上就简单化了。不过找到好方法却绝不简单,需要管理者具备较高的素质和深厚的功底。对此谈谈你的体会。

本章小结

安保服务借助各种先进设备与工具以及训练有素的管理人员,确保业主人身、财物安全,工作、生活秩序正常进行,所以其实质是一种服务工作,是通过对环境的管理工作,达到生活条件的改善。安保服务中的门岗服务、巡逻服务、监控服务、车管服务和消防管理服务等,都离不开训练有素的专业人员、严格规范的管理制度和操作规范。

物业管理区域内的安全保卫工作,分为日常安全防卫与突发事件处理两大部分,包括全方位的安全防范,也包括协助配合公安局、派出所等部门的治安工作。物业服务企业的环境安全维护,不能取代国家机关的行政职能,对业主的人身、财产安全负责。因此,安保服务的关键是根据物业服务合同的内容,建立完善的规范、制度,严格管理,并在防范机制和人员素质上,具备应对各种突发事件的能力。

习　题

1. 安保服务的特点有哪些?
2. 为什么说安保服务十分重要?
3. 居住区门岗服务的任务有哪些?
4. 商业物业巡逻的重点有哪些?
5. 智能监控系统一般都包括什么?
6. 物业管理区域内车辆管理的内容有哪些?
7. 如何进行停车场的管理?
8. 安保部门消防管理的职责有哪些?

第 *4* 章
保洁服务

【本章导读】

　　保洁服务因其对物业环境的显性影响较大而被称为"物业的脸面"。好的保洁工作,不但显示了物业服务工作的高水平,更是建筑及其设备设施维护保养的需要,对延长物业的使用寿命起到重要作用。现代的保洁服务,涉及先进的作业工具和用品,有很高的技术含量。

　　通过对本章的学习,可以了解现代保洁服务的器具、手段、技术,懂得保洁工作内容和范围,掌握保洁管理工作内容和流程,并能够运用上述知识,组织保洁服务的实施并加以督导管理。

　　清洁是基本的工作、生活条件之一。保洁服务是物业管理工作中重要的专项服务内容。整洁的环境不仅有益身心健康,还能提高工作效率。所以,保洁工作被称作"物业的脸面",能够以最直观的方式反映出物业管理的服务水平,也是影响投诉率高低的重要因素。在物业管理各项服务工作中,它直接关系到物业服务公司的形象和收益,也具有较高的科学性和专业性,在现代物业管理的核心产品中占据重要的地位。

4.1 保洁服务概述

4.1.1 保洁服务的概念和分类

1) 保洁服务的概念

保洁服务是指物业服务公司专业清洁保养人员为物业区域内业主提供的,为保持物业管理区域内共用部位和公共场地的整洁进行的管理服务。它使用专业的清洁机器、清洁工具和清洁物料,按照科学的管理方法和严格的清洁保养程序、技术规范,对特定物业本身及各种装饰材料进行清洁保养,以求保持其应有的表面光泽、颜色和光洁度,维持物业的整洁,延长其使用寿命,为业主提供舒适的工作和生活环境。具体包括对共用部位、公共场地、公共环境的保洁服务,以及垃圾的收集、清运、卫生消杀、环境管理等。

2) 保洁服务的分类

就服务方式而言,保洁服务有委托服务型、自管型和结合型 3 种。

(1)委托服务型　现代物业的保洁通常由物业服务公司委托专业清洁公司对所在物业进行专业保洁服务。

(2)自管型　通常是物业服务公司自行组建清洁队伍对所在物业进行日常清洁工作。

(3)结合型　即部分保洁服务委托给专业清洁公司,部分实行自管。

4.1.2　保洁服务的工作内容和组织机构

1) 物业保洁服务的内容

主要包括楼内保洁、外围保洁、外墙保洁、垃圾处理、卫生消杀等,主要涉及物业管理区域内的公共通道(走廊、栏杆、楼梯、电梯)、公共部位(门、墙、车道、人行道、水沟及建筑物外墙等)、公共设施(网球场、游泳池、中央监控室、文化娱乐场所、垃圾箱、水箱等)、公共照明(路灯、庭园灯、顶灯等)。

保洁服务工作由专门的管理人员、技术人员和操作人员共同进行。物业服务公司可根据自身实际,设立专门的保洁部门或专业管理人员。

2) 物业保洁服务组织机构的人员构成及其职责

以独立设置的环境清洁部为例,各级人员及其职责划分如下:

(1)部门经理职责

①按照公司的管理目标,制订保洁服务计划,组织各项清洁服务的具体实施。

②检查各区域清洁工作的完成情况,发现不足,及时纠正。

③对外接洽清洁服务业务。

④合理配置保洁人员,下达各班组工作任务。

(2)主管职责

①配合经理,拟订清洁管理的实施方案。

②对员工进行专用清洁设备、清洁材料使用保养、保洁工作操作规程指导。

③监督检查分管的清洁区域和项目。

（3）领班职责

①根据清洁主管的指示，进行日常工具、人力配置，考核员工。

②编制物料使用计划，提交清洁区域维护报告。

③检查所辖范围的日常清洁效果。

（4）保洁员职责

①听从领班的安排，按公司规定着装，挂牌上岗。

②严格按照清洁程序，保质保量地搞好本人负责的清洁卫生工作；作业时应注意避让业主、客人，防止碰撞，做到文明作业，礼貌待人。

③保洁作业结束，收拾工具、整理场地后，方可离场。

4.1.3　保洁工作的意义和基本要求

在任何物业中，外部公共区域和设施，从大门、大堂、电梯、走廊、洗手间到办公室，是业主接触最多，影响最大的一个方面。应当看到，不同的人对清洁会有不同的要求，保洁目标是要达到对清洁要求程度最高的客人的审视标准，才能够真正为业主提供一个整洁的工作、生活环境。

1）保洁工作的重要意义

（1）清洁是衡量物业管理水平高低的重要标准之一　评价物业管理水平，应该对管理工作的方方面面做详尽的考察之后才能下结论，但现实并非如此，人们往往凭直觉观感来评判，清洁工作给人的印象最直接而深刻。用"清洁是物业的美容师"来形容清洁工作的意义确不为过。

（2）清洁是对建筑及其设备设施维护保养的需要　清洁不仅仅是为人的服务，而且也是为建筑物本身的服务。清洁工作在延长建筑物和设备的使用寿命上具有相当重要的作用。比如，外墙石材、大理石地面、不锈钢及钛金件、木器、地毯等，不及时进行科学的清洁养护，就会很快丧失其原有质地，失去美观和实用性，甚至大大降低其使用寿命。因此，清洁工作对物业的保值、增值也起到积极的作用。

（3）清洁是一门有现代技术手段支撑的科学性较强的服务工作　现代清洁工作具有相当程度的科学性和专业性，不同的清洁对象需要选用不同的清洁剂。各种现代化的清洁设备，如吸尘器、抛光机、吸水机、洗地机等也都有其专业规范的操作使用方法。高层外墙清洁还要驾驭其危险性和复杂性，等等。实践证明：现代清洁工作牵涉到化学、物理、机械、电子等许多学科的知识，是一门实用性与科学性相结合的学科。

保洁工作的重要性使它逐渐成为现代社会分工的一个独立分支，一些专业性的清洁公司纷纷应运而生。目前，各个清洁公司之间的竞争也非常激烈。无疑，这种竞争也将进一步推动清洁工作水平的整体提高和专业化清洁公司的蓬勃发展，最终造福于广大业主及物业使用人。

2) 保洁服务的基本要求

(1) 工作标准上 保洁服务应严格遵守服务合同约定的服务质量标准和物业服务公司的服务标准、作业标准。每一位员工都要自觉按物业服务公司服务规范的要求进行作业,以自身工作努力体现公司服务理念。

(2) 工作规范上 必须制定分阶段工作计划、工作标准的检查制度,严格加以实施,保持物业楼宇内外或物业环境无灰尘、污渍、污垢,使建筑表面色彩亮丽、洁净明亮。

(3) 劳动纪律上 作业前,预先准备好工具,熟悉操作流程和作业规范。作业中,按规定着装,规范操作,不做与工作无关的事。注意随时避让来往人员,礼貌待人。在工作区域外围设置好警示标志,作业区内任何残留物品,均应上交主管部门统一处理,不允许据为己有。作业后,收拾工具、整理场地,工具按规定位置放妥,方可离场。按时收集、清运废弃物,保持环境空气清新,让业主舒适、满意,为社会创造卫生的环境。

4.2 楼内保洁服务

4.2.1 作业要求

1) 大堂保洁

每天先用地拖把大堂拖洗干净,然后视客流量用尘推数次推尘;擦拭茶几、台面、摆设、沙发、灯座及指示牌等公共设施;清洗更换有烟头的烟灰缸;下班前将垃圾清倒干净;定期用清洁蜡对地板进行清洁和抛光;每季对地板重新打蜡。

2) 卫生间保洁

定时清洁卫生间,打开门窗通风;用水冲洗大小便器,用刷子加清洁剂清洁便器内外,每天早上保洁后用消毒水对洗手盆及大小便器进行消毒;擦拭卫生间台面、墙面,先用湿布擦窗玻璃和镜面,然后用干毛巾擦干净,对地面先用湿拖把拖洗后用干拖把拖干,使卫生间地面保持清洁干燥,防止打滑;及时倾倒和清洗垃圾篓,垃圾篓内废纸不超过1/2高;每月1次用毛巾擦灯具,清扫天花板。

3) 走廊、过道保洁

每天清扫1次各楼层通道和楼梯台阶并拖洗干净,将垃圾收集运到楼下垃圾房。地毯每天用吸尘器吸尘,保持整洁、无垃圾;其他类型地面每天用扫帚清扫垃圾,用拖

把或抹布清除污垢;瓷砖地面洁净干燥后,加适当尘推油或光亮剂用尘推推尘,保持地面明亮整洁,无垃圾、污垢、水渍、污迹;水磨石地面和水泥地面应每月刷洗1次;大理石地面每周抛光1次,每月打蜡1次。用干净的毛巾擦抹各楼层和通道及消防楼梯、电梯间、消防栓柜、玻璃窗内面、扶手、护栏、墙面、地脚线、指示牌等公共设施;楼梯间、通道的壁面、天花板应每周进行1次除尘。

4)电梯、电梯墙体、通风口保洁

保持电梯轿厢地的清洁,地面根据材质进行保洁,保持地面无尘灰、污迹、污渍。每天用吸尘器吸边角和电梯门轨的沙、灰尘;清洁玻璃镜面;用微湿的布抹电梯门的塑料和胶条部分及门轨;用不锈钢擦亮剂清洁电梯不锈钢部分;每天早上更换1次地毯;地板抛光、清洁轿厢的顶部及灯饰每周1次。工作时应先按动指定的电梯按钮,待电梯停止运行后再行作业,把"暂停使用"的告示牌摆放于电梯门前以示工作。

5)地下室、地下车库保洁

每天清扫地面道路的纸屑和垃圾;掸净墙面以及所有箱柜和器具上的灰尘,用湿布擦拭干净;发现油迹、污迹、锈迹时,应即时用清洁剂擦洗干净;每月用清洁剂、毛巾擦拭1遍消防栓、指示牌、指示灯、防火门等公共设施;每2月清扫1次地下室的管线。每月彻底疏通、冲刷1次排水沟的垃圾,以免下水道堵塞。地下室、车库的消杀工作应每月进行2次,保持地下室、地下车库空气流通,无异味、灰尘、泥土、垃圾和堆放物。

6)门、窗、栏杆、扶手保洁

每天按巡回路线用柔软湿毛巾擦拭栏杆、扶手等,去除污垢、污迹、手印等。适当使用光亮剂,保持表面明亮,无灰尘、印迹。

7)花盆保洁

每天用抹布擦拭花盆外部,手工捡拾盆内垃圾,保持花盆外部表面光亮清洁,盆内无烟蒂、杂物。

8)垃圾桶、痰盂保洁

随时巡视,及时清倒废弃物,擦洗以保持垃圾桶表面清洁光亮,盂口无痰迹。

9)照明灯及附属设备保洁

定期清洁灯具及附属设备,保持照明灯及设备无灰尘、无污迹,光彩明亮。

10)墙角、墙顶、墙面保洁

每周用掸帚掸清墙角、墙顶、墙面,保持墙上四周无灰尘。

11) 茶水房保洁

每天清洁茶水房,定时巡视,及时用拖把拖吸地上残留的茶水,保持茶水器、茶水间干净、整洁,无明显积水。

12) 管道疏通

保持管道畅通,遇有堵塞及时用疏通器疏通。常规疏通每季度一次。

4.2.2　保洁作业规程

1) 清洁剂使用

清洁剂的种类目前已达数百种。仅以地毯清洁为例,就有干泡地毯清洁剂、地毯除渍剂、地毯除油喷剂、除香口胶喷剂、化泡剂、起蜡水等。对清洁剂的化学性质、稀释度等均需严格按照规定掌握,才能达到最佳清洁效果。清洁剂基本可以分为 3 类:

(1) 酸性清洁剂　包括外墙清洁剂、除锈剂、洁厕剂、消毒剂。它对物体有腐蚀性,且对肌肤有损伤,具有一定的杀菌除臭功效,但不可用于纺织品、木器和金属等处。

(2) 中性清洁剂　其主要功能是去污、清洁,包括地毯清洁剂、多功能清洁剂。它可以起到清洗和保护被清洗物品的作用,但对久积的污垢去除力弱。

(3) 碱性清洁剂　包括玻璃清洁剂、家具蜡、起蜡水、除油剂。其主要功效是去除污斑,对于清除油脂类污垢和酸性污垢有较好效果。

2) 大理石地面打蜡

①用热水稀释起蜡水注入擦地机机箱,开动擦地机将起蜡水涂于地面,擦地机装上百洁垫,往返运行,进行起蜡作业。

②用吸水机吸干地面后,再用清水清洗两次,吸干并拖干净地面;待地面完全干燥后,方可打蜡。打蜡时以蜡拖吸好蜡,在挤干器上略为挤干在一定区域来回上蜡。蜡层应有重叠,边角处不可遗漏。

③每次打蜡可上一层底蜡、一层面蜡,也可两层底蜡、两层面蜡。

④每层蜡完全干透后,方可上下一层蜡;待最后一层蜡干透后再用抛光机进行抛光,直至光亮为止。

3) 清洗玻璃

①先用刮刀将污迹铲除。

②抹水器浸足玻璃清洁剂后,从玻璃顶端起,自上而下垂直洗抹,有污迹处重点洗抹。

③操作刮水器,刮去玻璃上的污水,每刮一次用毛巾擦干刮条。

④最后,用毛巾擦净作业区周围水迹,拖干地面剩水。

4)地毯干洗(粉末清洗法)

①先搬移可移动物品,进行吸尘作业。

②用地毯清洁剂清除地毯污迹,污渍较多之处,应喷洒除渍剂使污渍溶解。

③在作业区内均匀布洒粉末清洁精。

④用地毯机对地毯进行清洗。

⑤待粉末干燥(30 min)以后,用长柄刷把进入纤维内的粉末刷除,再用吸尘器将粉末回收。

5)地毯湿洗

①先搬移可移动物品,进行吸尘作业。

②用地毯清洗剂清除地毯污迹,污渍较多之处,应喷洒除渍剂使污渍溶解。

③使用地毯清洗机自动喷水,擦洗地毯,吸水,吸泡。

④用毛刷或地毯吸水耙刷起地毯绒毛并理顺。

⑤用吹风机干燥地毯或自然晾干,6 h后方可使用。

6)不锈钢与黄铜的清洁

①用布蘸取稀释后的多功能清洁剂,涂抹不锈钢或黄铜表面。

②以不伤物体的软性工具刮除污垢。

③用清水洗净物体表面,用布擦干。

④喷涂光亮剂并用干布打光。

7)瓷砖、大理石墙面、立柱清洁

①一般采用中性清洁剂并按说明书要求稀释。

②用毛巾浸足清洁剂溶液,从上至下对墙面进行涂抹。缝隙处要用刷子刷净。

③用清水(最好是温水)清洗墙面残留的清洁剂,用拖把拖净地面。

④待墙面完全干燥后,可在柔软毛巾上喷上墙面上光蜡,对墙面大理石抛光保养。

⑤日常的保养可定期用墙面上光蜡进行墙面保养,也可采用干净的柔软毛巾对其进行掸灰除尘。

8)工作面日常保洁

①根据安排的巡回路线,每天定时定点进行保洁。

②对墙面、电梯墙面、门、窗、家具、台面、玻璃等工作面,按照"用清洁剂清除污垢→清水湿毛巾擦净→干毛巾擦干、擦亮"的程序,保持工作面无尘灰、污迹、污渍、

手印。

③地毯日常保洁。用吸尘器每周吸尘 2~3 次。对餐厅、电梯等客流量大的地方,相应增加吸尘次数。如发现地毯上沾了脏物,应立即予以清除。当发现地毯上粘有香口胶时,用除香口胶喷剂喷在香口胶上,硬化后,用刀片刮除。地毯上有果汁、咖啡等水溶性污渍时,应当用地毯除渍剂以 1:5 兑水稀释后,喷在地毯的污斑上,用湿毛巾擦除,再用干毛巾将地毯擦干。对有油污的地毯,应当用除油剂喷在地毯上,然后用毛巾擦除。

④大理石、木地板、PVC 地面日常保洁。首先用扫帚扫净地面垃圾,湿抹布清除地面污垢;待干透后,以尘推加尘推油或光亮剂反复推尘。视客流量,定期在擦净的地面上用清洁磨光蜡进行抛光,保持地面清洁光亮。

⑤水泥地日常保洁。先用扫帚扫净地上垃圾,用铲刀铲净地面污垢,再用湿拖把拖洗地面。

⑥乳胶漆墙面的清洁。用掸子或干净的棕、草扫把轻轻拂去墙上及顶部的灰尘;用干毛巾轻擦墙面污迹,擦不掉的污迹应用细砂布轻轻擦掉;用铲刀铲除墙面上粘附的泥沙、污渍;扫干净地面灰尘,再用拖把拖干净地面。

⑦木质墙面清洁。用掸子掸净墙壁的灰尘,用微湿的布擦拭墙壁,以免木墙受潮发黑;先将旧蜡用铲刀铲除,将少许液体蜡涂于清洁布上,轻微用力涂抹在墙面上,另用一条洁布用力擦拭,达到抛光效果。

4.2.3　检查标准

1)检查制度

严格的检查规程是保证作业标准、作业规程等管理制度落实的必要手段,主要通过"三查"制度、"三检"手段和培训教育来实现。

(1)"三查"制度

①员工自查。每个员工根据操作规范和手段,对自己所负责的岗位或区域的项目不断地进行自查,及时发现问题及时解决。

②领班巡查。领班应把巡回检查作为自己的主要工作,每天对自己的物业服务区内所有部位、项目巡回检查,不得少于 3 次。

③主管抽查。由主管或其会同有关人员联合抽检,每日抽查不得少于 2 次。主管应协助上级领导或物业管理处有关人员定期联合检查。

(2)"三检"手段

①视检。凭眼睛检查,达到光亮、清清,视觉舒适。

②手检。手戴白手套擦摸或用餐巾纸擦拭被检查物体表面 0.5~1 m 的距离,应无灰尘、污迹。

③嗅检。凭嗅觉气味进行检查,保持空气清新。

2) 检查标准

物业区域内保洁的项目比较多,这里列举部分项目的检查标准:

(1)楼内玻璃、金属框　清洁无灰尘、污垢、污渍及其他印迹,交接缝隙不能有污垢、灰尘存在。

(2)楼内旋转门、直控门、自动开启门　玻璃表面清洁、明亮,不得有灰尘、污垢、污渍、水迹及其他印迹。门框、门套拉手表面不得有灰尘、污垢、污渍、水迹及其他印迹。门框交接缝隙处、旋转门中轴处、自动开启门上下轨迹槽内不得有灰尘、污垢。

(3)地面清洗打蜡　地板清洗起蜡,必须彻底,不得有污垢,干燥后方可上蜡。上蜡必须均匀,不得漏上,保证蜡层的厚度。不允许蜡面气泡存在,蜡面平滑丰满、光亮柔和、质感好。

(4)地板保养　经尘推保养后蜡面无灰尘,整个蜡面无污垢、污渍,抛光均匀无擦痕。

(5)卫生间清洁保养　卫生间器具内外表面、墙面、地板、门及门套表面无灰尘、污垢、污渍、尿迹、水迹,釉面色泽清洁、光亮、无损伤,化妆镜面影像清晰,空气清新。

(6)大堂保洁　大堂内摆放的烟灰缸内烟头存放量不得超过3个;垃圾桶内垃圾不能超过一半;保持地面无污渍、无垃圾,每平方米地板的脚印不得超过2个;玻璃大门无手印和灰尘,保持光亮、干净;大堂的墙面、台面、沙发、不锈钢器具等保持光亮整洁、无灰尘;保持空气清新,无异味。

(7)走道、楼梯间清洁作业　地面、梯级洁净,无污渍、水渍、灰尘;楼梯扶手、护栏干净,用干净纸巾擦拭1 m后,纸巾没有明显脏污;铁栏油漆完好无脱皮;梯间顶面无蜘蛛网、灰尘;地脚线干净,无灰尘;大理石地面目视干净,无污渍;水磨石地面和水泥地面目视干净,无杂物、污迹。

(8)电梯保洁　玻璃镜面光亮,无手印、污迹;地毯干净,无污迹;不锈钢表面无灰尘、污迹;灯具、天花板无灰尘、蜘蛛网;塑料胶条、门轨无灰尘、砂土;轿厢四壁干净,无灰尘,用纸巾擦拭50 cm无明显污尘。

(9)卫生间保洁标准　天花板、墙角、灯具目视无灰尘、蜘蛛网;目视墙壁干净,便器洁净无黄渍;室内无异味、臭味;地面无烟头、纸屑、污渍、积水;下水如有堵塞现象,应及时疏通。

(10)地下室、地下车库卫生标准　目视地面无垃圾、果皮、纸屑,无积水、污迹和杂物;管道标识清楚,油漆鲜亮,无脱落、无锈迹;标识指示牌等公共设施目视无明显灰尘;目视墙面、管线无污迹,无灰尘。

(11)地面的清洁　无垃圾、杂物,无泥沙、污渍;大理石地面打蜡、抛光后光泽均匀;地毯无明显灰尘,无污渍。

(12)墙面的清洁　大理石、瓷片、喷涂等墙面用纸巾擦拭100 cm无明显灰尘;乳胶漆墙面无污渍,目视无明显灰尘;墙毯、墙纸干净,无污渍。

(13)玻璃门窗、镜面灯罩、指示灯　玻璃表面无污迹、手印,清刮后用纸巾擦拭无明显灰尘。

4.3　外围保洁服务

4.3.1　作业要求

外围保洁服务是指物业区域内、建筑物外围场所的保洁活动,如办公大厦周边的广场、通道、绿地、停车场等和居住小区内的广场、道路、车位、绿地、花坛、健身场等公共环境的保洁,以及废弃物的收集和清运等。随着时代的不断进步,现代化的建筑设施标准不断提高,人们对居住环境的空间要求越来越高。今后,人们的购房期望并非限于清静、安全、舒适的居住场所,而且还期望有宽敞、幽雅的绿色环境,这就对外围保洁提出了越来越高的要求。

1) 道路的清洁、保洁

对区域内道路、两侧行人路定时清扫地面垃圾、树叶等,并安排固定人员巡回保洁。巡回保洁的路线往返时间以 1 h 为宜;雨天应及时清扫路面,确保路面无积水;旱季时每月冲洗一次路面,雨季每周冲洗一次;发现路面有油污应即时用清洁剂清洁,用铲刀清除粘在地上的香口胶等杂物。清扫人行道、车道路面,定期(约每周一次)用水冲洗,遇雨季增加次数。

2) 停车场清洁

清扫停车场内地面的果皮、纸屑、灰尘、垃圾;清除停车场内地面的污垢、污渍、油渍。

3) 水箱清洁

清洁水箱外部平面、立面,清除内部水垢、污垢、色斑,并定期消毒,送检水样。

4) 街心花园、广场的清洁、保洁

清扫广场、花园内的浮尘、果皮、树叶及纸屑、烟头等垃圾,及时清除地面的油污渍、粘附物。每天擦拭一次花园的花坛。发现花园的水池内有垃圾应马上捞起。每周冲洗一次街心花园,旱季冲洗时间可延长至 10 天一次。每月用擦地机、清洁剂对地面清洁一次。

5) 绿化带的清洁

清扫、捡拾绿地内外垃圾,用扫把仔细清扫草地、绿化带的果皮、纸屑、石块、树叶

等垃圾。秋冬季节或落叶较多时应增加清洁次数。每天擦拭一次花池立面、平面,保证外观洁净。

6)地下管井的疏通

每月对地下管井清理一次:用铁钩打开井盖;用捞筛捞起井内的悬浮物;清除井内的沉沙,用铁铲把粘在井内壁的杂物清理干净;清理完毕盖好井盖,用水冲洗地面。

每半年对地下管道彻底疏通一次:打开井盖后,用长竹片捅捣管内的粘附物;用压力水枪冲刷管道内壁;清理完毕必须盖好井盖,用水冲洗地面。

7)化粪池的清理

化粪池每年清理一次,清理工作一般委外进行。保洁部主管应指派专人监督整个清理过程、工作质量;作业时应防止弄脏工作现场和过往行人的衣物。清理完毕后应盖好井盖。

8)喷水池的清洁

清洁工应每天用捞筛对喷水池水面漂浮物进行打捞保洁。喷水池清洁每月一次。清洁前保洁部主管应先通知机电维修部做好停电、停水工作,然后再对喷水池进行清洗:打开喷水池排水阀门放水,待池水放去2/3时,清洁工人开始清洁;用长柄手刷、清洁剂由上向下刷洗水池的瓷砖;用毛巾抹洗池内的灯饰、水泵、水管、喷头、电线以及大石表层的青苔、污垢;排尽池内污水并清理干净池底脏物、垃圾;关闭排水阀门、打开进水阀门,通知机电维修部供水、供电,并清洗水池周围地面污迹。

9)游乐设施的清洁

转椅、滑梯等儿童游乐设施应每天保洁一次,保洁过程中如发现游乐设施有损坏,应立即通知维修部门进行维修。保洁员应用抹布擦拭娱乐设施表面灰尘;用清洁剂擦拭污渍后,用水清洗干净,再用干布抹干;清扫游乐场内及周围的纸屑、果皮、树叶等垃圾;擦拭附近的椅凳。

10)雕塑装饰物、标识、宣传牌的清洁

备长柄胶扫把、抹布、清洁剂、梯子等工具,先用扫把打扫装饰物上的灰尘,再用湿抹布从上往下擦抹一遍。有污迹时应用清洁剂涂在污迹处,用抹布擦拭,然后用水清洗。不锈钢装饰物依照不锈钢清洁保养方法进行操作。

11)天台和雨篷的清洁

天台、雨篷每半月清扫一次。准备好梯子、编织袋、扫把、垃圾铲、铁杆等工具,将梯子放稳,人沿梯子爬上雨篷,先将雨篷或大台的垃圾清理装入编织袋;将垃圾袋提下并将垃圾倒入垃圾车内,将较大的杂物一并搬运上垃圾车;用铁杆将雨篷、天台上

的排水口(管)积水疏通。

12)垃圾筒、果皮箱的清洁

垃圾筒、果皮箱应每天清运两次,每周清洗一次,遇特殊情况应增加清洗次数。清洗前应先倒净垃圾筒、果皮箱内的垃圾,除去垃圾袋,并集中运到指定的地方清洗。先将垃圾筒、果皮箱的表面冲洗一遍,然后用清洁剂反复擦拭;将油渍、污渍洗干净后,用清水冲洗干净,用布抹干。清洗完毕应及时将垃圾筒、果皮箱运回原处,并套好垃圾袋。

13)排水沟的清洁

用胶扫把清扫排水沟内的泥沙、纸屑等垃圾;拔除沟里生长的杂草,保持排水沟的畅通;以高压水枪冲刷排水沟,发现沟边有不干净的地方应用铲刀铲除。每周一次用洗洁精擦洗排水沟,每天清洁排水沟并喷雾消毒,定期清理排水暗沟的淤泥并喷雾消毒。

14)游泳池区域的卫生

游泳池区域的卫生每天清理一次。用扫把打扫游泳池区域的地面,用快洁布加清洁剂擦洗池边瓷片,用水管冲洗台、椅及沙滩床,并用干布抹干净。清洁时注意避免对池水的污染。

15)信报箱的清洁

每周擦拭住户信报箱两次,擦拭后的信报箱应干净,无灰尘、污迹。

4.3.2　卫生消杀操作规程

1)灭蚊、蝇、蟑螂工作

每年的1—4月、11—12月,每天进行一次灭虫消杀工作,其他月适当减少次数。消杀区域包括:各楼宇的梯口、梯间及楼宇周围;别墅住宅的四周;会所及配套的娱乐场所;各部门办公室;公厕、沙井、化粪池、垃圾箱、垃圾周转箱等室外公共区域;员工宿舍和食堂。消杀药物一般用敌敌畏、灭害灵、敌百虫、菊酯类药喷洒剂等。喷杀时应注意:不要在业主出入高峰期喷药;将药液喷在墙角、桌下或壁面上,禁止喷在桌面、食品和器具上;喷药前穿戴好防护衣帽。

2)灭鼠

灭鼠工作一般每月进行两次。灭鼠区域包括:别墅、楼宇四周;员工宿舍内;食堂和会所的娱乐配套设施;小区中常有老鼠出没的区域。灭鼠方法主要采取投放拌有鼠药的饵料和粘鼠胶。灭鼠注意事项有:制作饵料时作业人员必须戴上口罩、胶手套,消杀作业完毕,应将器具、药具统一清洗保管。投放鼠药必须在保证安全的前提下进行,将鼠药尽量放在隐蔽处或角落等小孩拿不到的地方,不可散放或成片抛洒。注意捡拾死鼠,并做好数量记录。

3)消杀工作标准检查

检查仓库或地下室,目视无蚊虫在飞。检查商场、酒楼和办公室,目视无苍蝇滋生地。检查室内和污雨井,每处蟑螂数不超过 5 只。抽检楼道、住户家无明显鼠迹,鼠洞每 2 万 m^2 不超过 1 个。

4.3.3　检查标准

(1)道路的清洁标准　目视地面无杂物、积水,无明显污渍、泥沙;每 200 m^2 痰迹控制在 1 个以内;道路、人行道无污渍;行人路面干净,无浮尘,无杂物、垃圾和痰渍;路面垃圾滞留时间不能超过 1 h。

(2)广场、花园的保洁标准　地面洁净无积尘、无污渍、无垃圾;花坛外表洁净无污渍;广场、花园的垃圾滞留时间不能超过 1 h;楼宇外围地面无枯枝、落叶,无果皮,无饮料罐等垃圾。铺设的彩色广场砖颜色应鲜亮。建筑物外围车辆进出通道、人行道必须清洁,不得有垃圾、脏物、车轮印迹和积水,无明显泥沙、污垢、烟头、纸屑,无 1 cm^3 以上石子。

(3)绿化带的清洁标准　草地内外确保无枯枝、无果皮、无饮料罐、无纸屑等杂物,无积水、无污渍、无烟蒂。花坛外表洁净,无污渍。

(4)地下管井清洁标准　目视管道内壁无粘附物,井底无沉淀物;水流畅通,井盖上无污渍、污物。

(5)化粪池清理后应达到　目视井内无积物浮于面上,出入口畅通;化粪池盖无污渍、污物。

(6)喷水池清洁标准　应达到目视水池清澈见底,水面无杂物,池底无沉淀物,池边无污迹。

(7)游乐设施清洁标准　游乐设施表面干净、光亮,无灰尘、污渍、锈迹;目视游乐设备及周围整洁干净,无果皮、纸屑等垃圾。

(8)路标、指示牌、行车及停车标志及栏杆清洁标准　无灰尘、污垢,清晰可见。

(9)排水管清洁标准　无阻塞、淤积,无杂物、杂草,无蚊蝇繁殖。

(10)自行车房清洁标准　无果皮、纸屑、灰尘、垃圾等,房内天花板、墙面无蜘蛛网、积灰,门、窗清洁光亮。

(11)停车场清洁标准　无果皮、纸屑、灰尘、垃圾,无污垢、污渍、油渍。

(12)水箱清洁标准　不能有水垢、污垢、色斑、青苔。

(13)标识宣传牌、雕塑清洁标准　目视表面无明显积尘,无污迹,无乱张贴。

（14）沙井和污雨水井清洁标准　底部无沉淀物,内壁无粘附物,井盖无污迹。

（15）喷水池清洁标准　目视无纸屑、杂物、青苔,水无变色或有异味。

（16）天台、雨篷清洁标准　无杂物、垃圾、纸屑,排水口畅通,水沟无污垢。

4.4　外墙清洗服务

现代大都市高楼林立,许多建筑在外墙上使用了幕墙玻璃、花岗石、大理石、铝合金、不锈钢、金箔贴面等建筑材料,但是,大气中有害气体和风沙对建筑物表面存在腐蚀、污染,再加上建筑材料自身的理化变化,只有经常清洗才能保持建筑容光焕发。因此建筑物外表面每隔数月就应该清洗一次,物业管理人员应该了解和掌握外墙清洗的作业规范。

4.4.1　外墙清洗保养的方式

①清洗机清洁保养。由计算机控制的全自动清洗机,可对外墙面进行喷洒清洁剂、冲洗、吹干等一系列操作。

②吊篮、吊板下载人工清洁保养。

③升降机、移动式铝合金高台架人工清洁保养。

后两种方式在安全性、工效方面不如前者,但成本较低,更为常用。外墙清洁需要对操作规程分外重视,严格遵守安全操作规范。本章以吊板清洗方法为例,介绍外墙清洗操作规范。

4.4.2　外墙清洗保养安全规程

1）气候条件

风力小于4级。遇下雨、下雪、有雾以及高温（35 ℃以上）或低温（0 ℃以下）天气,停止外墙作业。

2）人员条件

外墙清洁工必须经过严格体检,无疾病,血压正常,视力良好,无恐高症,年龄在18~40岁;经过专门的培训,取得国家劳动部门核发的高空操作证书,并在有效期内;上岗前4 h不得饮酒。如有身体不适症状和情绪异常,应暂停高空作业。

3）工具准备

①吊板绳和安全绳直径不得小于16 mm,无损伤或断股。平时放置于干燥通风

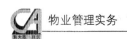

地方,并做绳子使用记录。

②绳索与建筑物接触的棱角部位应加胶皮或绳套。

③坐板底面及吊带无损伤,下滑扣("V"形扣)的固定销栓可靠,连接在保险带上的自锁器灵活可靠。

④高空作业员工每人单独配备一根安全绳。吊板绳、安全绳在建筑物的固定部位不得为同一受力处。

⑤佩带工具与保险带,用绳索相接。

4) 着装准备

头戴安全帽;身着长袖工作上衣和长工作裤,扣好纽扣,取出口袋中的硬物;脚着软底胶鞋。腐蚀性环境应着耐腐蚀工作服和防腐蚀工作鞋。

5) 安全防范

①操作工高空禁止谈笑,传递物品。

②在作业现场的地面区域内设置围栏作为安全区域,并安排一名地面安全员,阻止行人通行。

③监控人员全程监控到位,不得离开。

4.4.3　外墙清洗保养作业规程

①准备清洗工具,如吊板、吊板绳、安全绳、水枪、水管、抹水器、刮水器、清洗滚筒、毛巾、板刷、百洁布、铲刀、吸盘以及清洁剂等;操作人员坐于规定位置,将所有的用具连在吊板上。

②缓缓将吊板下放,到达第一次工作位置。

③用水枪对工作位置喷水除尘。

④将清洁剂均匀地涂抹于墙面或玻璃面,以墙刷擦拭或刮水器刮拭,最后用清水喷洗或用毛巾擦净。

⑤边下滑、边作业,直至底层。降至地面后,再上屋顶开始第二次作业。

⑥作业时对地面和绿化带采取必要保护措施。

4.4.4　外墙清洗检查标准

①外墙玻璃清洁明亮,无污垢、无水渍、无印迹。

②铝合金饰物表面、不锈钢表面无污垢、无印迹,有金属反光。

③花岗石、大理石表面纹理清晰,有光泽,无灰尘,有质感。

④涂料墙面无污垢,有光泽。

⑤外墙面瓷砖无污垢,色泽光亮。

4.5   垃圾的收集与存放作业规范

4.5.1   作业要求

1) 垃圾的收集

①作业前器材准备包括:推车、拖把、抹布、塑料袋、水桶、杀虫剂、清洁剂、清香剂等。

②楼内垃圾收集自上而下,外围垃圾收集先远后近。将垃圾桶内装有垃圾的塑料袋密封好后放入推车,换上新的塑料袋,用抹布擦干净垃圾桶、烟灰桶表面,用拖把、抹布清理垃圾桶周围环境,需要时使用清洁剂和清香剂。

③推车装满后直接送往垃圾房,沿途遇人应避让。

④纸盒箱和较大件的废弃物先集中堆放,然后一起乘消防梯运到垃圾房。

⑤垃圾运到垃圾房后,将塑料袋自里往外码垛堆放,高度不超过垃圾房的2/3。

⑥垃圾收集完之后,再次喷洒消毒剂、杀虫剂。关闭垃圾房门,清理器材工具。

建筑垃圾应定点倒放,禁止倒入垃圾房。运送时对粉尘性质的垃圾加以遮挡,液体性质垃圾注意容器的封闭,防止外泄。

2) 垃圾的存放

现在,垃圾的存放管理愈来愈被人们重视,因此物业的楼内和外围区域都要根据实际需要设置垃圾桶、垃圾筒、垃圾箱、垃圾车、废纸篓、茶叶筐等存放垃圾的容器。但要注意:

①容器的规格和数量要根据垃圾的产生量、种类设置在各个场所。

②容器的形状要易存放、易清倒、易搬运、易清洗。

③容器的配备要兼顾物业的性质、档次和业主的需求。

3) 垃圾的回收

有回收价值的垃圾及时捡出并分类存放,整理可利用的废弃物堆放于规定部位,定时移交专人处理。

4) 垃圾的清运

保洁部主管应安排固定人员专门回收、运送垃圾桶内的垃圾,保证垃圾桶内呈半空状态,方便住户使用。回收垃圾桶内垃圾时,应先将垃圾桶内的胶袋提出放进垃圾车内,再重新铺好新的垃圾袋。铺垃圾袋时应将垃圾袋口完全张开,袋口反卷 5 cm,

折贴在垃圾桶外沿,再盖紧垃圾桶盖。后将垃圾集中送到垃圾中转站存放。

5)工程垃圾的清理

瓦砾、碎砖、灰渣等坚硬的工程垃圾应用斗车或其他装运工具运送到小区指定地点倒放,禁止倒在垃圾中转站内。路面灰尘、泥沙等粉尘性垃圾在运送途中应加以遮挡,防止其掉落或飞扬而引起二次污染。废弃的涂料、油漆等流质性垃圾在运送途中要注意容器的封闭,防止溢流污染路面。

6)生活垃圾的清理

清洁人员在清洁梯间时,少量的垃圾可倒入门口的垃圾箱内,量大的垃圾应直接运送到小区内的垃圾中转站内。路面清洁人员在清洁路面时,应将收集的少量垃圾直接倒入附近的垃圾桶内。下列情况下,禁止直接倒入垃圾桶内:没有容器装盛的流质垃圾;住户扔弃的大件垃圾;一次能把垃圾桶装满的垃圾;清洁沙井内的垃圾;其他不宜装进垃圾桶内的垃圾。

7)垃圾房的清洁要求

①将垃圾房地面垃圾清理干净,打扫墙面,用水冲洗垃圾房内外。
②用清洁剂清洗垃圾房内外瓷砖和门,刷洗污迹。
③清除排水沟内的垃圾并用水冲洗。
④用喷雾器配消毒杀虫剂对垃圾房周围 5 m 内进行消毒。
⑤协助配合好环卫部门的垃圾清运工作。

4.5.2 检查标准

1)垃圾清运检查标准

①清运及时。
②清运率达 100%。
③垃圾桶、垃圾箱外表无明显污迹和粘着物,周围无散落垃圾、无污垢、无积水。

2)垃圾房检查标准

①所有垃圾集中堆放在堆放点,做到合理、卫生。地面无散落垃圾、无污水、无明显污迹。
②墙面无粘附物。
③垃圾做到每日清理一次。
④垃圾房内外清洁,距离 2 m 处无异味。
⑤每天定时喷洒药水,防止发生虫害。

4.6　保洁服务细节

4.6.1　清洁工具使用和操作规范化

（1）扫地、拖地操作程序　由内到外，从边开始再中间清洁。

（2）抹物操作程序　从上至下，由左到右，再清洁边角。

（3）垃圾袋更换程序　室内、室外垃圾不能超出 2/3 满，白天出现异味、较脏、破坏现象要及时更换。

（4）推尘操作程序　沿地面直线成行操作。

（5）玻璃刮、涂水器操作程序　从上往下，从左往右顺序操作。

注意：进行上述清洁时，要放温馨提示牌。

4.6.2　做好劳动保护，避免物品损坏

①在使用酸、碱性清洁剂过程中，应戴口罩，戴橡皮手套，穿雨鞋，做好防护措施；不慎沾在皮肤上，应及时用清水冲洗干净。

②戴手套、使用夹子处理垃圾，避免锐物划伤手指。

③清洁前必须查看现场材质，大理石、瓷砖、不锈钢等不能用酸性清洁剂。碱性清洁剂与酸性清洁剂不能混合使用。

④在涂水时，立作业标示板，要穿防滑鞋，扭去多余水分，防止水分过多影响行走。

⑤使用带电器械时，要避免触地不良，防范触电；同时要避免电线缠绕，碰触物品以免造成损失。

⑥在工作实施中，注意避免因操作不当造成的物品损坏。

⑦空中作业避免坠落。

4.6.3　保洁工作过程中的礼仪要求

①脸部要保持干净，头发梳理整齐，上班前不食用有异味的食物，按照公司规定统一着装，在公共区域清洁时不能东张西望或无精打采。

②工作时遇见业主、领导，应及时问好或点头微笑；不大声喧哗，不讲粗话等不礼貌的话；业主或访客有事询问，一定要做到有问必答。

③清洁中应注意前后行人，遇到行人应停下手中工作等其路过后再继续清洁。与顾客同乘电梯时，应主动让顾客先出先进。

④倡导隐性、零干扰管理模式,避开业主上下班、员工上下班高峰期时间段工作。

⑤清洁后应清洗工具,归还到指定地点。所有工具不得随意乱摆放。

4.6.4　物业保洁工作的几个重要阶段

1)开荒阶段

(1)工作重点　确定开荒时间,查看开荒现场,确定开荒天数,组织开荒人员。

(2)开荒要求　规范操作,全面清理;注意正确使用机械,防止安全事故;地面不要用水过多,防止材质受损;地面不要有积水、药品残留。去除不规则玻璃胶时注意整体的美观性,也要注意不要破坏玻璃胶的防水性。

2)销售阶段

(1)保洁重点　销售现场、样板房、外围广场及看楼通道。

①销售现场、样板房:轻拿轻放,隐性服务,一定要在销售人员上班前完成全面的清洁工作,从而做到不影响客户看房。

②外围广场、看楼通道:加大清洁频率,及时清洁地面、设施设备、花草、水景;不能及时清理的,当晚一定要处理。

(2)工作要点　维护物业形象,加大保洁频次。

3)装修阶段

(1)保洁重点:大堂、电梯厢、地库、楼层消防梯。

(2)工作要点:共同维护公共设施设备,协助保安员对装修人员进行管理。

①大堂、电梯厢:在装修前铺好地面与电梯厢,做好防护;日常清洁时,注意加强装修层的巡视。

②地库、楼层清防梯:要求做到:一是装修材料运送完后要及时清洁;二是装修垃圾临时堆放点卫生的清洁与跟踪,做到日产日清。

案例分析

有这么清洗水箱的吗? 水箱里的污水没排掉就走人,水管流出来的全是不能用的泥浆水。在大热天用这样的水,居民颇感烦恼。

原来,某小区物业管理处委托美意社区服务公司清洗水箱。到了中午,清洗人员说有几个水箱的排污阀打不开,没办法排污就回去了。管理人员与对方联系,要求下午想办法把污水排掉,直到下午4:00对方才打电话说来不了。为了不影响全小区用水,管理人员只好把进阀门打开,结果造成9栋楼30户人家水管中流出的全部是污水。另外,贴在9栋门口的清洗通知单也与实际操作时间不一致,导致居民毫无准备,也未储水,只好到外面拎水。

分析讨论:

(1)由此事件,你对保洁服务的意义有何体会?

(2)在进行清洁服务和委外作业时,应如何避免上述情况的发生?

本章小结

保洁服务以其服务的常规化,对业主日常工作生活的影响最为直接,也是物业服务的一张名片,反映出物业服务工作的水平和标准高低。因此保洁服务工作要求服务人员具有专业操作能力和礼仪素养,管理人员也应建立系列工作规范和检查评估机制,确保工作的实施及在长期物业服务工作中的一贯性。

习 题

1. 保洁服务中的管理层和员工应怎样分工合作,完成好保洁服务?

2. 保洁工作包括哪些主要内容,各项内容应着重注意的问题是什么?

3. 你是怎样理解"保洁工作是物业的脸面"这句话的含义?

第 **5** 章
绿化服务的运作实务

【本章导读】

  绿化服务是物业服务环境管理的重要组成部分,对物业品质的提升具有重要意义。做好绿化服务,需要考虑物业的地域条件、物业本身的类型,还要考虑物业服务企业的经济效益和社会效益。在当今注重生态建筑和环保理念的氛围下,绿化服务对营造健康生活方式起着不可替代的作用。

  通过对本章的学习,希望学习者能够掌握绿化的类型和基本要求以及绿化配置的基本方法,懂得绿化养护工作的主要内容,能够制订绿化服务工作计划,胜任对绿化养护工作的管理。

  绿地是城市绿化系统中最广泛、使用率最高的一部分,是城市生态系统中影响最大、最接近居民的生态环境,也是生产生活环境中其他成分所不能替代的自然因素。随着生产力的发展和人民生活水平的提高,物业环境绿化建设将进一步得到重视。

5.1 概 述

5.1.1 物业绿化的重要性

  物业绿化是指在物业管理区域内的绿地上,种植树木花草进行绿化美化,为业主及使用人创造安静、清洁和优美的生活、工作环境。开展绿化管理,能充分发挥绿化树木在环境中的生态功能,具体体现在以下方面:

1)减碳增氧

绿色植物通过光合作用,吸收了空气中的二氧化碳,放出大量的氧气,使空气保持清新。一般来说,每人平均有 10 m^2 的树林或 23 m^2 的草坪,就可获得足够的清新空气。

2) 净化空气

许多花草树木,具有吸收有毒、有害气体和放射性物质,吸附烟尘、灰尘和粉尘,杀灭病菌、病毒等特殊功能,可以净化空气,提高空气质量,为保护人体的身心健康发挥巨大作用。

3) 调节小气候

"树木成林,风调雨顺"。绿色植物能调节居住小区的气流、温度和相对湿度,创造宜人的微小气候,促进人体热平衡,以满足人机体的需要,是天然的"自动空调器"。

4) 隔音消声

植物是一种有生命的建筑材料,构成特殊的绿色空间。那些树冠浓密、枝繁叶茂、上下均匀、叶面粗糙宽大的乔木或灌木,都具有较强的隔音消声作用,能够降低噪声的干扰,创造幽静的环境。

5) 促进健康

花草树木五颜六色、千变万化的姿态、清幽宜人的芳香,可陶冶性情、消减疲劳、驱散苦闷,使人时常处于心情舒畅、精神饱满、情绪稳定的良好状态,有助于人们延年益寿。

6) 提高效益

高层建筑、居住小区的绿化状况和环境质量,直接影响房地产物业的价值。"绿化就是高价格房地产",这一观念已普遍为房地产开发商和广大市民所承认和接受。绿化给予房地产物业的利润,远超过其本身所固有的价值。

5.1.2　物业绿化管理

物业绿化管理,既是一年四季日常性的工作,又具有阶段性的特点,如花草树木的栽种、修剪、整形、浇水、施肥、松土和防治病虫害等。物业环境绿化管理的主要内容可分为两个方面:

1) 物业绿地的营造

物业绿地的营造包括物业绿地的规划设计、绿化植物的选择、绿化植物配置的方式、绿地营造的施工、物业空间绿化管理等方面的工作。

(1)物业绿地的规划设计　物业服务公司所辖区域内的绿地规划设计原则是

"适用、经济和美观",可利用精巧的园林艺术小品和丰富多彩的园林植物进行绿化,尽可能布置开朗、明快的景观,设置一些凉亭、座椅,使其形成优美、清新的环境,以满足用户室外休息的需要。一般来说,物业区域的环境绿化规划的审批、建设施工中的质量监督和竣工验收由园林绿化部门负责,绿化的日常养护和管理由物业服务企业中的环境绿化管理部门负责,同时接受园林绿化部门的技术业务指导、监督和检查。

(2)绿化植物的选择　为了发挥绿化的功能,必须选择好物业绿地所应种植的植物。一般来说,选择好物业绿地种植的植物,应注意以下几个方面的问题:

①要"适地适树"。树木生长速度、生命周期、树冠树高、落叶状况等各不相同,如果选择不当,将会造成不良的后果。

②对于园路树,应选择树干高大、树冠浓密、根深耐旱、清洁无臭、速生、抗性强的树种。

③对于水池边,宜栽种落叶少、不产生飞絮的花木,以减少水面的污染。

④对于花坛,应栽种色彩鲜艳、花香果实的植物。

⑤对于物业绿地,不宜选择带刺、有害、抗性弱的植物,以免造成意外事件。

(3)绿色植物配置的方式　物业绿地植物配置不仅要取得"绿"的效果,还要给人以"美"的享受。在配置所辖区域内的绿地植物时,可采用规则式和自然式两种。接近建筑物的地方,宜采用对称、整齐、端庄、明确、显著的规则式;远离建筑物的地方,宜采用优柔、活泼、含蓄、曲折、淡雅的自然式。在对物业绿地植物进行配置时,必须考虑植物的外形、赏色等方面的特性,进行仔细地选择和合理地配置,才能创造出美的景象,使物业环境的美化渗透到精神世界的美好情感中去。

(4)绿地营造的施工　绿地营造工程可委托园林工程部门施工,也可由本部门自行设计施工。不管哪个单位施工建造,为了达到环境绿化和美化,除了良好的设计外,施工是重要的一环。它直接影响工程质量和以后的管理、养护工作,影响花木的生长及绿化美化的效果和各种功能的发挥。因此,物业服务公司一定要重视绿地营造的施工。

(5)物业空间绿化管理　物业环境绿化管理部门不但要搞好地面绿化,而且在条件适宜的地方,应自己或鼓励业主搞好物业的空间绿化,包括墙面绿化、阳台绿化、屋顶绿化、室内绿化等。空间绿化除了观赏作用外,还可弥补建筑物的缺陷。物业空间绿化的某些内容(阳台绿化、室内绿化等)基本上归业主控制,对此,物业绿化管理部门应着重做好两个方面的工作:一是在业务上对业主进行指导,可通过技术咨询方式传授有关知识或技艺;二是对业主进行安全宣传教育,帮助用户找到美观、安全的绿化方法,防止花盆及其他绿化设施与工器具等的坠落而发生严重事故。

2)物业绿地的养护

物业绿地的养护是指物业绿地营造完成后,为巩固其成果,发挥其功能,而进行的一系列养护工作。养护工作必须一年四季不间断地长期进行,才能保证花木生长旺盛、花红草绿。一般来说,养护工作主要包括以下内容:浇水、施肥、整形、修剪、除草、松土、防治病虫害、花草树木技术管理。

5.1.3　绿化服务人员岗位职责

①绿化人员要熟悉小区的绿化布局和个人包干地区的职责范围,以及花草树木的品种数量,并逐步掌握花草树木的种植季节、生长特性、培植管理方法等。

②定期对花草树木清除杂草、防治病虫害、松土、施肥,并修理枯病枝、伤害枝等,更换死亡苗木,浇水。

③绿化人员应接受专业技术培训和学习,须虚心学习,努力工作,提高自身素质。

④要保证绿化场地不留杂物、不缺水、不死苗、植物不被偷窃,遇到有违章违法行为要及时加以劝阻,不听劝阻的要及时报告保安人员和主管人员,协助对其劝阻和处置。

⑤绿化人员在小区内发现有下列行为,要及时加以劝阻和及时报告:

A.未经许可,随意侵占公用绿地。

B.攀折、损坏花草树木、园林小品。

C.在绿地上停放、行驶各类车辆或堆放杂物。

绿化人员对于违反上述条款的行为,有权协助保安人员和主管人员要求违章者赔偿,并酌情处以罚款。

⑥绿化人员要维护和保养好公司的各种工具和公用设备、设施,如:三轮脚踏车、喷淋设备、割草机、橡皮管等,如有遗失或损坏须照价赔偿。

⑦及时做好每天的工作记录,并及时记录下违章情况以及解决办法等。

⑧绿化人员须服从主管人员的工作安排和调动,并做好整个管理区域内的环境卫生工作。

⑨绿化人员必须认真负责完成自己职责范围内的工作,接受主管人员和各级领导对绿化工作的巡视检查。

5.2　室外绿地养护

在物业管理区域内,除了设有的大型公共绿地外,物业绿化的类型主要有,游园绿化、宅旁庭院绿化、道路绿化和立面绿化等。物业绿化要求统一规划、合理分布和组织,采取集中与分散、重点与一般相结合的原则,形成以游园绿化为核心,道路绿化为网络,宅旁庭院绿化为基础的点、线、面有机结合的绿化体系。

5.2.1 室外绿化的类型和要求

1)游园绿化

（1）游园的类型 居住区的游园，是供居民日常生活中就近游览观赏、休闲娱乐等活动的公用绿地。游园通常包括居住区游园(大游园)、居住小区游园(中游园)和住宅组群游园(小游园)等。

（2）游园绿化的要求 无论是哪一类游园，都要求做到以下几点：

①定额指标高。一般而言，2.5万~4.0万居民的居住区设一个大游园，人均绿地16 m²，占地面积30~60 hm²;0.7万~1.3万居民的居住小区设一个中游园，人均绿地8 m²，用地面积6~10 hm²;每一住宅组群设一个小游园，人均绿地4 m²，用地面积1~2 hm²。

②布局均匀合理。游园的分布只有考虑到其服务半径，才可呈现均匀状态。因此要求：居住区大游园的服务半径为1 000~1 500 m，步行15~25 min;居住小区中游园服务半径不得超过800 m，步行6~8 min;住宅组群小游园服务半径不应超过300 m，步行1~3 min。从总体布局来看，居住区大游园布置在几个居住小区的交接处，居住小区中游园安排在各个居住小区的中央地段，住宅组群小游园则设置在各个住宅组群之中比较合适。另外，大、中型游园不得有马路和人行道从中穿过，并应注意使用防护带与街市噪声和烟尘等污染源隔离，以保证环境质量。

③植物配置得当。花草树木，特别是大乔木的种植面积及其绿化覆盖率，是衡量游园效益的重要标志。因此，要求绿地的绿化种植用地面积不低于其绿地总面积的75%。在选择花草树木时，要注意以下几点：

A.有一定数量芳香性植物。

B.常绿与落叶树种各占一定比例。

C.有相当数量的观赏乔木、灌木。

D.不选或少选散发异味和易引发过敏、中毒的植物。

2)道路绿化

道路绿化是指对物业管理居住区的主干道路、分支道路及小巷两旁进行绿化，因其形成的绿化带能起到联结、导向、分割、围合等作用。道路绿化的要求随道路的宽度、用途和接近居民住宅程度的不同而异，应灵活自然，与两侧建筑物、各种设施相结合，疏密相间，栽植不同的树种，高低错落，富于变化。

（1）主干道路绿化 主干道路的宽度为20~30 m，车行道宽度为10 m左右，通常机动车辆来往较多，交通污染严重，对邻近住宅环境影响较大。因此，主干道路绿化不仅要注重美化环境、遮荫纳凉以改善小气候，而且要考虑防风、减噪、降尘等防护功能。因而其绿化设计以常绿树木为骨干，以草皮、灌木、乔木形成多层次复合结构的绿化景观。但值得注意的是,在道路交叉口及转弯处种植树木以不影响行驶车辆的安全视距为原则,不能选用体型过于高大的树木。

(2)分支道路绿化 分支道路的宽度为 10~20 m,车行道宽度为 5 m 左右,来往机动车辆较少,且比主干道路更接近居民住宅。因此,其两旁绿化设计以创造观赏和调节微小气候的最佳效果为出发点,各种植 1~2 行行道树,并间种花、灌木、草皮或绿篱。但是必须注意,行道树要避开住宅窗台,花、灌木高度也不宜高过窗台,任何花草树木更不得含有对人体健康有不良影响的因素。

(3)小巷绿化 小巷的宽度为 2~3 m,靠近居民住宅,小巷绿化对净化、美化居住环境,提高空气质量,调节微小气候,都具有更直接的意义。因此,其绿化设计应结合宅旁庭院绿化,因地制宜,适当布置。如对较长又较窄的小巷,花草树木要打破行道树的对称种植,并考虑与住宅建筑相衬托,以丰富小巷景色;对较短而较宽的小巷,则可采用树株交错种植的方式,使之形成林荫小路。在住宅门旁,可种上一两棵各不相同的树种,以帮助人们识别家门。

3)宅旁庭院绿化

(1)宅旁庭院绿化的形式 根据居民的不同爱好和生活习惯以及不同的环境条件,宅旁庭院绿化大致可分为以下 4 种类型:

①树木型。以高大的树木为主形成树林,对住宅环境的小气候有较明显的调节作用。在管理上简单、粗放。但要注意选植快生与慢长、常绿与落叶,以及不同色彩、不同树型的树种来配置,避免过于单调。

②花园型。在宅间以常绿、开花植物形成篱笆或用栏杆围成一定范围,依规则式或自然式布置花草树木,有较为丰富的色彩层次。在相邻住宅楼之间,可以遮挡视线,有一定的隐蔽性,是居民良好的游乐场所。

③草坪型。以草坪绿化为主,在草坪边缘适当种植一些乔木、灌木、花草之类的植物。多用于高级独院式住宅,有时也用于多层或高层住宅。但草坪养护管理要求较高,若管理跟不上,绿化效果就不理想。

④棚架型。以棚架绿化为主,选用开花结果的蔓生植物,如蔷藤、沂面、暮元、史君子、金银花、鸡蛋果等,攀援于棚架上,或花开烂漫,或结果累累,可遮荫纳凉,既美观又实用,较受居民的喜爱。

(2)宅旁庭院绿化的要求 住宅庭院是住宅建筑围成的空间,分布最广,使用率最高。宅旁庭院绿化也是改善生态环境,为居民直接提供清新空气和优美、舒适居住条件的重要因素。因此,宅旁庭院绿化要求以种植花草树木为主,绿地率达到90%~95%。种植观花、观叶、观果的各种灌木、藤本、草本、花卉,以孤植或丛植的方式形成自然树群,一年四季,不同植物有不同的季相,春华秋实,充分表现观赏植物的形、色、香、韵等自然美态,能够使居民感受到强烈的时空变化。

5.2.2　室外绿化的养护

物业绿化施工完成,经主管部门验收后,便开始了物业绿化管理工作。这是一项经常性的工作,必须一年四季不间断地进行。只有精心养护、细心管理,才能收到应有的绿化和美化功效。物业绿化管理,主要工作内容有灌水、排水、施肥、中耕、除草、修剪整形、树体保护、病虫害防治等。

1)灌水与排水

水分是植物体的基本组成部分,树叶的含水量高达80%,而且植物体内的一切生命活动都是在水的参与下进行的。如果缺水或水分过多,对植物的生长会产生严重影响,甚至导致植物死亡。因此,只有合理灌溉,防旱防涝,才能保证植物的正常生长。

(1)灌水的原则　不同的植物对水分的要求各不相同,有的喜湿,有的耐旱。即使是同一种植物,在不同的生长时期,其对水分的需求量也有差异。合理的灌溉应掌握两个原则:

①灌足浇透。每次浇水都应灌透土层,不能仅仅湿润地表,否则会因水分蒸发而使植物根系吸不到水,达不到灌溉的目的。浇水时,开始时水流应细而慢,便于土壤吸收,继而水量逐渐加大,才可灌足浇透。

②看天看地看树。灌溉要掌握灵活性,在不同的条件下确定不同的浇水次数和浇水量。一是看天:注意天气和季节的变化,阴天和气温低时可少浇或不浇水,晴天和天气炎热时要增加浇水次数和浇水量。天旱季节要勤灌,雨季则要注意排水。二是看地:砂质土排水性好,要勤灌足灌;黏质土和砂壤土有较好的保水能力,可适当减少浇水次数。施肥后浇水要足,这样可以促使肥料渗透到土壤内,有利于根系吸收水分,并稀释肥料浓度而不致烧根。三是看树:新梢旺盛生长和大量形成叶片时需水量大;秋季开花结果时期需水较少,水多易引起落花落果;冬季浇水次数和浇水量应明显减少,以保证安全越冬。

(2)灌水的方法　不同的灌水方法,其用水量和成本各不相同。主要的灌水方法有:

①沟灌。即在栽植行间开沟,引水灌溉。这种方法省工省力,但用水量大。

②喷灌。即用喷灌机械作业,适用大面积绿地草坪、庭院、苗圃和行道树等。

③滴灌。即将一定粗度的水管置于土壤中或植物根部,滴注根系分布范围内。此法省工、省时、省水,但一次性投资较大。

(3)排水的方法　雨季常因积水而造成植物根部腐烂甚至死亡,因此要及时排水。排水的方法有以下两种:

①利用自然坡度排水。绿化用地最好有0.1%~0.3%的坡度。

②开设排水沟。可在地表挖明沟或在地下埋管设暗沟,并设置好排水的去处。在大雨或长期阴雨天,还应及时清沟排水。

2）施肥

栽植的各种绿化树木,将长期从一个固定点吸收养料,即使是肥力很高的土壤,也会因逐年消耗而减少养料,因此,应不断增加土壤肥力,确保植物旺盛生长。施肥要有针对性,即因种类、树龄、生育期等不同,施用不同性质的肥料,这样才能收到最好的效果。

（1）基肥　基肥一般采用堆肥、饼肥等农家肥。在栽植前整地时将腐熟的基肥翻入土中,或移植时进行沟施或穴施,随灌水及降雨使肥分逐渐渗入根部而被吸收利用。

（2）追肥　追肥一般采用化学肥料或人粪尿、饼肥等进行液施。化学肥料按其营养成分的不同,可分为氮肥、磷肥、钾肥和微量元素肥料。氮肥能促进枝叶快长,在春季植物发叶、抽梢,扩大树冠时施用。秋季多施磷肥,对开花结果有好处。秋后停施氮肥而加施磷、钾肥,利于安全越冬。

追肥的原则是勤施、薄施,并根据植物种类、植株大小、土壤干湿程度而施用不同的肥量,在芽前芽后、花前花后、果前果后追肥最为理想。

（3）根外追肥　根外追肥一般采用化学肥料,如尿素、磷酸二氢钾及硫酸亚铁等,低浓度(0.1% ~0.2%)机械喷施。根外追肥成本小,见效快。喷施时间以清晨及傍晚或阴天喷洒叶片,效果更好,风大、太阳过强时则不宜喷施。

3）中耕与除草

中耕是指采用人工方法疏松表土,以减少水分蒸发,增加土壤透气性,提高土温,促进养分的分解,利于根系生长。特别是宅旁庭院绿地、小游园等,常常受践踏而板结,如果长期缺乏管理,会影响植物的正常生长。

中耕次数要根据实际情况进行。在雨后或灌溉后,必须结合除草进行中耕。中耕程度依植物及季节而定,浅根性植物中耕宜浅,深根性植物中耕宜深;夏季结合除草中耕宜浅,秋后结合施肥中耕宜深。

除草可避免杂草与绿化树种争夺养分、水分和阳光,减少病虫害的发生和传播。除草要本着"除早、除小、除了"的原则,初春杂草生长时就要及时铲除,但杂草种类繁多,难以一次锄尽。春、夏季节要除草 2 ~3 次,切勿让杂草结籽,否则来年又会大量滋生。除草可结合中耕进行,也可用化学除草剂除草(方便、经济、除净率高)。

4）修剪整形

修剪整形是物业绿化管理过程中一项十分重要的养护管理措施。修剪是对植株的局部进行剪理;整形是通过修剪来整理植株的外形和骨架,调节和控制绿化树木的生长与开花结果,更重要的是满足观赏的要求,达到叶茂、花艳、树美的效果。

修剪整形主要是针对室外绿化植物而言。由于各种树木生长的自身特点以及对其预期达到的观赏要求不同,修剪整形的形式也不同。一般可分为以下两种形式:

（1）人工式修剪　人工式修剪即将树冠修剪成各种特定的形状，如半圆式、多层式、螺旋式、半球形以及各种动物形，甚至修剪成亭、台、牌楼、花瓶等形状。这种特定的修剪整形，不是按树冠的生长规律进行，一段时间后参差不齐的枝条又会长出，破坏了造型，故要经常修剪。

（2）自然式修剪　自然式修剪即在修剪时保持树木的自然生长状况，保留原有树冠的完整，仅对病枝、枯枝、伤残枝、交叉技、重叠枝、回抱技、乱枝、密生枝以及派生出的枝条等进行修剪。对主干明显的树木，修剪时应注意保护顶芽，防止偏顶而破坏冠形。

绿化树木的修剪整形可常年进行，如结合抹芽、摘心、除药、剪枝等，但大规模的修剪以在休眠期进行为好，以免伤害过多，影响树势。

5）树体保护

绿化树木是多年生植物，难免会受到各种环境条件的破坏，如机械损伤、风吹折枝等，造成伤口溃烂、树体倾斜，若不及时补救，甚至会造成树木死亡。因此，必须加以重视。

（1）伤口处理　发现树干有伤口，最好立即处理。先将伤口四周被破坏的树皮修削平滑，用2%～5%的硫酸铜液、0.1%的升汞溶液及石硫合剂等冲洗伤口，防止感染病菌，然后涂抹某些黏着性好、不腐蚀树体的药剂后，再行包扎伤口。

（2）修补树洞　先将树洞内的腐烂木质彻底清除，刮去洞口边缘的坏死组织，直至露出新组织为止，将石灰、黄沙、水泥、碎砖等混合填充物放入洞内，洞口再用水泥封面，略低于树皮，使树皮能粘着水泥面伸延愈合，将水泥包没。

（3）树干涂白　树干涂白，可防止病虫危害，减弱地表反射的辐射热，延迟树芽萌动期，避免早春寒害。涂白剂配方为：水10份，生石灰3份，石硫合剂0.5份，食盐0.5份，油脂少许。配置时先化开石灰，把油脂倒入充分搅拌，再加水拌成石灰乳，最后放入石硫合剂及盐水即可。

（4）树干固定　一般在树的下风处立桩，支撑牢固，以维持树木，使其不致因风吹而摇动歪身。桩头可选用木柱、竹板，但这类桩头寿命较短，成本较高，故近年来已普遍采用水泥桩。

6）病虫害防治

绿化植物在生长过程中，时常遭到各种病虫危害，轻者造成生长不良，失去观赏价值，重者植株死亡，损失惨重。因此，有效保护绿化树木，使其减轻或免遭各种病虫危害，是物业绿化管理的一项重要工作。

（1）病害防治　绿化植物病害，按其性质可分为传染性病害和非传染性病害两大类。

①传染性病害。是由生物性病原，如真菌、细菌、病毒、类菌质体、线虫、螨虫、寄生性种子植物等引起的病害，具有传染性。

②非传染性病害。是由非传染性病原,如营养物质缺乏或过剩、水分供应失调、温度过高或过低、光照不足、温度过大、土壤有害盐类过量、药害、肥害等引起的病害,不具有传染性。

(2)虫害防治　绿化植物虫害,按其食性和危害部位可分为 4 大类:

①苗圃害虫。有地老虎、蟒精、种蝇等,栖居于土壤中危害种子或幼苗的根部、芽和幼芽。

②枝梢害虫。有蛾类和甲虫类,它们钻蛀、啃食植株的枝梢及幼茎,直接影响主梢的生长。另有蚜虫、甲壳虫,它们用刺吸式的口器吸取植株汁液,传播病毒,引起病害。

③食叶害虫。有枯叶蛾、毒蛾、刺蛾等,它们大量食害叶片,造成植株生长衰弱,失去观赏价值。

④蛀杆害虫。有天牛、象甲类,它们在植株内部钻蛀取食,严重影响植株生长,甚至整株死亡。

(3)病虫害防治原则

①综合防治是病虫害防治的根本原则。综合防治特别强调化学防治与生物防治相结合,减少环境污染,避免病虫害产生抗性,提高防治效果。

②根据各种病虫害的发生规律,抓住防治对象的薄弱环节,通过破坏其生活规律,可达到事半功倍的防治效果。

③建立专业组织,由专业人员负责病虫害防治工作,防重于治,治早治小,才能有效地消灭或控制病虫危害。

5.3　室内绿化的养护

5.3.1　室内绿化的类型及要求

室内绿化主要集中在室内特定的公共空间,用来美化环境,休养生息,改善业主及使用人的生活、工作小环境。室内绿化装饰与室外绿化有着明显区别,主要表现在:

①具有独特的环境,即缺少或者没有阳光,通风条件较差,适宜选用的植物大多较耐阴,喜温暖,且最好能适应相对较长时间的室内摆放。

②受到室内主体平面或空间的局限。

③受到室内其他陈设物的风格限制。

④特别近人,受业主喜好影响较大。

⑤对植物的装饰性要求特别强,大多以植物个体点出主题。

因此,进行室内绿化装饰时,既要进行艺术设计和布置,又要求讲究科学,这样才

能使"绿"常驻室内,达到美化与绿化的双重效果。

物业管理的室内绿化主要集中在大堂、走廊、过道、大餐厅、卫生间、阳台、会议室、办公室等。

1)大堂绿化

大堂是进入物业的主要出入口,较小面积的大堂布置一般只需在进门处采用双盆对置的方法,然后,在通向其他区域的通道口旁放置较为醒目的植物,以起到引导方向的作用。较大面积的大堂通常于对门的中心处设置大型的植物组合,或采用大中型盆栽列置的方式引导路线。较大的大堂通常还设有休息区域,配有沙发、茶几等,这些区域的植物装饰通常是简洁的"三部曲":沙发旁边或后面放置大盆的植物,沙发扶手边放置中型的植物,茶几上放置小型的盆栽或者插花。

2)走廊与过道绿化

走廊与过道通常较为狭长、阴暗,通风不良,一般应采用株形饱满而整体向上的、枝叶不很开展的中型盆栽。因走廊、过道的光照、通风条件较差,宜采用叶质较厚而耐阴性强的植物种类。一些彩叶或斑叶以及开花的植物不宜置于走廊与过道,因为长时间的阴暗会导致美丽的色彩和斑纹褪去,使花朵很快凋落。一侧有窗户,光照、通风较好的走廊与过道,则可供选择的植物范围较广。

走廊与过道的绿化装饰方法较为简单,通常的做法是等距离放置同品种、同等大小的盆栽植物,呈规则式多盆列队单排靠一侧摆放,高度以略低于窗户为好;较为宽大的走廊则可双排相对而放。适于走廊、过道装饰用的常见室内植物有棕竹、直立造型的鹅掌柴、琴叶榕、龙血树(类)等。

3)大餐厅绿化

大餐厅一般空间较大,可在周围的角落散置较大型的盆栽植物。植物宜选用色彩较明快、叶面较清爽的种类,如散尾葵、短穗鱼尾葵、国王椰子、橡皮树、垂叶榕等,以不影响服务员的服务和食客的走动为原则。也可用平于视线的立体花槽来分隔空间,花槽内可用株形饱满的中小型盆栽进行群体布置,如银苞芋、吊兰、肾蕨、太阳神等。餐桌上可放置浅盆插花或时令盆花,花色宜选用可引起食欲的暖色调种类。

4)卫生间绿化

卫生间大多较潮湿、背阴,空间小而色彩单调,可充分利用窗台部分及洗脸台等放置盆栽植物及悬吊布置。植物宜选用蕨类植物、秋海棠、竹芋等喜阴湿的种类。

5)阳台绿化

阳台是较为特殊的一种室内空间,具有独特而良好的采光条件和功能要求,阳台最大的优点是可以直接选用喜阳的植物。从理论上说,几乎所有可适应当地生长的盆栽植物都可用于阳台布置。但阳台大多是在楼房的一定高度,因此,相对室内和地面庭园来说,阳台具有风大、干燥、湿度低、光照强烈、温差较大的特点。此外,不同朝向的阳台,环境因子也不尽相同。

一般南向阳台和东向阳台具有光线足、温度高、易干燥的特点,宜选择一些喜光、耐旱、喜温暖的观花、观果类植物,如天竺葵(类)、观花类秋海棠、茉莉、米兰、石榴、含笑、矮牵牛、太阳花、茑萝、扶桑、迎春、杜鹃、各类月季、盆栽葡萄、盆栽金橘、松柏类盆景及其他水盆景、仙人掌(类)及其他小型多肉植物、盆栽榕树、观赏凤梨、朱蕉、小型的苏铁、时令草花等。

北向较阴的阳台,宜选择一些喜阴的观花、观叶植物于春、夏、秋三季装饰,适宜的植物有八仙花、文竹、花叶常春藤(类)、万年青(类)、椒草(类)、喜林芋(类)、吊兰、旱伞草、观赏蕨、春芋、合果芋、绿萝、袖珍椰子、银苞芋、观叶秋海棠、南天竺、吊竹梅等。

西向阳台夏季西晒较严重,一方面可选用一些藤本植物如牵牛、凌霄等形成"绿帘",用以遮蔽烈日,另一方面选用一些耐高温的植物,如三角花、扶桑、虎刺梅等。

6) 会议室绿化

①大的会议室或会场的布置,重点通常在主席台,一般的做法是:

A. 在主席台的后侧,成排放置较为高大浓密、单一种类的深绿色观叶植物组成背景,适宜选用的观叶植物有棕竹、短穗鱼尾葵、南洋杉、小叶榕等。若会标在后侧而又需要显露的话,则应在两侧对称放置植物。

B. 根据会议的主题和气氛需要,用中小型盆栽多层或双层布置主席台台口。双层布置一般用于台上没有会议桌的台口,大都直接选用色彩艳丽的观花或观叶植物成排放置,前面再放一层绿色的悬垂植物。多层布置则用于台前有成排会议桌的台口,一般后高前低,中间层大多用观花植物,最高层的植株高度应控制在会议桌的高度之下。

C. 较为隆重、热烈的会议,还需要在主席台会议桌上放置较为低平的盆花或插花,特别注意不能阻挡会议桌上就坐人的脸。

D. 主席台下会场内的布置,可参照过道、走廊等场合的布置方式进行布置。

②小会议室的布置一般都较为简洁,如果空间较大的话,可在墙角等处放置龙血树、发财树、国王椰子等中型植物。会议桌上也可根据会议气氛放置小型的观花或观叶植物或者插花。圆桌会议的中间则可落地群体布置一些中型的大叶盆栽植物,如橡皮树、琴叶榕、鹅掌柴、大盆的丛叶喜林芋等。喜庆的时候,还可临时布置些大盆的观花植物,以烘托气氛。

7) 办公室绿化

办公室的绿化装饰一般较为简单,通常的方法是:在墙角一侧,落地放置中型的观叶植物,较大的办公桌上可放置小型的盆栽观花或观叶植物,也可放置插花。需注意,

办公桌上不宜放置水栽植物,以防不慎而弄湿桌上的办公资料。橱柜一角可放置枝叶悬垂的植物,以丰富空间;有窗台的话,还可布置一些开花的植物于窗前,以活跃气氛。

配有沙发、茶几的谈话区,则可参照家庭小客厅的布置,但选用的植物及配套器具宜规整、大方,不宜选用色彩过于艳丽或形态显得过于松散随便的种类;要注意其色彩与办公家具色彩的配套,一般不用苏铁、虎尾兰、荷兰铁等枝叶尖利的种类。

5.3.2　室内绿化植物的配置方法

室内绿化布置强调的是植物与室内其他陈设物之间的和谐、平衡,通常采用的布置方法有以下几种:

1) 单盆摆放

较多地运用于空间较小或即使空间够大,但需要突出植株个体形态的场合。常用于墙角、案头、几架等处,或用于楼梯转角处。

2) 双盆对置

指两盆(株)同样形态、同样大小的植物在近距离范围内相对而置。较多地运用于对称式的大门口、古典式的厅堂等处,体现室内对称有序、庄严的装饰风格。

3) 多盆列队摆放

指至少用3盆以上同样形态、同样大小的植物等距离地呈线形摆放。这种方法在居住物业楼内较少运用,较多地运用于很大的宾馆或办公楼进门大厅、走廊、花槽、会场主席台的背景布置等,可引导视线或烘托庄严、大方的背景气氛。

4) 多盆组合群体摆放

指3盆以上的植物组合成不同层次的群体,以群体的装饰效果创造气氛。较多地运用于空间较大的室内场合,空间悬吊植物的复层布置当属此类。群体摆放若采用不同形态的植物,则应注意植物间的相互和谐与联系,要求有主次之分。多盆群体摆放可以是规则式的,如同种、同等大小的植物群体形成块面;也可以是不规则的,如同一种类、不同大小的植物形成立面上的变化效果,或者不同种类、不同大小的植物组合形成非常自然的装饰效果,既有平面上的变化,又有立面上的变化。

5.3.3　室内绿化的养护

室内绿化的养护主要和季节有关,还与绿化植物的种类、放置时间的长短有关。室内是个相对较封闭的空间,这个空间里的温湿度变化和气流、光照变化幅度比外界要小,但仍有季节的变化。

一般来说,对温度而言,春、秋季节气候温和,室内环境也较为适宜,装饰植物可选择的种类就较多,放置的时间也可较长,大部分室内植物都可在这两个季节摆放。而冬、夏是 2 个极端的季节,冬季气候寒冷的时候,要视室内条件,如有空调或朝南向阳较暖和的房间,也可选用一些不很耐寒的植物;而背阴寒冷的房间,只能用耐寒的植物。西北向的窗台上,冬季不宜放置室内植物,因冬季夜间从窗门缝中透过的寒气使大多数植物不堪忍受。大多室内观叶植物的越冬温度要求至少不低于 5 ℃。夏季高温时期则须注意闷热多蒸发的情况发生,要特别注意通风,并保持一定的空气湿度。

对湿度而言,室内人类感觉舒适的湿度,对大多数植物来说都是偏干的,所以要经常喷雾来保持湿度,或者选用旱伞草等小型水栽的植物,既可装饰,又能使空气湿润。冬季植物本身虽然蒸发减少,但整体气候环境偏干,若浇水不当,一味地往根部浇,极易引起冻害和病虫害发生。而夏季气温高,植物蒸发量大,更应注意浇水、喷雾以补充水分。对卫生间等原本就较潮湿的一些环境,宜选择蕨类、秋海棠、竹芋等喜阴湿的植物进行布置。

除了温度和湿度限制外,大多室内植物不耐阳光直射。室内植物若要放置长久,尤要考虑光线的变化。除南向的阳台外,一般室内能照射到的多为散射光及人工光照,缺乏太阳的直接辐射。在许多房间中,只有一边窗户,室内光线会很不平衡,所以,室内摆放的植物需经常进行调整。一般开花类或者叶色鲜艳的植物,要求光线充足,宜置于光线较强的窗户边、阳台上,可一旦花开出后,置于阴处又可延长花期。大多观叶植物则喜欢半阴环境,室内没有直射光而有散射光的位置,均适宜摆放观叶植物。但有些很暗的通道、拐角,几乎没有光线,则植物不可长久放置,要定期更换,不然植物会变得软弱、枯萎,甚至死亡。

室内所造成的另一个重要的影响植物生长的因素是通风。通风不良,植物容易遭到各种生理及非生理的病害,表现叶枯、叶腐等。一般室内经常门窗紧闭,少有新鲜空气,冬季及夏季如开启空调的话,更会出现类似问题。因此,要使室内植物放置长久、保持美观,经常通风是必要的。另外,通风条件较差的房间,宜选择叶片较厚的植物。

案例分析

案例 5.1

广东省环保局和广东省精神文明建设委员会办公室召开命名表彰大会,授予番禺××山庄等 41 个楼盘以"广东省绿色社区"的光荣称号。至此,××山庄两年三大步,继去年连续获得番禺区与广州市"绿色社区"之后,实现了区、市、省三级"绿色社区"的"大满贯"。

××山庄对照《广东省绿色社区考评标准》,逐条加以落实。全社区实现了规划布局合理化、工程质量标准化、建筑材料环保化、能源消耗清洁化、资源利用循环化、环境建设生态化、公众参与制度化、消费行为绿色化;社区内无环境污染,无生态破坏,无污染扰民问题;环境空气和环境噪声值达到或优于国家或地方标准;容积率仅为1.2,而绿化率却高达42%;环境绿化、美化,无卫生死角;生活垃圾和生活污水实现了减量化、资源化、无害化;积极推广和使用清洁能源,崇尚绿色食品和其他绿色产品,大力倡导节水、节电和节约其他资源;建立了有效的环境管理和监督体系,保障居民环境权益;除在社区内开展环境宣传教育外,还在番禺广场与区环保局举行"绿色之夜"大型晚会向全社会广泛宣传绿色文明,创造了良好的公众参与机制和环境文化氛围。

××山庄在创建绿色社区的过程中,通过改善社区生活环境,保护了居民环境权益,增强了居民环境意识,促进居民履行环保义务;通过绿色生活避免污染,保持健康;通过节约资源的行动减少开支,获得一定的经济效益;通过身体力行保护共同的地球家园的各种活动,使全体业主受惠。此外,还通过各种活动的开展增强社区的凝聚力,创造出一种人与环境、人与人和睦相处的社区氛围。

分析讨论:

就本案例的内容谈一下该社区在环保上的理念,从社区的绿化建设的效果看对小区物业管理的作用。

案例5.2

一天早上,某物业公司管理处的绿化巡逻人员,当巡视到小区公共绿地时,发现有一支队伍正在绿地内挖树、挖地,进行施工。巡逻员一看到操作人员不是公司绿化养护队伍,当即上前予以阻止,对方的施工人员强硬地表示,电缆发生了故障,他们正在抢修。巡逻人员无力阻止,物业公司绿化工程部接到报告后,立即派人赶到现场,25 m²的草坪被挖开,20棵金丝桃被破坏,3棵石榴被压坏,来人立即与电缆公司的负责人联系。该负责人来到现场,解释说,他们是凌晨接到的电缆报修通知,为了不影响该地段业主的生活和工作而急于抢修。同时,他承认是他们不对,对所损坏的树木和花草,他们将照价赔偿,恢复原样。虽然施工人员没有文明施工,造成了树木、花草损坏,但当了解到抢修时正是凌晨,而物业公司的员工还未上班,无法取得联系并征得管理处的同意。现施工方又同意赔偿,管理处人员也就表示了谅解。

分析讨论:

分析对以后的物业绿化管理有何借鉴?

本章小结

物业绿化服务涉及园林景观的美学设计,结合物业风格、经营成本、地域特征运用绿化方案和养护技术。

通过室内绿化,把生活、学习、工作、休息的空间变为"绿色空间",是环境改善最有效的手段之一,作为室内绿化装饰的植物材料,除部分采用观花、盆景植物外,大量采用的则是室内观叶植物。这是由环境的生态特点和室内观叶植物的特性所决定的,所以了解这些植物材料的观赏性和生态习性显得非常重要。同时要两方面兼顾,才能使美学和生态学得到统一。

室外绿化正逐渐被建筑师所接受,成为与物业实体相融合的系统建设内容。绿化对改善空气质量,建立良好小气候,隔绝噪声,营造赏心悦目的生活、学习、工作环境十分有益。室外绿化有赖于精心设计和科学的维护管理。

习　题

1. 简述发展物业绿化的重要性。
2. 怎样选择绿化植物?
3. 室外物业绿化养护的主要内容有哪些?
4. 室内绿化装饰与室外绿化的区别主要表现在哪几方面?
5. 室内绿化植物的配置方式有哪些?

第 **6** 章
接待服务

【本章导读】

物业服务的核心是为业主服务,在物业使用范围内满足其生活、工作需求。在这项经常需要与人打交道的工作中,以合乎礼仪要求的规范和流程开展工作,可以创造愉悦和谐的工作氛围,更好地满足顾客需要,尽可能避免不必要的矛盾和冲突。

本章通过接待服务的人员要求、工作职责、工作技巧和作业规程,使学习者了解物业服务接待服务的基本规定和工作规范,能够进行合乎要求的物业接待服务,具备严格、规范地进行接待服务管理的初步能力。

物业管理行业属于第三产业中的服务业,为业主或客户服务是其生产活动的主要形式,因此,在与人打交道,为客人搞好服务中,讲究礼貌、礼节,对于搞好物业管理工作具有重大意义,是搞好物业管理服务接待工作的先决条件。

6.1 接待服务概述

6.1.1 接待服务的概念

物业管理的接待服务主要是指礼仪方面的接待服务。接待服务对有礼仪接待要求的物业管理场所——写字楼、展馆、酒店、公寓、别墅等物业来说,关系到物业的形象和声誉。办公物业中的承租公司,经常会举行多种会议和洽谈,这类活动追求高效和完满,公司总希望大厦能提供给他们方便和舒适。因此,接待服务质量的好坏将关系物管企业服务水平的高低和业主的满意度。接待服务是人们借以观察和认识一个国家或地区社会发展和精神文明的橱窗,它同时体现出一个国家、一个地区、一个企业、一幢物业的人文形象。

物业管理中的礼仪接待服务工作的宗旨是"宾客至上、服务第一"。"宾客至上"的核心是把以礼相待作为服务工作的先决条件，就是要在管理服务中讲究礼貌、礼节，使业主、宾客满意，给业主、宾客留下美好印象，从而获得"宾至如归"的最佳服务效果。

6.1.2　接待服务的内容

接待服务根据物业管理的对象和性质的不同而有不同的内容，本章主要讲述写字楼的接待服务。根据写字楼组织机构的设置和管理分工的要求，接待服务可分为以下几种：

1) 总台接待服务

总台接待服务内容包括：来客登记、与业主联系、信件报刊的收发和咨询接待等等。如果总台服务周到，热情、礼貌，会给客人留下第一良好印象。

2) 楼厅接待服务

楼厅接待服务范围包括电梯应接、来访客人引导与接待、报刊的分发及大厅会务接待工作等。做好楼厅接待服务，能确保良好的办公秩序和环境。

3) 会务接待服务

会务接待服务是指对在本写字楼各类会议室召开会议的与会人员和来访团体的接待，是对外形象的又一体现。

4) VIP 接待服务

VIP(very important person, 贵宾)接待服务是指纳入 VIP 级团队的接待服务，是接待服务类别中规格最高、标准最高的接待服务，是衡量接待服务水平的重要标准之一。

5) 话务接待服务

话务接待服务指写字楼内部电话网络的转接和外部电话双向网络的转接，起到电话通讯联系的桥梁作用。

6.1.3　接待服务礼仪的原则

礼貌、礼节贯穿于物业管理接待服务的全过程，在物业管理接待服务的各个环节中，礼貌、礼节要得到具体的落实和体现，必须做到以下几点：

1) 注意礼节,讲究原则

物业管理礼仪接待要讲究礼貌,但并不是阿谀奉承,言辞、行为不可给人一种低声下气、人格低下的感觉,要克服服务工作低人一等的思想,要认识到尊重客人就是尊重自己。虽然物业管理接待工作具有特殊性,往往与业主、领导、外宾、同行打交道比较多,一定要在接待中既坚持原则,又要注意礼貌。

2) 一视同仁,举止得当

物业管理礼仪接待对象繁多,有外籍人员,也有侨胞、领导和普通业主。但是不管是什么对象,都是宾客,都要满腔热情地对待他们,绝不能有任何看客施礼的意识,更不能有以貌取人的错误态度。当然在接待规格、档次安排上有所不同,但不等于服务态度可以变化,礼仪、礼节可以有所区别,都必须以优质接待服务来取得宾客对物管企业工作的信任,使他们乘兴而来、满意而归。

3) 严于律己,宽以待人

在物业管理接待服务工作中,业主、宾客有时会提出一些无理甚至失礼的要求,应耐心地加以解释,得理也得让人,要学会宽容别人,给来客以下台阶的机会。

6.1.4 接待服务质量要求

1) 服务员接待服务质量要求

①上岗前,服务人员均要做好仪容仪表的自我检查,做到仪容端正、整洁;并佩戴胸卡,佩戴位置符合规范。

②上岗后,服务人员均要站姿端正,精神饱满,面带微笑,全神贯注随时做好接待客人的准备。

③接待客人要做到热情主动,礼貌服务,语言规范。对外宾使用外语,对其他人使用普通话。

④在规定的时间内,始终保持有岗、有人、有服务。工作程序完善,接待规范。

⑤准确、及时、优质、高效地提供服务。

⑥保持接待区域的环境整洁,做到无浮灰、无脏迹、无死角、无"四害",台面文具、文件堆放整齐。

⑦做好交接工作,交接清楚,并有交接记录。

2) 领班接待服务质量要求

①仪容端正,仪表整洁,坚持优质高效服务。

②能熟练地运用外语接待客人和回答客人查询,在工作时间必须有岗、有人、有

服务。

③设立宾客意见表,接受客人书面或口头投诉,严格按照处理投诉程序进行工作,做到件件有答复。

④按照本部门经理要求,认真检查总台服务质量。

⑤发生突发事件,积极配合保安等有关部门,主动做好工作和情况记录。

⑥负责遗留物品处理,做好签收、登记、保管、认领工作。

⑦定期汇总有关信息,及时上报,提出意见,提高服务质量。

⑧保持接待区域周围环境和地面干净、整洁,台面鲜花鲜艳、美观。

⑨做好交接工作,交接清楚,并有交接记录。

6.1.5　接待服务的技巧

1) 掌握接待服务知识

综合写字楼是进行社交活动的重要场所,来往的客人有来自世界不同国家、不同地区的人士,他们有不同的肤色、不同的民族、不同的语言、不同的信仰,他们来自各个不同的阶层,有不同的年龄、不同的性格、不同的职业、不同的兴趣和爱好。工作人员在接待服务活动中,必须了解和掌握他们的民族习惯和生活特点,观察和了解他们的兴趣和爱好,做到细致的接待服务,才会令客人满意。要做到这点,工作人员必须善于学习,要懂得客人是最好的老师,有心想学的人必定会从他们那里学到许多东西。另外,还要向行家学习,向周围的人学习,向书本学习。虽然接待服务知识面较广,变化较大,但只要广取博采,做到多学、多问、多看、多听、多做,善于积累,善于总结,是可以掌握丰富的接待服务知识的。也只有掌握了丰富的知识,接待服务工作才可以做到得心应手,应付自如。要知道,没有知识的接待服务是粗劣的接待服务。

接待服务知识常用的有接待服务知识、地理知识、历史知识、心理知识等。

2) 提高接待应酬能力

接待服务应酬能力是指工作人员在接待宾客活动中的主动性、敏感性、灵活性和应变性。来办公楼的客人是多种多样的,有的客人比较随便,有的客人比较挑剔。工作人员在接待服务活动中要善于观察、分析,根据具体情况灵活处理,提供恰到好处的服务,使客人感到满意。一个应酬能力强的工作人员,不仅要熟悉自己应该做什么和怎样去做,而且还必须有职业的敏感性,根据客人的仪态、动作、表情、言谈,就知道如何去满足客人的需要,圆满地去为客人排忧解难,使客人感到你不仅是他们的接待者,而且是他们的朋友,使他们有一种亲切感,觉得这里的接待服务是令人愉快的、值得称道的。

应酬能力的提高靠两个方面的努力:一是工作人员自己在工作实践中不断地总结提高;二是办公楼管理者不断地对员工进行培训,帮助他们提高。这是一项重要的

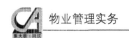

工作,必须引起各级管理人员的重视。

6.1.6 接待服务人员的素质要求

接待服务人员岗位设置最多的有主管、领班、服务员 3 种,其素质要求有不同的内容。

1)专业知识方面的要求

(1)主管 掌握物业管理理论和服务理论知识,懂得心理学和公关学,熟悉礼仪接待、礼仪行为规范和礼仪公关技巧,精通公司礼仪接待运作规范和作业规范。

(2)领班 掌握一般的服务理论知识,熟悉问询接待、邮件收发服务规程和接待礼仪。

(3)服务员 熟悉接待业务与服务规程,懂得接待礼仪礼节。

2)业务实施能力方面的要求

(1)主管 具备有计划地实施、组织、检查礼仪接待服务工作的能力,能完成公司交给的经济指标和质量指标,能取得礼仪接待服务的优异成绩。

(2)领班 有组织、指挥服务员按服务作业规程完成接待服务工作的能力。

(3)服务员 能按接待服务规程和质量要求独立地进行工作。

3)语言表达能力方面的要求

(1)主管 语言清晰得体,能策划、编订礼仪接待服务方案和礼仪接待标书,能编写礼仪接待工作计划和礼仪接待服务运作规范、礼仪接待服务作业规范。外语水平能够达到与人自如进行沟通交流的地步。

(2)领班 语言清晰得体,有书写一般工作报告的能力。外语水平达到能够满足服务程序要求的语言交流需要。

(3)服务员 具有较好的文字和语言表达能力,能够进行简单的外语对话。

4)工作经历方面的要求

(1)主管 有服务管理工作经验,具有大专或同等学历以上文化程度。

(2)领班 曾任服务员 3～5 年,具有高中或同等学历以上文化程度。

6.1.7 礼仪接待操作程序

礼仪接待是最能体现物业管理部服务水准、部门间协调配合能力的一项重要工作。为了针对不同的接待任务、不同的接待对象,做好每一次接待工作,特拟订以下操作程序:

1）接待准备

①明确来宾的数量、层次，确定活动的日期、时间及活动形式（如一般会议、舞会、冷餐会、联欢会、颁奖会、观光等）。

②了解其他特殊要求（如会议、横幅、投影仪、绿化、灯光、音响、电话专线等）。

③根据所接受任务的具体要求，拟定详细的接待方案，包括人员配置与分工、会场桌椅排列方式、灯光配置、绿化点缀、环境装饰、安全保卫等级、所需物品品种与数量等。

④根据所确认的实施方案，做好以下各类物品的准备：茶具、日用品、饮料、水果，同时做好数量登记。接待必需品中，茶具包括饮料杯、瓷茶杯、一次性杯；日用品包括托盘、毛巾、竹篮、面巾、洗洁精、百洁布、果盆、烟缸、热水瓶、周转箱、面盆、消毒柜、台布、饮料柜、会议桌椅、围裙等；饮料包括茶叶（备几种品种）、矿泉水、咖啡、雪碧、可乐等；水果包括四季性和时令性水果，一般以香蕉、橘子为主。

⑤按实施方案，摆放茶具、日用品、饮料、水果，并进行其他设备的布置。灯光的选择要注意与活动的形式相配，如开大型会议应采用冷色调光源，这样可以使与会者觉得精神抖擞，思想高度集中；如是冷餐会或舞会，则采用暖色调的光源，再配上五光十色的转灯、闪光灯等加以点缀，可以烘托出热闹、高雅、温馨、浪漫的气氛。

2）接待服务

①根据来宾层次确定迎客的领导名单，按分工提前 15 min 在大堂、梯口、会场门口、会场内等处迎接宾客，并按服务规范操作。

②按拟订方案做好礼仪服务，按服务规范操作。

③根据来宾层次，确定送客的领导名单，在指定地点，按服务规范送客。

3）部门协同

接待工作中，需要接待人员同办公室、绿化部、工程部、保洁部、安保部等协同配合，方能圆满完成接待任务。

办公室需要准备好会标、投影仪等；绿化部需要提前摆放好鲜花、盆栽；工程部需要准备好桌椅、灯光、音响、电梯等，并确保设备的正常运行；保洁部要提前清洁场地，安放卫生用品，走廊、厕所等随脏随扫；安保部要做好安全方面的检查，实施安全接待保卫方案，确保安全。

6.2 总台接待服务及运作规范

总台是写字楼直接同客人接触最多的一个部门，担负着写字楼与宾客的直接联系，具有协调、沟通、公关、服务等职能，是写字楼的神经中枢。因此，总台往往成为整个写字楼形象的重要标志，总台服务人员则是写字楼的"门面"。总台的管理体系、工作程序、资料存档及其员工的服务意识、职业道德、服务质量、操作技能、应变技巧,乃至仪表、言谈、举止等,对物业服务公司的形象和声誉都会产生影响。如果总台服务周到,热情礼貌,可以给业主及客人留下至关重要的第一印象。

6.2.1　职责范围

1) 总台领班的职责

①负责总台问询接待、邮件发放的管理、控制工作,保证在规定的时间里有岗、有人、有服务。

②负责总台员工的工作安排,检查、督促员工严格按规程及质量要求实行规范服务。

③解决工作中出现的问题,处理工作差错和事故。

④处理客人投诉,对 VIP 客人给予特别关照,确保对 VIP 客人的优质服务。

⑤负责各种报表的收集、存档及管理工作。

⑥与其他各管区之间协调、沟通、密切合作。

⑦负责员工考勤和考核,做好员工思想工作,抓好文明班组建设。

2) 总台服务员的职责

①熟悉写字楼各区域分布情况、各部门服务内容及电话号码。

②严格按照服务规程做好代客留言、客人询问、邮件发放,并准确、及时地办理相关的登记手续和签收手续。

③虚心接受、详细记录客人投诉,及时报领班或经理处理。

6.2.2　总台服务作业规程

1) 总台接待服务程序

①上岗前,应先自我检查,仪容仪表必须端正、整洁,符合要求。

②上岗后,站立在规定的岗位,站姿端正,精神饱满,面带微笑,全神贯注地随时做好接待客人的准备。

③查阅交班本,了解上一班的工作情况、交班事项,并在交班本上签名确认。

④客人进入办公楼,离总台二三步,应主动招呼、热情问候、一视同仁、依次接待。

⑤遇访客须面带微笑,询问对方情况,待宾客出示相关证件(如身份证、工作证、介绍信等)后,方可填写"访客单",引导客人至接待区等候。接受宾客出示的证件,应双手接下及时奉还,并应致谢,知道客人姓氏,尽早称呼。遇不明身份者,应问清情况,及时用电话与被访人联系,视情况填写"访客单"。

⑥当客人离开时,请其将"访客单"反馈总台,并向客人微笑道别:"先生/小姐,

谢谢您光临,再见。"

⑦汇总"访客单",并用统计方式进行分类汇总,从中反映出访客情况。

⑧打扫岗位内卫生,台面物品堆放整齐。

⑨建立岗位记事本,发现异常情况,无论如何处理,都应在记事本上记录。当交班时,如有重要通知或有待解决的问题,必须记录在交班本上。

2)问询接待服务程序

(1)查询办公楼相关公司与工作人员的接待服务程序

①接到电话/客人到总台查询某工作人员,可通过办公楼电话网络分布表进行查找。

②查到时,打电话与其联系,说明有人找。征得其同意后,可将电话转接给客人。

③如被访者不在办公楼时,原则上不把电话号码告知查询者,但可问清来访者/来电者是否需要留言。

④一时找不到被访者,绝不能轻易回绝客人。经过多次查找,如仍找不到被访者,应向询问者表示歉意,并说明已通过多种方式查找,同时请留下电话号码,一旦查找后马上通知询问者,或请询问者留言。

(2)问询接待服务应掌握并备有的查询资料

①本写字楼服务功能、区域的划分及布局。

②本写字楼周边地区的交通、商店、娱乐场所、银行。

③本写字楼的商务活动时间、地点、内容。

④本写字楼电话网络分布情况。

(3)问询服务的注意事项

①接受问询时,应双目平视对方脸部眼鼻三角区,倾听要专心,以示尊重和诚意。

②答复问询时,做到百问不厌、有问必答、用词得当、简洁明了,不能说"也许"、"大概"之类的没有把握或含糊不清的话。

③对于一时回答不了或回答不清的问题,可先向宾客致歉,待查询或请示后再向问询者作答。凡是答应宾客随后再做答复的事,届时一定要守信,绝不可不负责地置之脑后,因为这是一种失礼的行为。

④回答宾客的问题时还要做到语气婉转、口齿清晰、语调柔和、声音大小适中。同时,还要注意在对话时要自动地停下手中的其他工作。在众多宾客问询时要从容不迫地一一作答,不能只顾一位而冷落了他人。

⑤对宾客的合理要求要尽量迅速做出答复,对宾客的过分或无理的要求要能沉住气,婉言拒绝,如可以说"恐怕不行吧"、"可能不会吧"、"很抱歉,我无法满足您的这种要求"、"这件事我需要去同主管商量一下"等,要时时表现出热情、有教养、有风度。

3)报刊、邮件服务程序

①收到信件,立即核对,看姓名是否相吻合。

②收到报刊,立即核对种类、份数是否相吻合。

③按办公区域整理报刊、信件,放入指定地方,由代办员负责分发到相应办公区域。

④若是挂号信、包裹单,必须填写"邮件通知单",办公人员领取时签收。

⑤如有急件,可先打电话通知办公人员,如有要求,可请代办员马上将急件送上楼,并请办公人员在"邮件通知单"上签收。

6.3 楼厅接待服务及运作规范

楼厅接待服务是总台接待服务工作的延伸和补充,其既具备总台接待服务的部分功能,同时也具有本岗位的特性。其主要的接待服务范围包括电梯应接、来访客人的引导与接待、报刊的分发及楼层会务接待工作。另外,为确保良好的办公次序和会务接待工作,拒绝未经总台办理相关手续而进入办公区域的人员。

6.3.1 职责范围

1)楼厅领班的职责

楼厅领班的职责与总台领班的职责类同,在此不再赘述。

2)楼厅服务员的职责

①熟悉写字楼各区区域分布情况、各部门服务内容及电话号码。

②严格按照服务规程做好代客留言、问询接待、报刊分发工作,并准确、及时地办理签收手续。

③严格按照电梯应接服务规程和要求迎送客人,为客人服务。

④维护客梯和岗位周围环境的整洁,发现果皮、纸屑、烟蒂等杂物及时捡掉。

⑤随时注意客梯的运行情况,发现故障和不正常现象,立即报告领班,迅速妥善处理。

6.3.2 楼厅服务作业规程

1)电梯应接服务程序

①站立在电梯处规定的位置,集中思想,注意客人进出及电梯上下的动态,随时准备提供服务。

②当客人向电梯走来时,应先为客人按电梯铃牌,当客人走近身边时,应有礼貌地主动向客人打招呼:"您好,先生/小姐。"

③当电梯下来开门时,要上前一步,用手挡住电梯门,另一只手做请客人进电梯的姿势。

④电梯开门后,如发现电梯与地面不平,要提醒客人注意并说:"小心,请走好。"

⑤客人步入电梯后,在电梯门即将关闭时,服务人员要面对客人微笑鞠躬行礼。

⑥在没有客人进出的情况下,在规定的位置上注视所有电梯的上下指示灯。发现有电梯上下来的信号,立刻上前为出电梯的客人挡住电梯门,同时微笑着同客人打招呼:"您好,先生/小姐。"

⑦服务完毕后,回到原站立的位置。

2)礼仪接待操作服务程序(早班/中班)

①上岗前,应先做自我检查,仪表仪容必须端庄、整洁,符合要求。

②上岗后,站立在规定的岗位,站姿端正,精神饱满,微笑自然,时刻做好接待客人的准备。

③查阅交班本,了解上一班工作情况、交班事项,并在交班本上签名确认。

④接到总台通知,有客人进入本楼层时,及时联系被访人,做好接待准备。

⑤当客人进入本楼厅时,应主动招呼问好,引导客人进入接待区域。为宾客引路时,应走在宾客的左前方,距离保持2~3步,随着客人的步伐轻松前进。遇拐弯或台阶处,要回头向客人示意"请当心"。引领客人时,应用"请跟我来"、"这边请"、"里边请"等礼貌语言。

⑥当发现客人未经总台办理相应手续,应请其回到服务台办理手续;如客人不听劝告,可与领班和保安联系,妥善处理。

⑦为宾客送行时,应在宾客的后方,距离约半步,向客人微笑道别:"先生/小姐,谢谢您光临,再见。"

⑧当班过程中,如有重要通知或有待解决的问题,必须记录在交接班本上。

⑨打扫本岗位范围内的环境,台面物品堆放整齐。

6.4　会务接待服务及运作规范

写字楼往往是一幢多功能综合商务楼,其中也包括各类会议室的接待服务工作,既是办公地点,同时也是各部门召开重要会议和接待来访团体的重要场所。因此,会务接待服务工作是写字楼的一项重要服务内容,是对外形象的充分体现。要引用星级服务的标准,运用科学手段及管理方法,提供优质、规范的会务接待服务工作。

6.4.1 职责范围

1) 会务组领班的职责

①负责会务工作安排以及会议室内设备设施、环境的管理、控制工作,保证在规定的时间内有岗、有人、有服务。

②负责会务接待服务质量的检查,督促员工严格按作业规程及质量要求实行规范服务。

③解决工作中出现的问题,处理工作差错和事故。

④负责各类会务工作报表的收集、存档及管理工作。

⑤与其他各管区之间协调、沟通、密切合作。

⑥对员工进行考勤和考核,做好员工思想工作,抓好文明班组建设。

2) 会务组服务员的职责

①熟悉写字楼各区域分布情况、各部门服务内容及电话号码。

②严格按照服务规范做好会务前、会务期间及会务结束后的服务工作,提供优质规范的服务。

③须虚心接受、详细记录客人投诉,及时报领班或经理处理。

④回答客人的询问,要注意态度、礼貌、语调。

⑤保持会议室环境整洁,会务用品完好齐全。

6.4.2 各种大型会议接待服务规格要求

1) 贸易洽谈会

贸易洽谈会一般要进行展品陈列,陈列工作由承办单位负责,但安保部门要保证展品的安全。根据要求,要准备若干小型会议室,供洽谈业务。洽谈期间,将要举行多次招待会或宴请,因此必须按各国不同的风俗习惯,做好接待和服务工作。

2) 高级会议

高级会议气氛庄严、隆重,会场布置长会议桌或环形会议桌,桌上铺设呢毯,再在呢毯上铺会议桌台布,座椅用扶手椅,要与参加会谈的人数相等。高规格的会谈,要在会议桌中央安放会谈两国国旗,东道国国旗在左。凡属保密会谈,应按接待部门的规定,严格遵守进入会场的时间。参加会谈的服务人员,必须严守国家机密。

3) 签字仪式

接待单位选定的多功能厅经全面清扫后,在厅的中央部位安放一长条形签字台,要求签字台背面邻近墙上最好有幅大型巨画。签字台铺设优质台布,桌上放两国的国旗和两套签字用文具,另备一个吸干墨水器,并在相应地方安放两把座椅。在距离座椅约 1 m 处,放置一排高低层踏脚板,以便签字双方人员站立合影。应事先按要求准备好祝贺用的香槟酒和香槟杯,供双方签字后交换文本时,举杯共贺。

4) 新闻发布会

在举办单位选定的多功能厅内,在面对入口处的中央部位,放一长条会议台。会议台长短根据举办单位出席的代表人数而定,会议台背后墙面拉条横幅或在墙上做新闻发布会装饰。根据出席会议的新闻记者人数,面对会议台排列若干椅子。做好新闻发布会的布置工作。

5) 茶话会

茶话会多设圆桌、椅子,自由入座,不排席位。供应茶水、点心、水果,不备菜肴和酒类,供客人边吃边谈。要随时观察客人对饮料的需求量,一般半小时添加一次,全过程添加 2~3 次就差不多了。

6) 国际会议

国际会议的接待条件,除了高星级的客房、商务中心、康乐、客车等设施外,还应具备同声翻译设备的大会场和相邻的若干小型会议室。国际会议在上午、下午会议期间要求供应茶点,应做好充分准备。国际会议还经常在晚餐前举行鸡尾酒会,便于与会代表交谈商榷,一般时间应掌握在三刻钟左右。

6.4.3　会务用品质量要求

(1)茶杯　须经过消毒,消毒时间不少于 20 min;茶杯、杯盖无黄斑、无缺口;茶杯无水迹且光亮。

(2)考克杯　不得有破损和缺口,杯子清洁、光亮、透明,无指印,并列放在杯垫上。

(3)矿泉水　矿泉水瓶无灰尘,密封完好,瓶内无沉淀物,并在保质期内。

(4)小毛巾　无斑点和异味,须经过消毒,时间掌握在 20 min 左右。重要会议一律用新的小毛巾。冬季毛巾必须保暖。

(5)毛巾的竹篓　不得有破损,每次使用结束后,须用热水浸泡,晒干后保存,以备再次使用。

(6)签到台　台布无污迹,无破损。

(7)鲜花　新鲜,无枯枝、败叶。

(8)热水瓶　表面清洁光亮,无水迹,水温控制在 90 ℃以上。

(9)挂衣架　清洁完好,无损坏,无缺少。

6.4.4　会务服务作业规程

1)会务组接待服务规程(早班/中班)

①上岗前,应先做自我检查,仪表仪容必须端庄、整洁,符合要求。

②上岗后,站立在规定的岗位,站姿端正,精神饱满,微笑自然,时刻做好接待客人的准备。

③查阅交接班本,了解上一班工作情况、交班事项,并在交班本上签名确认。

2)会务前期准备服务规程

①根据会务通知单,领班安排接待服务人员布置会场并做好清洁工作。

②提前1 h对会议室进行全面检查。

③调节空调调温器,冬季室内温度控制在18 ℃(±2 ℃),夏季室内温度控制在22 ℃(±2 ℃),并在会前30 min左右喷洒适量空气清新剂,保持室内空气清新。

④开启会议室照明,检查是否有故障,确保亮灯率为100%。

⑤准备会务用品,如茶杯、茶叶、毛巾、矿泉水、签到台等。

⑥将准备好的茶叶、茶杯、毛巾、矿泉水、考克杯按规定程序摆放在会议桌上,热水瓶摆放在操作台上,保证客人到达后,即能提供各项服务。

⑦会议开始前20 min,服务员须在会议室门口立岗迎候参加会议的客人到达。服务员立岗须做到精神饱满,仪表、仪容端庄大方且面带微笑。

⑧迎客人入座时,要求面带微笑,用语礼貌,举止大方,手、语并用。

⑨冬季,对进入会场的客人脱下的衣帽,服务员及时伸手去接,并挂至衣帽架上。

⑩提供茶水服务的顺序是先主宾后主人,然后按顺时针方向提供服务。在客人较多的情况下,2人或多人同时服务时,分正反2个方向,但不可将主人放在最后。添加茶水时,倒至七分满,并注意客人的动态,以免发生碰撞。服务过程中,须忙而不乱,快而稳地将茶水送到客人面前。摆放茶杯时,声音要轻,茶杯须放在宾客的右手位置,同时杯柄朝后45 ℃,并说:"请用茶,先生/小姐。"如需用矿泉水,必须先开瓶盖,再掀开考克杯,倒入矿泉水时,矿泉水瓶不得与杯口接触,倒至八分满即可。

3)会议期间服务规程

①会议开始后,在会议室门口挂上"请勿打扰"牌子。

②服务员一般不得随意进入会议室,确有紧急事项,服务员可用纸条传递信息。

③送茶水等物品时,应对客人说:"请用茶。"每隔20 min加茶水。

④会议结束时,服务员应立即开启会议室门并在门口立岗送客,面带微笑说:"再见,欢迎再来。"

⑤将衣帽架上的衣、帽送还客人,注意不可出错。检查会议室是否有客人遗忘的

物品,如有发现应立即交还客人或交服务领班处理。

4)会务结束后的服务规程

①检查会议室内是否有电器设备损坏,发现损坏及时通知设备部进行修复。

②清理会议桌上的资料、茶杯、毛巾、矿泉水等物品,并送到储水间进行清洗消毒。

③抹净会议桌上的水迹。

④布置会议室,桌椅摆放整齐,恢复原样。

⑤关闭所有的照明,空调调节器可微略下降,以备下次会议使用。

⑥关闭会议室门。

6.5 VIP接待服务及运作规范

VIP,境外指著名企业财团、外国行政官员,包括总统级的洽谈投资项目与来访;境内指各省、市著名大企业,省、市、区领导洽谈投资项目与参观学习,也包括中央级领导的亲临现场调研指导工作等。这些团队均可纳入VIP级的接待服务范畴,是接待服务类别中规格最高、标准最高的接待服务,有一套较规范的接待服务规程。要做好这类接待服务,主要抓好如下几个环节:大门应接服务;电梯应接服务;VIP接待厅引导及道别;同时也应考虑接待服务人员的整体素质、会务用具等,均须具备一定的标准与要求。

6.5.1 职责范围

1)VIP接待服务领班的职责

VIP接待服务领班的职责与总台领班的职责大同小异,在此不再赘述。

2)VIP接待服务员的职责

①熟悉写字楼各区域分布情况、各部门服务内容及电话号码。

②严格按服务规程做好VIP的引导接待服务。

③须虚心接受、详细记录客人投诉,及时报领班或经理处理。

6.5.2 VIP服务作业规程

VIP服务作业规程与会务服务作业规程基本相同。但由于VIP是接待服务类别中规格最高、标准最高的接待服务,因此,其服务具有特殊要求。

1) 接待 VIP 的准备工作

①VIP 房的分配力求选择方位、视野、景致、环境、房间保养等方面处于最佳状态的房间。

②部门经理亲临现场,参与整个服务过程。提前 1 h 对 VIP 接待区域进行全面检查,确保接待区域状态正常无误,礼品发送要准确无误。

③准确掌握当日预抵的 VIP 姓名。

④VIP 到达前 20 min,服务员须在 VIP 接待厅/会议室门口迎候。服务员应站姿端正,精神饱满,微笑自然,时刻做好接待准备。

⑤VIP 到达,由服务员领座,要求准确、及时,面带微笑,用语礼貌,举止大方,手、语并用。

⑥当 VIP 离开时,应预先站在出口处,看见 VIP 应弯身迎送,并面带微笑地说:"欢迎再次光临,请走好。"

2) 信息储存

①复核有关 VIP 资料的正确性并输入计算机。

②在计算机中注明 VIP 以提示其他部门或人员注意。

6.6 话务接待服务及运作规范

话务接待服务是指写字楼内部电话网络的转接和外部电话双向网络的转接,起到了电话通信联络的桥梁作用。虽然现在写字楼绝大部分已配置了自动交换机,有自动接电话的功能,但话务接待服务仍不能少。从实际操作情况汇总,话务服务还有一定的分量。随着各方面对外市场业务的不断开拓与发展,人们采用最快捷、最简单的联络方式还是通过话务接待服务来进行的。另外,话务接待服务是"一扇对外的窗口",体现了一栋写字楼的服务形象。从某种意义上说,也可以从话务服务来衡量整体服务质量的优劣。

6.6.1 职责范围

1) 话务领班的职责

①负责电话机房和话务服务的管理,向部门经理负责,并汇报工作。

②负责话务员的业务培训、工作安排和考勤、考核,指导话务员严格按服务工作规程热情、礼貌、迅速、准确地为客人服务。

③负责沟通与各管区的联系,广泛听取客人和各部门的意见,及时研究和解决工

作中的问题,不断改进工作。

④负责机房财产、设备的使用管理,教育和督导员工爱护财产、设备,做好清洁保养工作,发生故障及时报修,确保机件运行正常。

⑤负责电话总机房的安全工作,严格执行消防安全和保卫保密工作,保证安全。

⑥负责执行交班规定,保证电话服务工作不间断进行。

⑦了解话务员的生活和思想情况,主动、积极地做好思想工作,抓好文明班组建设。

2) 话务员的职责

①在领班的领导下,严格按照服务作业规程为客人提供优质服务。

②坚守工作岗位,礼貌、正确、热情地接每一个电话。

③认真、仔细、准确地为顾客提供留言服务。

④严格执行安全保密制度,保守通讯机密。

⑤熟悉国际、国内各大城市和地区的电话编码,熟悉本城市急救、急修、火警及涉外单位的通讯电话号码,及时满足客人查询。

⑥掌握办公楼各领导的姓名,熟悉办公楼各部门的电话号码,随时提供各种查询服务。

⑦保持机房的整洁,维护设备完好,做好日常清洁卫生和保养工作。

⑧做好值班记录,遵守交班制度。

6.6.2　话务服务质量要求

①仪容端庄,仪表整洁,合乎《员工守则》的要求。

②在设岗的岗位上,保持有岗、有人、有服务。工作程序完善,接待服务规范。

③转接电话振铃或灯亮不超过3次,转接准确无误。

④中外宾客一视同仁,转接时对国内宾客使用普通话,对外宾使用外语,会话达到较熟练地使用本专业服务用语的水平。

⑤转接每次电话都正确使用礼貌用语,并主动报办公楼名,做到态度和蔼、语音清晰、语气柔和。

⑥遇到忙音或无人接听时,及时向客人解释和答复,请客人等候的时间每次不超过45 s。

⑦熟记办公楼内部和本市常用电话以及急修、急救电话的号码,应答迅速、准确。

⑧对客人问询查号,应耐心、热情,按规范作业,确保无差错。

⑨办理代客留言服务细心周到,按留言处理程序操作,无差错。

⑩交换机和机房设备设施完好,如发生故障,及时报修。

⑪机房有专人维修保养,并有检查保养记录。

⑫机房内有灭火装置,并完好有效,话务员都应熟悉使用方法。

⑬机房有应急照明灯、手电筒等器具,以备应急时使用。

⑭机房内环境整洁,话务台不放茶具和潮湿、油腻物品。

⑮确保客人通讯安全,严禁窃听他人电话,严格遵守"机房重地,闲人莫入"的规定,禁止在机房内会客。

⑯交接班工作清楚,有交接记录。

6.6.3　话务员服务作业规程

1)话务员岗位工作规程(早班/中班)

①上岗前,应先做自我检查,仪表、仪容必须端庄,符合要求。

②查阅交班本并签名。

③检查机房设备设施完好状况,并进行环境清洁工作。

④处理正常话务工作,掌握客人留言服务落实情况。

⑤处理上一班尚未完成的工作。

⑥安排轮流用午餐。

⑦将需交班的内容记录在交班本上。

2)市内进线处理程序

①当市内电话进线灯亮时,应答:"Good morning/afternoon,×× building, May I help you?"

②根据客人的要求,准确无误地接通电话。

③遇到无人接话时,应说:"对不起,电话没人接,请问要留言吗?"

④遇到电话忙时,应及时说:"对不起,电话占线,请稍等。"然后同时按30 s的保持键,预占信号反馈时,应再说一遍:"对不起,电话占线,请稍等。"

⑤遇到客人打错电话时,应说"对不起,您打错了",并马上释放取消键。

⑥遇到查询市内电话号码时,应及时告知;如不清楚,可请其打"114"查询。

3)内线电话处理程序

①当内线灯亮时,应说:"Good morning/afternoon, speaking."

②根据客人要求,准确无误地接通电话。

③遇到无人接话时,应说:"对不起,电话没人接。"

④遇到电话忙时,应及时说:"对不起,电话占线,请稍等";或者告诉对方分机号码,请他过一会儿再打。

⑤遇到内线查询电话号码时,要立即给予答复;如不清楚,也应热情地帮助查找,尽量满足要求。

6.7 业主投诉的处理

物业服务公司要为业主提供安全、舒适、和谐的工作和生活环境,要与业主交流和保持沟通,这是一项重要的日常工作。通过业主投诉接待这个"窗口",倾听业主的建议和意见,能不断改善管理,提高服务质量。

6.7.1 业主投诉的处理程序

(1)听清楚 在接待业主投诉时,应耐心听完,听清业主投诉的内容,不得打断业主说话,更不能急于表态。

(2)问清楚 待业主讲完后,要进一步问清有关情况。切忌与业主正面辩驳,应客观、冷静地引导业主叙述清楚实际情况。

(3)跟清楚 受理业主投诉要一跟到底,直到问题得到解决并回复业主为止。对不能解决的投诉,应婉转地向业主讲清楚,并确定下次回复的时间。

(4)复清楚 对业主的投诉在充分了解有关情况后,应及时把处理的过程及结果清楚地回复业主,以表明业主的投诉已得到足够的重视和妥善的解决。

(5)记清楚 处理业主投诉后,应把投诉的事项、处理过程及结果清楚地记录于业主意见受理表内,由业主加盖意见后收回存档。

(6)报告 重大投诉,必须马上报告部门主管或公司领导。

6.7.2 各类业主投诉的处理原则

1)一般性投诉

当接到一般性投诉时,将情况记录在业主意见受理表后,向有关职能部门反映,并立即将情况回复业主。

通过接待处理的一般性投诉有:

①大厦内装修噪声滋扰他人办公。

②茶水间、厕所等公共设施使用出现故障和问题。

③用户室内电器故障及各类设施需要维修。

④用户邮件、报纸遗失或迟收。

⑤大厦公共区域环境清洁卫生及园木花卉问题。

⑥大厦鼠虫害防治问题。

⑦涉及物业服务公司所提供的各类服务的问题。

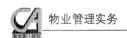

2) 重大投诉

遇到重大投诉,超出部门处理权限,须将投诉事项移交公司领导处理,向投诉业主解释原因,并确定回复时间。

3) 书面投诉

对业主的书面投诉,要在公司收文登记簿上登记后报呈公司领导,按投诉性质一般以书面回复业主。

4) 投诉汇总

每月对投诉进行一次汇总,记录在业主意见受理表上,并根据业主投诉情况,进行业主回访。

6.7.3 投诉的回访

①物业服务公司管理部负责业主回访工作。

②管理部根据业主投诉内容每月定期回访业主,必要时可会同工程、安保、清洁等部门主管一起回访业主。

③管理部按照回访业主记录表的内容,按业主投诉的程度进行适当回访,回访时间按业主投诉内容具体确定。

④回访期间发现业主不满意之处,必须及时解决,一时无法解决的应向业主解释原因,并确定下次回访时间,安排人员整改。

⑤将回访内容记录在业主意见处理记录表上,交部门经理审阅。部门经理将每月统计回访结果记录在回访业主月统计表上,并提交公司领导作为改进工作的依据。

案例分析

上海××大厦礼仪接待操作实例

接待人员规范上岗条例:

全体礼仪接待人员必须明确:上海××大厦物业管理的礼仪服务,不同于社会上一般单位的礼仪服务,创一流的服务要高起点、高水准、高品位。因此,在服务管理上要体现"三严",即严格管理、严格要求、严格纪律,树立礼仪接待人员的良好服务形象,为××大厦物业管理增添光彩。

(1)礼仪接待宗旨:贵宾至上,服务第一;工作核心:固定岗位,流动服务,主动补位,通力合作;工作标准:表里如一。

(2)礼仪接待实行三级责任制,即接待员对接待主管负责,接待主管对办公室主任负责,办公室主任对管理部主任负责。工作中要互相合作,严于律己,正确处理当班所发生的各类事宜,并做好记录与报告。

(3)礼仪接待工作实行日班制。为了落实临时性接待任务,周六、周日也安排人员到岗。

(4)礼仪接待人员应听从办公室的统一安排,严格遵守岗位职责,站如松,面带微笑,彬彬有礼;坐如钟,微笑服务,有问必答。

(5)仪表、仪容必须做到:

①上岗前应适当化妆、修饰,按规定着装,仪表、仪容端庄、整洁,精神饱满,真诚微笑。站立时,两脚合拢,双手交叉在前。

②发型应统一、规范,修剪指甲,上班时必须摘除项链、戒指等饰物。

③在规定场合应站立服务,对使用人和宾客要主动热情、和蔼可亲。

(6)礼仪接待人员应坚持文明用语,做到无投诉、无违纪、无责任事故。

(7)礼仪接待人员在工作中要一丝不苟,认真负责,既要坚持原则,又要掌握灵活运用,做到外松内紧、有理有礼。

(8)礼仪接待人员应自觉遵守大厦各项规章制度与《员工手册》,做到领导在与不在一个样,有无活动一个样。

(9)员工间应提倡互相友爱,通力合作,坦诚相见,一切以工作为重。有利于物业管理工作的话与事,多说多做;不利于物业管理的话与事,不说不做。

用语条例:

(1)当客人进来时说:"您好! 欢迎光临上海××大厦!"

(2)对第一次来××大厦的客人,应问:"先生(小姐),我能为您提供什么服务?"或问"请问有什么事吗"、"我能为您做什么"。

(3)接受客人吩咐时说:"好! 明白了"、"好! 知道了"、"好! 听清楚了"。若未听清,要说:"对不起,请您再说一遍。"

(4)对待不能立即接待的客人,应说:"对不起,请您稍候";或说:"对不起,请您稍等一下"。

(5)对稍等的客人要说:"对不起,让您久等了。"

(6)接待失误或给客人添加麻烦时说:"对不起,刚才疏忽了,给您添麻烦了。"

(7)当客人离开时,应说:"谢谢光临,欢迎下次再来,请走好(或再见)。"

分析讨论:

(1)对上海××大厦的礼仪接待操作条例做简单的评价。

(2)随着时代的进步和发展,接待礼仪的形式和内容也有了一定的变化,不少组织根据民族和地方特色,有了新的接待礼仪。这样做对你今后从事这方面的工作有什么启发?

本章小结

物业接待服务是物业服务人员与业主直接接触的部门,人员素质、专业水准、应对能力都直接对服务质量产生很大影响。而接待服务质量对物业服务的顾客满意度影响极大。

接待服务在不同的环节,如总台、楼厅服务、VIP 服务及话务服务等方面,有不同的礼仪规范和服务程序,这是标准的接待服务的内容要求。而针对不同顾客的个性化服务,对业主的投诉和异议处理,则显示服务人员处理问题的能力和专业经验。

习 题

1. 什么是物业管理的接待服务?其服务的宗旨是什么?
2. 接待服务对服务人员的素质有哪些要求?
3. 如何理解接待服务礼仪的原则?
4. 什么是 VIP?VIP 服务作业规程是怎样的?
5. 在小区物业管理中应该有什么样的礼仪接待操作程序?

第**7**章
应急服务

【本章导读】

　　物业常规管理工作和突发事件的处理是同时存在的两种物业服务状态。即使严密的规章制度和严格的管理可以保证物业服务企业不出现与工作标准不相吻合的状态，但服务对象和客观环境仍然充满各种不确定因素，使突发事件的出现在所难免。

　　本章通过对物业服务突发事件处理的原则性规定和工作流程学习，希望学习者能够了解物业服务中常见的突发事件种类和处理基本流程，为在工作中正确应对突发事件打下良好的基础。

　　物业管理过程中随时会遇到火警、停水、停电、电梯故障、水浸和治安事故等突发事件，件件都关系到业主生命与财产的安全和每个人的家庭幸福。事件的突发性和紧急性要求物业管理人员及时、准确地应对，把业主的损失降低到最低限度。若没有一个好的应急预案，就很难在关键时刻从容应对。物业服务公司面对紧急状况所采取的应对措施对广大业主而言实质上是一种十分重要的保护，它尽可能避免突发事件给业主带来的危害。为确保及时、有效地解决问题，物业服务公司不但要备有各种应急处理预案，还要提前培养、造就有应急服务技能的队伍，并能够对事件的起因和变异都做调查分析，以不断丰富应急处理预案，确保为业主提供更满意的应急服务。这种把充分准备做在事发前的服务，无疑是高水平、高质量的物业服务。

7.1　应急服务概述

　　在意外事故或突发事件发生时，如果有专门部门能够以专业知识技能和训练有素的快速处置能力尽快处理问题，可以将损害和不良影响降低到最低限度。物业管理工作持续期间长，涉及领域多，突发事件和意外事故的出现在所难免。为了提供高质量的物业服务，拓宽物业管理的工作领域，物业管理者有必要掌握应急服务知识，

学习应急服务必备技能,以提供优质高效的管理和服务。

7.1.1　应急服务的含义及分类

物业管理的应急服务是指物业服务公司在受托管理服务的物业区城内,面对突发的紧急状况,为维护广大用户的利益而采取的应对措施。应急服务的宗旨是:保护生命第一,保护财产第二。

物业管理行业常见的应急服务主要有以下几类:

1)火警事故应急服务

在物业管理区域内发生着火等异常情况时,物业服务公司在能力所及的范围内,应为业主提供应急服务。如发出火灾警报,呼叫 119 或 120,疏散业户,协助消防灭火,协助抢救伤员,协助处理善后事宜,恢复电路系统和设施设备的正常运行等。

2)停电、停水应急服务

在物业管理区域内发生停电、停水等突发事件时,物业服务公司应为用户提供应急、有效的处理服务。如向用户提供备用电源、备用水,立即与有关部门联系,查清原因,排除故障,在最短的时间内恢复供电、供水。

3)水浸事故应急服务

在物业管理区域内,因暴雨或自来水管爆裂、下水道堵塞、水箱阀门失控等情况,常常会造成大量的水浸入楼道、厅堂、居室、车库、电梯井、设备机房等处的紧急状况,物业服务公司应立即设法关闭阀门,排除积水,保护设施设备,进行善后处理等工作。

4)电梯困人应急处理服务

在物业管理区域内,因电梯故障或停电而造成电梯困人等突发事件时,物业服务公司应提供相应的应急处理服务。比如在第一时间内到现场安抚被困人员,通知并协助专业人员解救被困者,妥善安排业主上下交通事宜等。

5)治安事件应急处理服务

在物业管理区域内发生斗殴打架、偷、抢、放火等危害社会治安的突发事件时,物业服务公司本着维护业主利益的宗旨,采取及时果断的应对措施,包括及时留存证据,保护现场,报告公安部门,协助维护物业区域的安全,处置社会不良行为等。

6)其他突发事件应急处理服务

在物业管理区域内发生除上述分类以外的突发性事件和异常情况的应急处理,包括:急症病人的送医,醉酒闹事或精神病人的应急处理,煤气、天然气泄漏应急处理,高空坠物应急处理,噪声骚扰应急处理和防盗报警系统误报、误操作的应急处理等。

7.1.2　应急服务的特点

应急服务是物业管理的一项重要工作,如何做好大有学问。在应急服务的 3 个阶段:防范、处理和总结过程中,体现出应急服务具有不确定性、应急性和预见性 3 大特征。

1)事件发生的不确定性

在物业管理过程中,在正常的生产、生活秩序之外,还存在因各种自然因素和人为因素引起的停电、停水、电梯困人、火警事故、治安事件、水浸事件等意外事故。这些事故发生的时间、地点、规模等均不具规律性,基本无法提前确定,往往使管理者始料不及而束手无策。这说明物业服务企业平时加强设备保养、治安防范工作以及提高应变能力的重要性。

2)处理的应急性

一旦发生了紧急事件,如何及时应变、准确处理是摆在管理者面前的一项重要课题。因此,管理者有必要提前做好处理预案,进行各种专业岗位技能的培训,经常开展处理突发事件的集中演练,不断提高员工对各种意外情况的应变处置能力。这样才能做到事发时临危不乱、镇定自若、判断正确、行动迅速,将人民的生命财产损失减小到最低限度。

3)服务的预见性

物业服务公司按照委托合同负有管理整个物业区域的责任。由于不可预知的意外的存在,专业的物业服务公司对物业服务区域潜在的突发事件应有足够的预见性,为业主着想,急业主所急,积极主动地为业主提供应急处理服务。做到尽可能采取有预见性的服务,以避免突发事件给业主带来的危害。事发前思想上要提高警惕,有充分的思想准备和足够的应变措施,做到预防为主,有备无患。事发后要做好一切善后工作,要认真总结经验,吸取经验教训,避免重蹈覆辙。

7.1.3　应急服务的准备

总的来说,应急服务主要应就以下几个方面进行准备:

1)建立危机管理预警系统

应急服务的重点应放在意外事件发生前的预防,而非意外发生后的处理。为此,建立一套规范、全面的危机管理预警系统是必要的。

①组建企业内部应急服务管理小组。由企业负责人领导,以各部门主管和骨干

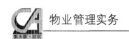

员工为主组成。

②从突发事件的征兆中透视潜在的危机,并引起高度重视,预先制定科学而周密的应急处理预案。

③进行应急服务的模拟训练。定期的模拟训练不仅可以提高应急服务管理小组的快速反应能力,强化应急服务管理意识,还可以检测自己拟定的危机处理应变计划是否充实、可行。

2)应急服务人力储备

①物业管理处下属的各职能部门人员是应急服务的主要人力储备,以经理为核心,包括管理处下属的保洁、保安和维修人员。所以,管理处平时必须对业主服务部、安保部、设备部、保洁部所属人员做统筹安排,调配值班与准值班岗位,保证每天 24 h 随时有人能响应总值班室的应急呼唤。各处值班者接到总值班室通知后,应按指令立即采取相应措施。各有关人员接到通知后应在 5 min 内赶赴现场,不得以任何理由拖延或拒不到位;到现场后应立即投入工作,以保证应急服务的基本人力储备。

②物业管理处还可以组织好业主成立应急服务志愿者队伍,成为应急服务的一支业余的人力储备。应急服务志愿者队伍可以按大厦的层面或按小区的住宅栋为单位,建立多个志愿者小组,每个小组选定一个志愿者小组长,定期组织他们参加针对一定突发事件进行的应急预案的演习,锻炼队伍,积累经验,以保证一旦遭遇突发事件有足够的人力储备。

3)应急服务物料储备

为了保证应急服务过程中能够尽快排除故障和险情,物业管理处必须对应急服务的物料有充分的储备。常用的应急服务物料有:灭火器、排水泵、手电筒、急救药品和各种工具等。应急服务物料必须定期检查,有时效的物料必须定期更换,确保物料的可用性。

应急服务物料必须存放在固定的地点,方便拿取,并标有明显的"应急服务物料专用"字样。平时原则上不准动用,动用后应及时补充,以保持规定的储备量。

7.2　应急服务处理流程

意外突发事件如果处理不好,将给业主造成较大的经济损失,并带来不良心理影响。物业服务公司应本着为业主利益着想的原则,及时妥善解决和处理所遭遇的问题,使业主尽可能不受影响,将生命财产损失降到最低限度,保证业主生活、生产活动的正常进行。

7.2.1　应急服务网络

应急服务网络是确保信息通畅和行动指令得以贯彻的前提,是向业主提供应急服务的核心和保证。它通常由两部分组成:应急服务组织网络和应急服务通讯网络。对应急服务的基本要求是建立健全应急通讯网络和应急处理网络,遇到突发紧急状况迅速通报情况,及时解决问题。

1)应急服务组织网络

应急服务组织网络以物业管理处经理为首,由下属各职能部门全体成员组成。有条件的小区连同业委会、居委会一起成立应急服务组织网络。由物业管理处经理指挥安保、维修、保洁和客服等职能部门,由各职能部门主管安排到各专职人员。在中层缺员或紧急情况下,物业管理处经理可直接指挥各职能部门的各专业人员,以及时、有效地为业主提供应急服务。

2)应急服务通讯网络

管理处进入"应急"状态后,各有关部门要立即调度人员集中待命,随时听候召唤,投入服务。这就需要有一个严密、有序和有效的应急服务通讯网络,使相应的专职人员及时到现场。

总值班室在处理突发事件过程中,须按程序传递信息,分级找人(以电话为工具通知、传呼),当某一级无人响应时应立即通知、传呼其上一级,直至总经理。在需联络、通知人员较多的情况下,可通过电话总机值班人员打电话找人。应急服务通知顺序如表7.1所示。

表 7.1　应急服务通知顺序表

突发事件类型	通知顺序和联络电话
火　警	管理处经理、119、安保部主任、设备部主任、保洁部主任、相关领导、业委会、居委会
重大治安事件	管理处经理、110(或辖区派出所)、安保部主任、居委会、业委会
电梯困人	管理处经埋、保修单位、电梯值班室、电梯工程师、电梯工
供配电故障	管理处经理、供电局、电工值班室、强电工程师、电工
给排水故障	管理处经理、市政或自来水公司、管道值班室、工程师、管道工
空调故障	管理处经理、空调保修单位、空调值班室、空调工程师、空调工
煤气泄漏	管理处经理、煤气公司、总调度值班室、管道工

7.2.2　应急预案基本程序

(1)迅速通报情况　一旦发现有突发事件或其征兆产生,当事人或知情人须立即向总值班室报告;总值班室接到报告后立即对事件的轻重缓急、涉及的部门人员等做出迅速准确的判断,尽快通知有关人员进行处理。

（2）及时解决问题　各部门相关人员接到通知后应按指令立即采取相应措施,到现场后应按指定岗位投入工作。应急服务的预定责任人应立即按照应急处理预案组织实施,确保及时有效地解决问题。

（3）做好现场治安和保护工作　及时利用广播或走访等形式安抚业主情绪。如有被困人员应按计划解救,避免慌乱造成伤亡。

（4）集中现有全部资源　突发事件的应急服务由经理负责统一指挥,如经理不在,由安保部主管负责统一指挥。指挥者有权调动公司一切现有的资源,全权处置应急服务工作。如有失误,可总结经验教训供今后借鉴。

（5）尽快恢复原有秩序　任何意外事故的发生,都会对人们正常的生产、生活秩序造成一定程度的破坏。物业服务公司的首要工作是意外发生后,尽快将事发现场清理恢复至原状,尽早恢复供水、供电、供气等,把事件影响降低到最小限度。

（6）突发事件的事后总结　包括起因调查分析、应急过程记录、经验总结,并由管理处报公司领导并通报给相关人员吸取教训。

突发事件应急处理流程如图7.1所示。

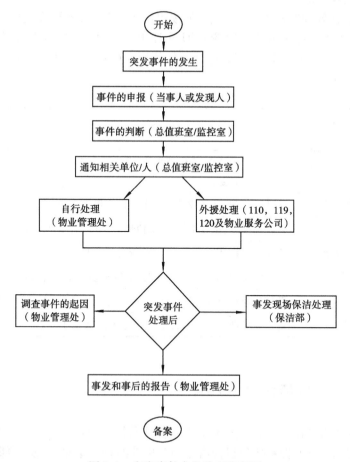

图7.1　突发事件应急处理流程图

7.3　应急处理预案

在物业管理日常工作中,难免遇到意外的突发事故。对这些随时可能发生的紧急事故,物管公司必须提前设计制订一整套的方法和策略,做好应对和预防。这些应对方法和策略,就是应急处理预案。员工对预案程序要领的熟练掌握再加上业主和用户的合作,当发生紧急事件或事故时,物业服务公司才能以有条不紊的应付方法代替恐慌。即使遇到从未预计和准备的紧急情况,也可以有一套基本的程序可以协助管理人员做出处理决定。这样就能够尽量减低业主、用户以及物业服务公司的人员和财产可能受到的伤害和损失。当然,应急服务预案是静态的、被动的,而突发事件是动态的,这就要求物业服务公司和员工根据突发事件的性质、结果进行不断的修正,以达到预期的目的。

7.3.1　火警事故应急预案

预防为主、防消结合是消防工作一贯的方针。就是要预防一切隐患,对每一起火灾,只有把它消灭在萌芽状态,才能使物业远离火灾,并将其造成的损失降至最低。这些都得依靠物业管理人员全面、细致地制订防火应急方案。火警事故应急预案一般包括以下内容:

①当消防监控中心监控设备发出火警信号时,值班人员应立即通知保安巡逻人员前往火灾现场查看。如火警误报,应通知设备中心查清原因,解决问题。当值班人员发现火灾时,应立即用对讲机或电话向消防监控中心或管理处值班室报警,也可启动手动报警器。

②一旦火灾被确认后,消防中心启动报警设施,立即详尽地了解火灾性质及燃烧物质等情况,通知相关人员到场施救;启动相应区域楼层的灭火系统设备投入工作,立即通知变配电室关闭相应楼层总电源,通知关闭大厦通风系统(有中央空调系统的)。

③火警情况严重,消防监控中心值班人员迅速拨通 119 火警电话,讲明火灾单位的地点、火势大小、电话号码、燃烧物性质,做好火警过程记录。消防监控中心应及时指派专人到交通路口引导消防救援车辆及人员进入到火灾现场扑救。

④监控值班人员与临时灭火指挥部应及时将相应着火楼层消防广播开启,通知非工作人员迅速撤离火灾现场,按安全出口通道疏散到安全地方或避难层,并及时派出疏散引导人员进入火灾现场组织疏散,及时报告现场情况,确保无人员滞留。保安员、义务消防员、管理处员工将着火地点的主要财物搬运、疏散到安全地方,并做好安全防范。

⑤火源初起时,应迅速用灭火器以安全方法将初火扑灭。火势凶猛时,扑救人员应戴好防毒面具,穿好消防服,听从指挥,按火灾扑救预案进行扑救。立即击碎消防

喷淋头的玻璃堵塞头,使其喷水灭火;击碎着火层任一手动报警玻璃,启动本楼层排烟阀系统工作;需用消火栓灭火时,将消火栓箱打开或击碎玻璃,拉出消防水带,接上带卡,拿稳水枪喷头后,方可打开阀门射水;远程启动消防加压泵加压,以确保水柱压力。

⑥火灾扑灭后,物业管理处应组织人员保护好现场,协助消防监督机构查明火灾原因,核实或清查火灾损失情况。

火警应急预案中各部门的分工及责任如表7.2所示。

表7.2　火警应急预案的部门分工

设备部	关闭电源、煤气总阀,保障泵房供电,确保应急指示照明有效;确认电梯内无人后,将电梯落入安全区域;关闭防火分区的防火门;手动开启消防、喷淋泵,满足着火层以上各层的消防用水量;铺设水带,做好灭火准备
保洁绿化部	疏散人群,抢救财物,维护秩序,防止坏人趁火打劫,协助救火,事后清扫现场
业户服务部	接听电话,保持联络,协助查明火灾起因,统计损失,进行善后处理,记录备案,坚守岗位,保护银柜及重要票证
安保部	确认火区附近电源、气源关闭后用消防水龙头灭火;维护现场秩序,劝告无关人员远离现场;引导区内车辆离开小区,疏通救火车通道
管理处主任	召集相关人员组成临时灭火指挥部,确定灭火作战行动措施;召集各专业设备负责人组织、安排业务骨干确保设备正常运行;迅速组织、调动在场的保安员、义务消防员、广大员工到火灾现场扑救
全体员工	听从指挥,坚守各自工作岗位;当消防武警接管消防监控中心指挥作战时,物业管理人员应积极配合,共同做好统一指挥的协调工作

7.3.2　停电停水应急预案

1)停电停水时的工作程序

①若电力公司或者自来水公司预先通知物业暂时停电、停水,应立即将详情和有关文件呈交设备部主管。设备部主管应立即报告管理处经理并准备水电值班人员。

②业主服务部发出有关停电停水的通知,并将停电停水通知预先张贴在明显处。

③确保物业的备用发电机组保持在良好待用状态,可在应急情况下随时开启。管理处必须随时准备手电筒和其他照明物品,以便晚间突然停电时使用。

④当供电、供水恢复时,设备领班必须与水电工检查所有水闸、水泵、配电开关的正常运行情况,如有损坏,须立即报告主管,安排修理。

⑤安保部加强停电、停水期间物业区域的保安工作,防止偷盗和抢掠。

⑥事后将停水、停电突发事件详情记录于物业日常管理记录簿内。

2) 停水事故应急处理

停水事故发生后,及时查明原因。管理处主任到现场指挥,并联系有关部门;水工组长和水工到现场抢修;管理处副主任在办公室协调、组织联络和准备抢修所需材料、设备。

①如属水管爆裂事件,应立即关闭事故段的所有阀门以减少损失,及时组织人员抢修,并立即通知用水受影响的业主,安抚受到水浸影响的业主。

②如属水源被投毒或污染类事件,应立即关闭所有水阀,停止供水;立即报告管理处经理,联系公安部门和卫生、防疫部门,组织人员抢救中毒人员;及时查找毒源或污染源,采取有效措施,直到水源清洁无害后恢复供水。

③如属缺水情况,一般在查明原因后,立即抢修,恢复供水。

3) 停电事故应急处理

事故发生后,及时查明原因。中心主任到现场指挥,并联系有关部门;电工组长和电工到现场抢修;副主任在办公室协调、组织抢修所需材料、设备。

①如属突然停电类事件,应立即查明是物业区域内的原因还是外部原因。如属外部原因停电,立即与供电部门联系,问明情况,所有电工在各配电房待命,并检查用电设施、线路情况。如属内部原因停电,组织电工检查相关线路和用电设施,及时抢修。

②如属用电事故类,应先切断事故现场电源,检查事故原因,及时抢救人员和抢修,待确保安全后恢复供电。如因用电引起火灾,先拉电源总闸,并报火警,同时组织力量灭火。

③安保部立即会同工程部派人分头前往各楼检查电梯运行情况,发现电梯关人立即按照电梯困人应急预案施救。

④管理处立即将停电情况通知业主和用户,并在主要出入口发布停电通告,必要时启用紧急广播系统通知业主和用户保持冷静,做好防范。

⑤若突发停电时正值晚上商场营业,安保部应协助商场维持好秩序,指导商户启用应急照明灯、备用蜡烛等照明,疏散顾客,并要注意防火,防止发生火灾。

⑥安排员工到小区各主要出入口、电梯厅维持秩序,保安加强安保措施,严防有人制造混乱,浑水摸鱼。

⑦办公室和值班室要耐心接待住户和商户的询问,做好解释工作,防止与住户、商户发生冲突。

⑧详细记录停电事故的始末时间、发生原因、应对措施以及造成的损失。

7.3.3　水浸事故应急预案

物业管理过程中,可能遇到因暴雨、爆管、下水道堵塞等情况引起的水势蔓延,影响建筑正常状况或浸损设施设备的情形。当发现物业有水浸情形,管理人员必须迅速采取行动以阻止水势蔓延,避免造成更大损坏和破坏物业其他设施。平时相关工作人员应做好事故的防范:日常巡逻时,应留意渠道是否有淤泥、杂物或塑料袋,随时加以清理以免堵塞,保持沟渠畅通;准备足够沙包、条木等备用。一旦接获水浸报告,各员工必须做到:

①检查漏水的准确位置及所属水质,在条件许可时,设法立即关闭水闸,尽快制止水势蔓延,启动潜水泵降低水位。若不能制止时应立即通知工程人员、管理处经理及中央控制中心,寻求支援。在支援人员到达之前须尽量控制现场,防止水浸范围扩散和造成更大侵害。

②观察事故现场四周环境,判断漏水是否影响各项设备、电力变压房、电梯、电线槽、电掣等。如存在设备受到损害的可能,应立刻切断电源,以防水浸漏电伤人和设备损害。

③利用沙包制止水势蔓延到其他地方,防止漏水渗入关键和要害设备,并将电梯立即升到最高楼层,以免机件被水浸湿而受损。

④抢修或事故处理过程中和结束后,保洁部利用现有设备、工具如拖把、扫把及潜水泵等设法尽快打扫积水,清理现场。

⑤如漏水可能影响物业设备日常操作、保养及涉及申报保险金等问题,须拍照片存档以作日后证明。

⑥事故后,管理处检查受损情况,当面向业主做好解释,并做好其他善后工作。

⑦当班值班员应将有关资料包括水浸原因、涉及面积、破坏程度等详情一一记录于日常管理记录簿内,并向管理处经理呈交报告。

7.3.4 电梯故障应急预案

物业内一旦电梯发生故障,不论是否在办公时间,都应致电分承包方通知维修人员到场维修,而维修电话号码通常应展示于电梯内或大堂显眼处,同时应张贴"服务暂停"等字样于电梯外,以通知各业主。

1) 发现困人

中控值班室人员接到电梯报警信号后,应立即将摄像监视器主画面切换到报警电梯进行观察并实施录像,同时应确定报警楼层,并通过电梯对讲系统了解情况,对被困人员进行安抚。

2) 安排施救

中控室人员应立即与物业值班经理、工程部值班人员联系,电梯困人的营救以电梯维保公司的值班人员为主,电梯维保公司接到通知后,应立即实施对被困人员的营救。工程部值班人员接到通知后应立即奔赴现场,协助电梯维保公司人员对被困人员进行施救。值班经理与保安员也应立即赴现场查看,对被困人员进行安抚,告知被困乘客静候解救,切勿尝试自行设法离开电梯轿厢,并将援救的进展情况随时告知被困人员。物管人员如未做上述警告,则属工作上的疏忽。

抢救被困者的操作,必须由受过专业训练的从事电梯工作的专业人员进行,其他人从事该项工作均属危险。人工盘动电梯放人时,必须与被困人保持联络,使他们知道救援行动已开始进行。

3) 解困

中控室值班人员应根据实际情况随时与被困人员进行联系,了解被困人员情况,如电梯中有无老人、孕妇,有无人员晕倒等。如有客人需要或出现伤亡事故,物业值班经理应尽早拨打 120 急救电话,并按紧急医疗事件程序做好一切配合工作。如电梯维修人员于 30 min 后仍未到场处理,被困者内又有孕妇或病人急需救援,应立即报警,必要时请求消防人员协助。物业值班经理应在受困人员被解救后的第一时间向客人致歉。以上情况应在最短时间内通知物业总经理。

4) 记录及汇报

客户服务部需将全过程详细记录,报公司领导。

5) 事故后期处理

事后,工程部需会同电梯公司进行事故分析,提供事故报告和今后的预防方案,物业总经理将视情况对被困客人进行回访,必要时将向保险公司提供详细报告并配合索赔工作。

7.3.5　治安事件应急预案

治安事件指使用暴力或其他手段非法占有或毁坏公私财物或侵害他人人身安全的犯罪行为。当遇到治安事件时,工作人员在可行情况下应立即采取以下步骤去处理:

①巡查保安、楼内人员或监控中心值班保安发现影响治安的任何事件,均应通知相关区域值班保安。保安员遇到(或接报)此类事件,要切实履行保安员职责,迅速设法制止犯罪,同时立即通过通讯设备呼叫求援。

②监控中心保安通知各岗位人员加强警戒,发现嫌疑目标立即报告。通知封锁路口、出口,然后视情况向有关领导汇报。若犯罪分子已逃跑,要记清人数、衣着、相貌、身体特征、武器及逃走方向、所用交通工具等,并及时报告管理处。

③依事态的严重程度,分别由值班保安、保安领班、保安主管、管理处经理负责处理。重大案件要立即拨"110"电话报警。

④如果抓获犯罪分子,要带到保安值班室或管理处严加看管,并及时送交公安机关。

⑤有案发现场的(包括偷盗、抢劫现场),要严加保护,除警务人员外,禁止其他人

进入罪案现场。任何人不得擅自移动任何东西,包括罪犯留下的一切手痕、脚印、烟头等;在公安机关人员未勘查现场或现场勘查完毕之前管理处工作人员不能离开。

⑥记录业主所提供的所有情况,包括被抢(盗)物品及价值、是否有线索及怀疑对象等情况,以便向公安机关提供线索,协助案件解决。

⑦如有人员受伤,要立即设法尽快送医院医治抢救并报告公安机关。

⑧保安主管应把现场详情记录于日常管理记录簿内,并呈交一份书面报告给管理处经理。

7.3.6　其他突发事件应急预案

1)煤气、天然气泄漏应急预案

①全体员工应清楚地知道本物业燃气的种类、管道的总开关及管线的正确位置和具体特征等基本信息资料。

②当接获泄漏气体报告或察觉有异味时,值班保安应迅速前往现场调查。

③到达现场后,切勿按动门铃或触动任何电器开关,以免发生爆炸,应立即打开所有窗、门,以便疏导气体。

④在情况需要时通知管理处经理,通知设备部门关闭供气开关。如发觉泄漏气体未能受控或气体扩散面积广泛,全体人员应立即撤离并封锁现场,禁止任何人进入,同时通知位于事发区域邻近的业主离开。

⑤立即电话通知燃气公司。

⑥如有因气体泄漏造成人员伤害,应照顾伤者,及时送医,寻求救援。

⑦事后记录事故的发生时间、影响区域、抢修过程等所有详情,报告公司。

2)高空坠物应急预案

高空坠物是物体所有人因故意或过失造成的物体从高处坠下的事件,可能造成对生命财产的较大损害,属于严重非法行为。当客服人员接获该类投诉时,应采取以下行动:

①立即进行调查,设法寻找违例者。

②如有需要可向违例者发出警告,并报告警察。

③如果未能找出违例者,在有需要时通知所有业主,并指出该行为的严重性。

④拍照存案。

⑤记录一切详情于物业日常管理记录簿内。

⑥如高空坠物引起有人受伤,管理人员应做到:

A.通知救护车及公安机关。

B.协助照顾伤者。

C.设法寻找违例者或证人。

D.封锁现场,等待公安人员到场。

E. 记录一切有关资料于物业日常管理记录簿内。

F. 报告管理处经理及呈交书面报告。

G. 协助赔偿事宜的调解。

3) 交通事故应急预案

(1) 无人受伤的交通意外

①维持秩序,使现场交通恢复顺畅。

②记录事件。

③如有需要,拍照以作证明。

④如因意外可能危及他人,应将该范围封锁。

⑤如有需要,通知物业维修人员到场采取行动。

⑥如有需要,张贴警示标志。

⑦保安主管应将事件详情记录于物业日常管理记录簿内,并向管理处经理做书面报告。

(2) 导致有人受伤的交通意外

①指挥交通,给予尾随车辆警告。

②在适当情况下将伤者移离危险位置。

③致电 110 报警,等候支援。

④记录事件及拍照。

⑤通知员工、主管或公司。

⑥事后记录于物业日常管理记录簿内,呈交详尽报告给管理处经理。

4) 噪声应急预案

①物业四周所产生的噪声,不论是由机器、音响还是人为造成,均直接影响业主正常生活。当接获业主投诉或由物业管理人员发觉,均须对噪声及来源进行调查,并将事件记录。

②业主在规定许可装修/施工时间外发出装修/施工噪声,巡逻保安应立即上门劝阻;如业主或装修公司/施工单位仍拒绝停止引起噪声的工程,保安主管应就近向公安机关报案并报告环保部门。

③将事件记录于物业日常管理记录簿内,并向经理报告。

5) 暴风雨袭击应急预案

①事前检查紧急应用工具并确定其性能良好;检查急救箱,确定各项基本药物齐备。

②留意媒体有关灾害天气进展的信息,及时将最近风暴信息张贴于小区宣传栏或适当的地方,以便向业主显示风暴的进展。

③将紧急应用电话表张贴于小区明显的地方。

④提醒业主搬离放在窗台及花架上的花盆及各类杂物。

⑤天台沟渠、地漏的清扫工作,要落实到人。检查天台、平台下水道及各水渠,确保其畅通。

⑥搬离放在围墙顶及其他高处的各类可动物件;将安装在迎风处的灯罩、指示牌等绑好或移走;加固所有树木或用绳索捆好,将盆栽之花卉移至低处或隐蔽角落。

⑦紧闭所有门窗、电梯机房及垃圾房之门,做好防火措施。

⑧风暴来临时,当值、当班人员要认真负起责任,勤巡查,善于发现问题,及时做好现场督导工作,真正做到"三个关键":在关键的时候,出现在关键的地方,解决关键的问题。加强与各部门的联系和沟通,做好协调配合工作。

⑨警报解除后,管理处应及时进行检查及填报风暴损毁报告,保洁卫生人员迅速清理由风暴造成的垃圾,并疏通淤塞的渠道。

6)防盗报警系统误报、误操作应急预案

①监控中心接到报警信号,迅速通知离报警点最近的巡逻保安前往确认。

②受调遣的保安要速往报警业主家查询情况,同时用对讲机与监控中心保持联系。

③经查实为误报、误操作造成的报警,由巡逻保安向业主讲解有关智能设施的正确使用方法,并由设备管理人员调试报警系统,以防止今后再发生类似事件。

7.3.7 应急处理记录

应急预案的目的是当在物业管理区域内发生紧急状况时能及时、有效地为业主提供应急服务。每当一件应急服务处理后,均需做详细的应急处理记录,以备后查和借鉴。应急服务记录如表7.3所示。

表7.3 应急服务记录

No.

类别: 发生时间: 发生地点: 发现人:
监控中心当班保安(或管理处接报人): 接报时间:
通知何人处置: 通知时间:
发现情况:
处理经过:

7.4 应急服务的培训和演练

建立健全专职和兼职的应急服务队伍,建立义务应急服务队伍,是应急服务组织网络中重要的一环。定期对这支队伍进行业务培训,组织应急预案的演练,使其掌握应急服务技能,对应急服务体系的建立有着重要的意义。

7.4.1 应急服务的培训

培训可请有经验的应急服务人员、有关专家、教授等来讲课,也可请专门机构部门代为培训。培训内容可以适当拓宽,使应急服务人员能适应复杂、多变的应急服务情况。培训的组织实施方式和内容有:

①公司对应急服务队伍进行培训,目标是提高应急服务人员的整体素质。

②培训中员工应掌握公司各部门的应急服务设备及各种常规设备的使用及维修保养方法;了解物业管辖范围内突发事件的性质、特点以及解决的方法;掌握有关应急服务措施。

③培训以多种形式进行。应急服务人员除要进行军训、政训外,还需外请武警部队官兵进行队列、擒拿格斗专题培训,请消防部门来进行消防灭火方面的专题培训,请交警进行交通指挥方面的专题培训。

④培训需要进行考核。主要考核应急服务相关知识和服务程序的掌握程度。培训结果(学员讨论、交流学习心得、撰写的培训小结)转送培训部,作为员工评估及其工作评级的一项标准。

⑤经过专门培训,并通过专门机构的考试(取得资格证书),确保应急服务培训的质量,提高应急服务人员的整体素质,适应现代物业管理的需要。

7.4.2 应急处理的演练

要做到迅速、安全、及时解决应急事件,应急服务人员必须坚持平时训练。通过训练,发现自身存在的不足,找到适合自己的应急服务办法,熟悉应急服务的措施和技术等等。

平时训练可以和定期演习相结合。物业服务公司应根据自己的实际情况,最好每年进行一次应急服务演习,通过演习来检查小区(或大厦)应急服务的整体功能,如:应急预案是否科学,指挥是否得当,应急服务人员是否称职,应急服务设施是否发挥作用。另外,通过演习还能检查业主的心理承受能力。演习后,应急服务人员应及时总结经验,找出不足,以便采取措施,改进以后的工作,提高物业服务公司应急服务的能力。进行应急服务演习宜请专业人员进行指导,帮助讲评和总结,并请他们提供改进的办法或途径。

为增强全体员工的消防意识,贯彻"预防为主,防消结合"的方针,可以以管理处为单位,每年举办 1~2 次消防、治安演习,使每位员工掌握消防、保安技能,减少损失。

演练是防范的一项重要措施,公司所有员工必须按规定参加。由安保部经理编写演练程序,上呈公司主管总经理审核,审核通过后由安保部安排各部门的演练工作。

案例分析

案例 7.1

雷小姐住在 2 楼,3 楼的邻居国庆期间外出。有一天,雷小姐发现天花板开始滴水,意识到 3 楼邻居家可能漏水了。她向该楼宇的物业服务公司反映情况,公司称:3 楼住户不在家,不能入室检修。结果,情况越来越糟,雷小姐的屋子里像在下雨,天花板、家具、衣服、被褥等都受到不同程度的损害,但物业服务公司仍然不来维修。雷小姐没有办法,只好打 110 求助,在巡警的要求下,物业服务公司只得砸开 3 楼房门入内维修,发现屋内的东西也被泡得不成样子。

对此,雷小姐极为不满,斥责物业服务公司没有尽到责任。物业服务公司则称,住户不在家,公司无权破门而入。3 楼业主回来后,对于他们破门而入的行为感到很恼火。三方矛盾很大。

分析讨论:

(1)在紧急情况下物业服务公司人员有权破门而入吗?

(2)物业服务公司人员破门而入后应采取何种应急措施?

案例 7.2

2003 年冬天,某房地产项目水泵损坏,致使该小区居民家中数十小时停暖,甚至喝不到热水,而该项目物业管理部门的负责人仅以一句"水泵坏了,不要着急"回应居民。

无独有偶,不久前某地区一项目居民很长时间只能买容易熟的食品来做饭,原因是露在户外的煤气管道冻坏了,居民炒一盘大白菜,竟需要 20 min。

分析讨论:

(1)遇设备设施出现故障时,物业服务公司能推诿吗? 有责任积极解决吗?

(2)遇停水、停电以及煤气管道等出现故障时,物业服务公司应如何应对?

(3)物业服务公司如何做好日常设备设施的维护保养?

案例 7.3

某大厦 26 楼的电梯机房突然发生跳闸,造成电梯及其他设备停止运行。事故发生后,该大厦管理处设备部员工迅速投入抢修工作。由电梯公司派驻大厦的工作人员留守电梯机房,并关闭电梯电源,以免突然恢复供电对电梯及其他设备造成冲击。设备部员工进入楼面,使用三角钥匙首先开启了其余 25 层电梯各外门,又准确判断电梯轿厢所在层面,并及时到达该层,以手动方式开启内外门,营救了被困乘客。同时,对乘客及业主进行解释及安抚,全过程耗时仅 10 min。由于客梯电源暂时不能恢复,大部分业主使用消防梯下楼,造成消防梯严重堵塞。管理处安排大厦保安在 1 层消防梯口维持秩序,消防梯驾驶员及时到场使用手动方式运行。45 min 后,电梯故障排除,经通电试验无误后,客梯恢复正常运行。

分析讨论:

本案例工作人员处理电梯应急事件是否妥当? 其工作步骤是什么?

本章小结

物业区域内突发紧急状况的处理不是日常工作行为,它是应对因人为和客观因素造成的意外情况而需要在紧急情况下进行的工作布置和人员安排。因此,这一非常规工作不允许出现差错和操作的失败,否则极有可能造成人员和财产损失。本着应急服务"保护生命第一,财产第二"的宗旨,物业服务人员应在火警事故、停电、停水、水浸、电梯困人、治安事件等的应急处理服务中,首先建立危机管理预警系统,进行应急服务人力、服务物料储备,然后按照应急预案基本程序,迅速通报情况,及时解决问题,保持生活、生产及时回复到正常有序的状态。

习 题

1. 应急服务的含义和特点是什么?
2. 小区应急服务的程序是怎样的?
3. 小区应急服务物料储备都有哪些?
4. 如何制订火警事故应急处理预案?
5. 怎样进行小区物管人员的应急服务培训?

第**8**章
物业管理延伸服务

【本章导读】

　　物业服务企业除根据物业服务合同进行标准化的服务工作外,还应该根据服务对象的特点和本企业的资源开展具有特色的各种经营服务活动。一方面,可以开辟富有自身特色的物业服务内容,形成物业服务的个性化;另一方面,可以更好地满足业主需求,同时为企业创造经济效益。

　　本章通过对物业管理延伸服务的内容、策划方法、可设施项目、操作方法的介绍,希望学习者能够了解开展物业延伸服务的基本方法,能够据此开展物业延伸服务的策划和实施。

　　现代意义的物业管理应该是为业主的"衣、食、住、行"提供全方位服务,只要是业主需要,物业服务企业有可能提供的服务都要提供。因此,物业服务企业除了为业主提供职责范围内的维保、安保、保洁、绿化等主体性服务外,还应提供诸如便民服务、代办服务、特约服务、社区文化服务等延伸项目。

8.1　物业管理延伸服务概述

8.1.1　物业管理延伸服务的概念

1) 物业管理延伸服务的含义

　　物业管理延伸服务是指与业主的生活、工作、生产相配套的一些经营服务,包括代理物业租赁、代理物业营销、代办登记与公证、代办保险等代办业务,以及一些商业、文化、娱乐、体育设施的建立、开设和经营,还包括为方便业主和使用人而开展的多种特约便民经营服务。根据业主不同层次的需求,因地制宜地开展和搞好物业的延伸服务,不仅能够方便业主和使用人的生产生活,提高他们的生活质量和水平,而且能够拓展物业管理的多种经营思路,增加物业服务企业的多种经营收入,增加物业服务企业的活力,巩固、发展和壮大物业服务企业。

2)物业管理延伸服务的内容

物业管理延伸服务具体来说有以下这些内容:

(1)提供便民服务　物业服务企业所提供的便民服务是指为方便业主和使用人的生活而提供的服务。可以分为两个方面:一是由物业服务企业自身提供的带有福利性的无偿服务,包括:为业主和使用人免费修理各种小设备,如自来水龙头、抽水马桶、装配玻璃、电灯、门锁以及免费提供各种生活所需要的应急便利,如雨具的出借、自行车打气、代孤寡病残者和老人购物等。这种服务的提供,有利于沟通和融洽物业服务企业与业主和使用人之间的关系,使物业服务企业所提供的各种服务功能得到更充分的运用,并树立起物业服务企业的个性化形象,从而使业主和使用人对所接受的物业管理有较高的认同感,创建物业管理品牌。二是由物业服务企业自营或选聘各种经营机构为业主和使用人提供有偿的经营性服务,包括以下几个方面:

①衣着方面。设置洗衣店,提供服装洗涤(尤其是毛料服装的干洗)、制衣、补衣服务,以及开设服装商店等。

②饮食方面。包括开办餐饮店、旅馆、燃料供应服务等。

③购物方面。包括日用百货供应、果菜供应等。

④卫生方面。开办卫生室或卫生站,可提供打针、出诊、卫生消毒、小孩疫苗接种和一般小病处理,也可兼带卖药。还可经营药店,提供日常医疗护理服务(包括提供医疗咨询、心理咨询、医药指南、家庭医生讲座、企事业单位员工保健讲座等),以及代看病人等。

⑤其他方面。包括开办美容院、美发厅、书报销售亭等。

(2)提供代办服务　物业服务企业所提供的代小服务是指当业土和使用人因健康、时间、知识、信息和能力等存在局限性,遇到生活或工作上的各种问题,而自己又难以自理或解决时,通过委托物业服务企业来代理提供,因此,是一种具有临时性、选择性、不固定的服务。主要包括以下内容:

①代理营销操作。物业服务企业的代理营销服务主要是在房地产二三级市场上。对物业服务企业而言,这既是为业主提供的一项服务,又是为自身谋求长远发展、扩大生存空间的一种重要举措。业主在高利润的驱使下或业主急需兑现,又没有时间和精力、经验亲自操作,通过委托物业服务企业则是多数人的选择。而物业服务企业要做好代理营销,就要注重物业经营人才队伍的建设,因为代理营销是知识型、信息化产业,没有富有经验的经营人才,代理营销就是空谈。

②代理租赁管理。物业的生命周期长、价值大和不可移动性等特点,决定了租赁这种交换形式在物业管理过程中是业主较为广泛采用的一种交易形式,从而通过出租达到商品流通的目的。业主通常是委托物业服务企业来代理租赁管理,从而实现

自己收取租金、提高出租收益率的目的。代理租赁的市场需求也很大,目前全国约7 000万户居民中仍有300万户人均居住面积不足 4 m²,流动性租房而居的住户比例高达9.52%。北京、上海、广州、深圳 4 个城市的住房调查显示,分别有 20.2%,26.8%,23%,28%的家庭租房而居。加上各大城市流动工作的人口增加,对居住物业的租赁需求会很大。支撑这一巨大租赁市场的社会组织鱼龙混杂,规范性、专业性十分欠缺,给众多的物业服务企业留下了广阔的赢利空间。

③代办产权登记。中国宪法规定了国家保护社会主义的公共财产和公民的合法收入、储蓄、房屋和其他财产的所有权。只有通过登记,明确权属,核发权属证书,权利人的合法权益才能得到保护。因此当权利人不能亲自申请登记时,就可以委托代理人登记,通常是委托物业服务企业来代办的。

④协办公证。公证制度是国家的一项司法制度。为方便业主,物业服务企业一般都与公证处签订了代办协议,使公证成为物业服务公司向业主提供的另一项重要服务。

⑤代理保险。物业服务企业除了在自身的管理中需要重视保险业务的代理,同时也为方便业主,代办保险业务。目前物业服务企业比较适合代理的险种主要是商业保险。物业服务企业主要是通过与保险公司签订保险代理协议,并获得政府的执照才能开展业务,政府对代理人有较严格的要求,有时还设有考试以检验其资格。

(3)提供特约服务 物业服务企业所提供的特约服务是指按照与业主的约定为业主提供的个性化服务,是物业服务企业根据住户需要,利用专业特长,旨在方便住户而受其委托,双方约定后提供的各种有偿的特约、特需服务。主要包括以下内容:

①衣着方面。代买衣、洗衣、熨衣、补衣、制衣等服务。

②饮食方面。代买盒饭、送餐、送煤气、代买菜做饭等服务。

③居住方面。包括企业、家庭的大、中、小型装修装饰(室内装修设计与施工),房屋设备修缮,房屋(空房)看管,房屋清扫、保洁与消毒(如地毯清洗、烘干,地板清洗、打蜡,墙面清扫,粉刷,厨房灶具清洗,百叶窗、玻璃窗清洗等),房屋绿化与养护(花木摆放、出租、出售与养护),代交水电、煤气和电话费用,代装空调、淋浴器、防盗门、晒衣架,搬家服务,小五金、小家电等生活用品的维修服务(如修钟表、配钥匙、修电饭煲、修电热水器)等。

④旅行方面。如各种车辆(自行车、摩托车、轿车)的代管、清洗、保养与维修,礼品递送,代订车、船、机票,上下班接送服务。

⑤文化教育方面。如代请家教,代订报刊、杂志,代译外文资料和接送幼童上学、入托。

⑥卫生方面。如代请医疗护理人员、卫生消毒、小孩疫苗接种、接送病人看病等服务。

⑦其他方面。包括代聘保姆,代发邮件,代办彩扩业务,代办摄影录像服务,代买办公用品等。

(4)提供社会文化服务 物业服务企业不能仅仅管理及提供必要的物质服务。

物业管理的主体是人,必须从满足人的多方面需求的角度来定位和从事物业管理实践,在现代社会生活条件下,尤其要重视满足人的精神文化需求。物业服务企业所提供的社区文化服务就是通过开展一系列的文体娱乐活动来满足人的精神文化需求,进一步提升人们的生活品位。具体包括以下方面:

①文化娱乐方面。开办图书馆、录像室、小电影室、棋牌室、游戏室、卡拉OK厅、多功能咖啡厅、酒吧等;开办各种展览及文化知识讲座,提供图书阅览、音像出租等服务。

②教育方面。开办托儿所、幼儿园和各类培训班等;提供家教服务,包括开设各类文化、艺术学习班,介绍各种家教入户施教等;举办各种艺术大赛。

③体育方面。经营健身馆、游泳池、网球场、壁球房、台球房、保龄球室、乒乓球室等,开展各种体育运动比赛。

8.1.2 物业管理延伸服务的意义

就物业管理延伸服务的地位与作用来看,它和公共服务或常规服务同等重要,而且是相互促进的。具体来看,物业服务企业开展延伸服务具有以下几个方面的意义:

1) 有利于物业服务公司的发展壮大

多种经营服务是物业服务公司利润的主要来源,是物业服务公司能够发展壮大的源泉。因为物业日常管理服务的收入只能用于公共服务的日常开支,物业服务公司不可能、也不能指望从管理费中获取高额利润,否则不但不能长久获得这些利润,也将因为管理费太高而被业主或业主委员会"炒鱿鱼"。再者,物业管理费的收取应坚持"保本微利"的原则。目前,我国大多数居民的收入和生活水平还不高,物业管理费的收取标准较低,所收物业管理费不用说"微利"就是"保本"也很困难。所以,物业服务公司如果要提高经济效益,就必须坚持在搞好物业管理公共服务的基础上,通过开展多种服务,弥补管理费用的不足,逐步完善多种经营的"造血"功能,为企业创造利润。这样物业服务公司才能有更充足的资金搞好物业管理公共服务,才能增强自身市场竞争力,从而有利于自身的发展壮大。

2) 方便广大业主和使用人提高他们的生活质量及工作效率

综合经营服务不但有利于物业服务公司的发展壮大,增强其市场竞争力,而且也方便了广大业主及使用人。因为业主或使用人常受健康、时间、知识、信息等方面的局限而难以处理很多生活和工作上的矛盾和难题,物业服务公司提供的延伸服务正好解决了他们这方面的需求,从而提高了他们的生活质量和工作效率。如业主出外旅游,而家中又有一些名花贵木需要照看,物业服务公司提供房屋看管服务,就解除了这位业主的后顾之忧。

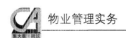

3）丰富和发展物业管理交易市场

物业管理市场的繁荣和发展需要丰富的物业管理服务商品,公共服务只是物业管理市场的基本客体或内容,而物业管理延伸服务则为物业管理交易市场提供了更多的交易对象,补充和完善了物业管理交易市场的服务商品,使广大业主或业主委员会有更多的选择机会。同时,也为业主或业主委员会选聘物业服务公司提供了另一个判断标准和新的视角。这样,物业管理交易市场就会较以前更为规范,物业服务公司的自身素质和业主的自治能力也将得到较大的提高。所以说,物业服务公司开展延伸服务从另一个方面丰富和发展了物业管理交易市场。

4）有利于加快城市规划和城市房地产建设的发展

原来由政府行政计划来解决建设中的问题,在市场经济中由于房地产市场体制的转轨而由物业管理的市场化运营办法来解决,这无疑将加快政府城市建设规划的发展。

5）有利于劳动就业和发展第三产业

随着经济的发展,第三产业在国民生产总值中的比重将不断上升,这意味着将有劳动大军从第一、二产业转到第三产业。而综合经营服务可以广泛吸纳各种类型的劳动力,其中有知识型的、技术型的,也有劳力型的,可以为发展第三产业、增加劳动就业、维护社会安定做出贡献。

8.2　便民服务

对于物业服务企业来说,除了对物业软硬件的管理这一要求外,另一工作重点就是搞好对所管物业的延伸服务。管理使物业正常运转,保证了生活、工作的基本需求,而便民服务则提供了生活、工作的各种便利,使物业显出生机与活力,提高了人们居住、生活的质量。

8.2.1　便民服务的策划

开展便民服务主要是为业主和使用人的生活与工作提供方便。物业服务企业应根据自身的能力、物业的面积、业主的需求及场地的大小策划便民服务项目。便民服务可以按是否收费分为有偿与无偿的便民服务两类。

1）无偿便民服务项目的策划

为了沟通和融洽物业服务企业与业主和使用人之间的关系,使物业服务企业所提供的各种服务功能得到更充分的运用,并树立起物业服务企业的个性化形象,从而使业主和使用人对所接受的物业管理有较高的认同感,创建物业管理品牌,物业服务企业可以为业主和使用人提供无偿的便民服务。无偿便民服务的具体项目可参见本章第 1 节的相关内容。

2) 有偿便民服务项目的策划

物业服务企业为方便业主和使用人的生活,可以根据自身的能力自己经营或选择专业公司来开展有偿便民服务项目。有偿便民服务的具体项目可参见本章第 1 节的相关内容。

8.2.2 便民服务的实施

物业服务企业策划好便民服务项目以后,就应着手实施各种便民服务活动,具体操作如下:

1) 餐饮服务

(1)市场分析 餐饮服务要根据小区(大厦)的住户特点来决定是否经营、经营规模大小和档次高低。其中,有些物业小区的餐饮应以早餐和夜宵供应为主;而在一些居家、办公兼有的小区(大厦)内,正餐的需要较为突出。有的借就餐洽谈生意,所以在小区内经营中档实惠、环境雅致的餐饮店,会受到欢迎。在南方,人们夜生活较为丰富且持续时间较晚,便于消夏纳凉的露天排档或茶座也可以经营。

(2)注意事项 由于小区(大厦)是居住或办公之地,餐饮的经营要注意避免噪声干扰和环境污染。注意防止大声喧哗,餐饮店的油烟排放也要妥善解决,餐饮的排污要保持畅通,以免堵塞管道,影响环境。最好是开发商在建筑设计时,就把餐饮的排烟、排水特别处理好。

(3)操作要点 小区内的餐厅多以小区居民为主要服务对象,应避免过于豪华,其主要目的要使餐厅显得整洁、雅致即可。小区内餐厅的菜式要大众化,经济实惠,无需太多的山珍野味,因为在此就餐主要图的是方便,但要不失品位,不能马虎。服务人员应着装整洁,服务要热情、周到。同时可以开展送餐服务,要尽量做到又快又好。

2) 燃料供应

(1)需求分析 如新建的小区没有管道燃气供应,自己去买,路途远,时间紧,加之有些居家全是老年人,特别不方便,物业服务企业就可以在小区内开展燃料(即液化气或煤炭)供应,它是一项非常好的便民服务项目。

(2)注意事项 经营燃料,首先要注意安全,要取得消防部门的许可,同时要准备足够的消防器具,合乎消防规范。

(3)操作要点 若是液化气,可以在小区内设供应站,随时更换钢瓶,要向住户提供送气服务,要做好开户和购气的登记及收入账目的核算。

3)提供日用百货

(1)需求分析 一般新建小区面积都比较大,有的离市中心较远,在小区内设超市供应日用百货是非常适宜的。

(2)注意事项 在小区内经营百货,供应的是本区的固定住户,所以信誉是头等重要的。要谨防假冒伪劣商品,替住户负责。其次要随时调查掌握住户的需求,在商品的数量、品种方面掌握主动。

(3)操作要点 商店的环境要清洁,要消灭老鼠、苍蝇,天热季节,要注意食品的保鲜和冷藏。可以为业主提供送货上门服务,柴、米、油、盐等日用品要尽可能齐全。

4)果菜供应

虽然果菜是人们生活的必需品,但在小区内设菜市会严重影响居民的休息,而且卫生难以维持,因而可以考虑摘洗后用保鲜袋盛装摆卖。

5)洗衣服务

本项目可根据所管小区(大厦)的人员情况来决定服务规模和是否需要专门购置设备。至少要腾出一块位置作为代理洗衣的场地,这会大大方便住户,这是物业服务公司应该尽力去做的。

6)美容美发服务

(1)需求分析 美容美发及一般理发洗头是人们日常所必需的,人们从事这项活动的时间大多是在上班前或下班后,前者为了外出所需,后者图个时间方便。因此,在小区内开设这一服务项目是非常恰当的。根据小区内居民的消费水平和需要,还可增加其他的美容保健服务。

(2)操作要点 装修要简单,环境要清洁、雅致,设施要齐全,并取得卫生防疫部门的许可。

8.3 代办服务

在物业服务企业为业主提供多种服务时,业主受自身时间、精力、知识及经验所限,对物业的营销、租赁及产权登记、保险、公证等需要委托物业服务企业为其代办。

8.3.1　代理营销的实施

物业服务公司的代理营销实施是指业主为取得高额利润或急需兑换现金时,委托物业服务公司转卖、出租或抵押其物业的过程,主要是在房地产三级市场上完成的。三级市场是指业主通过二级市场中的物业再进行转卖、出租、抵押等交易活动的市场。物业服务公司的代理营销活动,既是为业主提供的一项服务,又是谋求长远发展、扩大生存空间的一项重要举措。

业主委托物业服务公司销售的流程如图 8.1 所示。

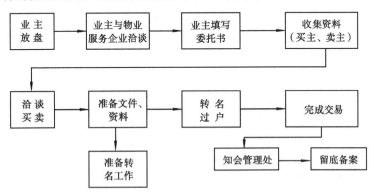

图 8.1　业主委托物业服务公司销售的流程

1) 业主放盘

业主前往物业服务公司放盘,公司应了解清楚业主的意图,并真实、准确地向业主提供情况及有益的建议。

2) 业主填写委托书

物业服务公司应指导业主填写委托书,包括详细填写物业地址、房屋类型、装修标准等,并商议制定出能真实反映出物业价值的价格、付款方式及要求等。在了解联系人及联系电话时,应考虑方便及时,并尽可能地联系到业主本人,要让业主本人清楚地知道以下几个方面:

第一,时间就是金钱,保持及时、清晰的联系及沟通是极其重要的,低进高出是成功的基本原则,把握时机,时间至关重要。

第二,既然是全权委托,就应给予充分的信任,中间应尽可能地避免第三人、中间人,这些人由于事不关己而容易误事。

第三,在整个过程中要抱平常心,由于投资都会存在高潮、低潮,所以在有价无市的时候,要能够接受现实,并准确地修改自己的计划。

第四,除需要准备齐全的资料外,还需要根据情况将物业尽可能地内外装修。

3) 对资料的整理、分析

物业服务企业应指导业主填完委托书,并对手头上的资料进行整理、分析,将所收集到的业主资料(产权证、合同、公证书、平面图、发票、委托书等)的复印件及时地输入计算机存档,并对所有的资料了如指掌,然后根据所得到的资料的真实情况寻找买主。

4) 做广告,寻找买主,组织看房

在寻找买主时必不可少的是广告宣传,广告可采取散发、张贴等方式进行,以吸引顾客;然后准备接听电话,安排来访者直接与买主进行洽谈。物管工作人员此时就是一个经纪人,一个好的经纪人应尽量地牵线搭桥,成人之美。同时,物业服务企业要组织接待来访者看房。在组织接待时应注意:

第一,切忌一问三不知,这样等于赶走顾客。

第二,要避免访客是其他中介经纪人或市场调研员等。因为他们的目的不是作买主,避免无谓地将自己的商业资料与他人共享。

第三,应搞清楚买主的目的是短线投机还是长线投资。

5) 确定价格,收取定金

物业服务公司在适当的时机,应督促买卖双方确定价格及其他事宜。一旦与买主确定了价格及付款条件等要求后,要以最快的速度、在最短的时间内劝说买主成交,并收取定金,以免坐失良机。买主给了定金以后,接着就要准备各类文件、表格、资料等准备过户,并结清卖方前期所拖欠的所有费用(如管理费、水电费、电话费、煤气费等),以维护买主和物业服务公司的利益。

6) 完成过户工作,保存资料

办理转名(转契)过户一定要到房地产管理局、交易所按照政府的有关规定、政策进行,并自觉遵守国家法令、法规缴纳有关税费。私下自行过户是无效的,也不受国家法律的保护。完成过户后,保存好各项资料及过户的有关手续,及时知会管理处调整记录,将有关资料输入计算机,登记备案,并更改或备注以往所存资料。

8.3.2 代理租赁的实施

代理租赁的具体内容详见本书第9章。

8.3.3 代理保险的实施

目前,物业服务公司比较适合代理的保险险种主要是商业保险。代理商业保险

的好处很多,可以使所管辖区内的业主发生意外的损失减低到最小限度,也可减轻物业服务公司的压力。物业服务公司向保险公司申请代办保险,主要通过下列程序(见图 8.2)进行:

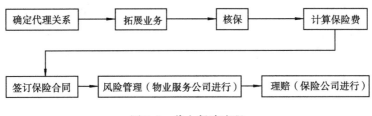

图 8.2 代办保险流程

1)物业服务公司取得保险代理人资格

保险代理人是指根据保险人的委托,向保险人收取代理费,并在保险人授权范围内代办保险业务的单位或个人。而保险经纪人是指基于投保人的利益,为投保人与保险人订立保险合同提供中介服务,并依法从保险人那里获取佣金的人。保险经纪人是投保人的代表,代表投保人的利益。物业服务公司可作为保险代理人,其主要是通过与保险公司签订保险代理协议,并获得政府的执照后才能开展业务活动。政府对保险代理人有较严格的要求,还组织统一考试来检验其代理资格,凡有违反,政府可以撤销其营业执照,保险公司也可解除代理关系。在此阶段,物业服务企业选择保险公司是重要的,一般要从保险公司的财务状况、合同条款、价格、理赔情况、服务质量、承保合同的能力以及注销合同是否容易等几个方面来综合考虑并做出选择。

2)物业服务公司保险代理业务员的培训

人们对自己所面临的风险并不总是很清楚的,总存在着侥幸心理。保险代理人员若不事先帮助人们认识风险、分散风险、转移风险,大多数潜在风险对其的影响巨大。因此,从物业服务公司的角度来看,拓展保险业务,主动谋求业务的发展,物业服务公司往往是以自己的业务员直接向业主(潜在投保人)或被保险人推销保单的方式推销保险。为了推行拓展业务,保险公司往往通过代理合同授予保险代理人一定的权利,如向哪些人出卖保单、出卖何种保单以及确定保险金额、范围等,而保险业务的选择和控制是拓展业务的关键环节。所以,为了业务的发展,物业服务公司的保险代理员必须经过保险知识的培训,而这些培训就是由保险公司负责的。

3)核保

物业服务公司在为业主提供服务(代理保险业务)的同时,必须对投保人投保的风险加以审核,来决定是否承保、承保的条件如何、适用怎样的费率等。投保人由于所抱目的不同,所以其通过选择适当的保险公司及适合的险种来达到自己的目的,而物业服务公司出于对自身的保护,在核保过程中也需要对投保人进行选择。

4) 保险费的计算、缴纳

保险费的计算、缴纳是保险经营的一项重要工作,物业服务公司往往以保险公司提供的财产保险费计算公式为依据的。保险合同成立时,投保人就要向物业服务公司缴纳(代收)保险费,物业服务公司则要定期(每星期或每月)与保险公司结算。保险事故发生时,由物业服务公司通知保险公司负责给付保险金。

5) 保险风险管理

保险风险管理是保险经营管理中的重要组成部分,特别是物业服务公司作为保险代理人,出于需要要面对大量的业主,所以一定要借助一定的手段,在日常管理工作中对客观存在的各种风险进行识别和评估。例如,保险业主的车辆,往往会有监守自盗的情况发生,如果物业服务公司采用严格的车库管理制度就可以避免保险诈骗的现象出现,从而保障社会经济生活的持续稳定发展。风险管理的重要目的在于防范风险和控制风险的进一步扩大,因此物业服务公司加强风险管理可以更直接地降低风险发生率和损失率,提高保险经营管理的经济效率。

6) 保险理赔

保险理赔是保险经营管理中的主要工作,它体现了保险人履行给付保险金的义务和被保险人享受保险待遇的权利。风险事故发生后,被保险人及物业服务公司要及时通知保险人,向其提供损失证明,进行损失登记。被保险人还要保护现场,并且采取适当措施补救损失,制止损失进一步扩大。保险人根据出险通知书,派员进行现场勘察,调查损失详情,确定理赔责任,并给付保险金额。

保险理财程序如图8.3所示。

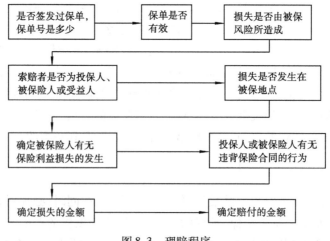

图8.3 理赔程序

在保险理赔中,双方当事人要重合同守信用,具体问题具体分析,坚持实事求是,而物业服务公司在理赔工作中应做到主动积极、迅速及时、准确合理。如果双方对赔与不赔、赔偿多少发生纠纷,物业服务公司应协助双方协商解决。

8.3.4　代办房地产登记的实施

1) 委托登记应办理的手续

(1) 办理委托代理的委托书　办理房屋所有权和土地使用权登记,或他项权利登记,权利人(法定代表人)必须亲自申请,因故不能亲自办理,可以以书面形式委托代理人办理。委托书和代理人必须遵守《中华人民共和国民法通则》第 4 章"民事法律行为代理的规定"。若委托事项没载明受托人办理房地产登记权限的,不能作为办理房地产登记的委托书。

(2) 委托代理的委托书的生效　委托代理的委托书必须经过公证或认证方能生效。产权人住在不同地方的,分别向所在的单位、居住地的街道、办事处(村民委员会)或中国司法部指定的中国香港地区的律师处或中国驻该国的使领馆办理公证、认证,或到与中国有外交关系的国家的使领馆办理委托认证。外籍人士在居住国办理委托公证,再到中国驻该国的使领馆或到与中国有外交关系的国家的使领馆办理认证。所有委托书及有关证件均应提交正本,如是用外国文字书写的,须同时提交中文译本。

2) 房地产登记应履行的手续

(1) 填写并交验有关申请表和申报表　"房屋所有权登记申请书"和"土地使用权登记申请表"包括申报产权人或代表人、代理人的姓名、性别、年龄、籍贯、职业、住址及申请房地的坐落、面积、权利来源等其他事项。"房屋四至墙界申报表"主要是申报房屋的四至墙界的归属情况。如属毗连墙壁,必须由毗邻业主签署意见。

(2) 提交交验证件　需要提交交验的证件有身份证件、房地产权属来源的有关证明证件、相关的图纸及有关文件。

3) 商品房登记程序

很多地方规定凡属已建成未出售或已出售而未进行产权登记领证和交易签证的房屋,先由开发经营房屋的单位按每幢房屋出售或未出售的情况列表填报,申请办理产权登记。登记前,把须登记的房屋按幢数分单元或层别要求,自测或请测绘所勘测绘图。经审查确认权属后,未出售的房屋发给"房屋所有权证";已出售的房屋核发"某某市房地产权属证明书",凭产权证明书和买卖合同到市房地产交易所办理交易签证手续。签证后,购房者将交易所核发的"某某市房地产交易签证证明书"交回登记所,市房地产登记所审查核发购房人的"房屋所有权证"。

商品房登记程序如图 8.4 所示。

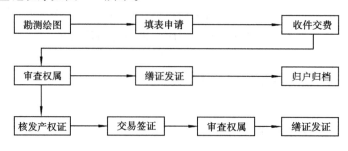

图 8.4　商品房登记程序

4) 代理产权登记的程序

产权登记一般由物业服务公司代理,物业服务公司为尽量减少业主的负担,可为业主将产权证领回,再向业主派发。物业服务公司在代办产权证时要做好以下几件事:

①与业主约定时间分批领取。

②解决建筑面积的异议。

③结算各项费用。

物业服务公司向业主派发产权证的程序如图 8.5 所示。

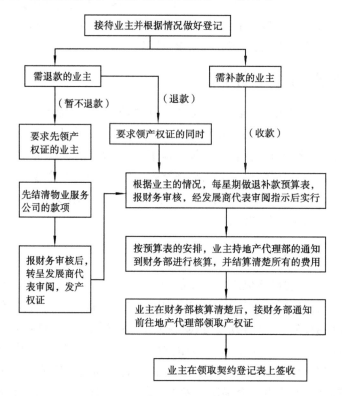

图 8.5　代办产权证的程序

8.3.5　协办公证的实施

公证制度是国家的一项司法制度,由于公证机关的证明活动是按照其特有的公证程序进行的,因而经过公证机关公证证明后,就具有法律上的效力。物业服务企业往往因为业主或使用人的需要,协助他们到当事人户籍所在地的公证机关办理公证业务,并收取一定的服务费。因此,物业服务企业人员也要了解公证程序以及办理公证时的注意事项,以便更好地指导并协助业主或使用人办理公证。

8.4　特约服务

特约服务对物业服务企业意义重大,它是物业服务公司利润的重要来源,是公司能够发展壮大的源泉。经营特约服务的收益是不可估量的,完全取决于物业服务公司的管理运行机制和人员素质等自身因素。因为巨大的物业面积、众多的业主就是一个可观的市场,加之业主的需要又是多个层面的,通过个性化的特约服务获取利润不仅是物业管理行业的发展方向,也是社会发展的大趋势。

8.4.1　特约服务的策划

随着物业管理市场的不断发展,物业管理已经上升为:为业主和使用人的“衣、食、住、行”提供全方位的服务。为满足业主和使用人不断增长的个性化需求,同时为物业服务企业赢得更多的赢利空间,可以设计安排以下基本的特约服务项目:绿化工程服务、上学入托接送服务、托幼服务、维修服务、装修服务、管家服务、清洁搬家服务等。

8.4.2　特约服务的实施

各种不同的物业管理特约服务,应根据其自身的特点确定实施过程。

1) 绿化工程服务

(1)需求分析　随着人们生活水平的提高,种草养花已成为许多人闲暇生活的一部分,有一些家庭是为了美观而进行摆设,尤其是写字楼、办公间,花木也是装饰的一部分。不论是商住小区,还是大厦、写字楼,花木的需求是普遍的。2002 年 5 月在北京的“现代农业科技与产品展”上,最受关注的一项产品就是为城市楼房的阳台提供绿化的“智能化阳台花园管理系统”,为想贴近自然的城市居民所欢迎。所以经营花木租售,代理管养业务,非常适宜,利润也颇为丰厚。

(2)前提条件　要开展花木租售服务,就必须有足够的花木储备,这是提供绿化工程服务的前提条件。为此,可以租一块场地来培育花木。利用小区的绿化用地来规划兴建花圃是既经济又实惠的方案,在里面培育花木,既可供住户现货,也可出租或出售,获取利润。一般小区、大厦求租花木的较多。

(3)操作要点　小区的绿化及苗圃规划要专业化,要剪插培育多种多样的花木,可以对业主开办租花服务,要尽快占领所管物业的绿化服务市场。

2)上学入托接送服务

在距市区较远的小区,如果未配套建设幼儿园和小学,那么幼童上学入托问题就会困扰住户,这时物业服务公司可以配备交通车开展接送服务,解决住户的困难。交通车的投资可以由开发商提供一部分,物业服务企业自筹一部分,受惠家庭要交纳一定的费用,服务时,行车的安全应摆在第一位。本项目可以作为特约服务项目,也可以不产生利润,以助于提高公司的声誉。

3)托幼服务

在住宅小区内配套建设幼儿园,使区内住户能就近入托,免去了外出接送所带来的麻烦和不安全因素。如果教育管理得当,声誉较佳,还可吸收附近小区的幼儿入托,经济效益也是可观的。

4)维修服务

业主在买了房屋入住之后,最为关心的是在使用中遇到物业部件损坏、下水道堵塞等问题时能否得到及时、有效的维修,所以维修服务在物业管理中是非常重要的。在某种程度上,维修服务的时效和质量体现着物业服务公司的技术水平,影响着其声誉,这一点应予以足够的重视。

(1)维修范围　维修服务的范围是没有界限的,应是无所不包的,只要是住户的困难和需要,物业服务公司就有责任和义务为其排忧解难。当然要有所区分,急需项目,应予以优先安排,立即解决。维修单住户应持一联,以便于监督。

(2)操作要点　设专人接待住户的维修活,做好记录并派工。维修工持派工单为住户维修时应着公司统一服装,维修完成后要清洁场地,由住户验收签名,注明完成时间并当面核定好工料费。

5)装修服务

业主购房之后,入住前或入住后都可能根据自己的需要进行大小不同的装修,如安装空调、热水器、防盗门,空间格局的更改,天顶的装饰,铺设地毯等等。

6)管家服务

有的住户需举家外出时,家中的宠物、花木、观赏物等需要照料,所以物业服务公司提供管家服务也是会受到欢迎的。其中值得注意的事项有：

①要将住户较大的、易于搬动的贵重物品列出清单，物业服务公司和住户各持一份。

②物业服务公司需另外加一把牢固的锁，并指派一个专人管理，其他任何人不得进入住户室内。一定要按时养护户内的动物、花木和清洁通风。住户的物品不许随意翻动。

③如征得住户同意，晚间能在户内驻守，会更为安全些。

7) 清洁搬家服务

物业服务公司只要购置一套清洁设备就可以开展清洁服务，这可以由清洁部负责人员安排和管理，清洁内容有地毯清洗、烘干，地板清洗、打蜡、墙面清扫、粉刷，玻璃清洁等。搬家服务可由物业服务公司指派两个人承揽下来，再临时雇民工来搬移、装卸，物业服务公司的员工负责指挥和监督。

8.5　社区文化服务

社区文化是中国物业管理行业的重要特征，是创造良好的人文环境和提高居民生活品味的重要手段，是实施物业管理工作的润滑剂。一方面，社区文化服务是创造良好的人文环境和满足社区成员文化需求的重要手段。随着时代的进步、科技的发展，人们已经不满足于一般的卫生、绿化、安全以及良好的服务，人们希望工作、生活在一个更富有文化色彩、更关注个性发展的环境之中，从而得到更丰富的人生体验和精神上的满足。社会文化服务正是创造这种环境，满足这种心理需求的重要手段。另一方面，社区文化服务是实施物业管理的润滑剂。物业服务公司只有同业主、用户充分地沟通、接触，让服务双方达成共识，相互配合，才能使"一人管百人"向"千百人管自己"转变，形成双向共管的局面，使物业管理收到事半功倍的效果，而社区文化服务正是这种沟通的润滑剂。

8.5.1　社区文化服务的策划

社区文化服务在内容和形式上应和物业管理相联系。社区文化服务是一种手段，通过社会文化活动的开展，应该使物业管理水平更高、效果更好。因此，社区文化服务在内容和形式上应和物业管理有所联系，物业管理应该有文化内涵，而文化内涵却可以反向推动物业管理水平跃升。

1) 社区文化服务总体目标

(1)创造生活全新理念　进入 21 世纪的公民应该提倡创造生活，这就为社区文化活动开辟了崭新的舞台。社区文化服务包含以下一些全新理念：

①培植符合时代发展的价值观。

②设立健康服务中心和心理咨询和需求中心。

③为居民提供更多的欣赏文学、艺术、电影和体育的机会。

④"信息时代、时不我待"，将小区创建为信息社会的"智总村"。

⑤科教兴国、科教兴村。

⑥防治"第五状态"——亚健康。

（2）热爱地球，保护环境　环境社区文化是现代化社区管理的重要特征，是社区文化中的关键内容。人类赖以生存的地球只有一个，净化人类的生存空间，确保地球的生态平衡，保护人们的绿色环境，是每一位"地球村"村民的历史责任。具体方法有：

①从《用户手册》、《业主公约》到宣传栏，全方位宣传环保概念和可持续发展战略。

②全面实施垃圾分类处理，实现垃圾减量化、无害化、资源化。

③每年3月的世界水日，开展保护水资源和节约用水系列活动。

④充分发挥小区内设的外花园、内花园的作用，形成小区特有的植物园景观，并配合一系列文化活动，使小区"拥有绿色"。

⑤实现公司9001质量认证，使小区获得环保"绿卡"。

⑥每年6月的世界环境日，组织居民参加小区环境保护活动。

（3）做新世纪文明使者　做文明的使者不仅要有良好的文明习惯，还体现在经常关心他人、关注社会。围绕这一主题的文化活动丰富多彩，具体包括：

①大家都来讲"七不"，争做文明人。

②重阳节、教师节、儿童节等开展尊老爱幼、助残扶贫系列活动。

③定期开展礼节、礼貌的宣传、培养活动。

2）社区文化服务构想

（1）建立人性化的管理理念　社区文化应以人为核心，以环境为重点，体现出无处不在的文化氛围和对人的尊重和关怀。人们一进入小区，马上能够感觉到优雅、舒适的环境和自由自在的气氛，完善统一的视觉系统，安全有序的交通管理，方便快捷的通讯信息和管理人员身先士卒的文明言行。这些映入人们眼帘的优美文化环境，是社区文化最重要和最基本的方面。通过环境管理中的文化渗透，启发人们的自律意识，培养人们的文明素质，是现代住宅园区社区文化的重要特征。

（2）具有超前性的文化视角　随着社会的发展和新世纪的到来，对社区文化从概念、形式到内容也必须以新的审视角度去定义、规划和实施，从而满足居民对生活质量、生活品味的更高要求。没有创新就没有发展，社区文化只有具备一定的超前性，领导住宅文化潮流，才能成为现代住宅社区文化的榜样。

（3）营造宁静、祥和的文化气氛　通过社区文化活动的实践，积累了丰富的经验，同时，也应该从热热闹闹大家乐这种群众活动方式中走向新的层次。"一方面合乎自然,一方面合乎理想,这就是美。"

8.5.2　社区文化服务的实施

在实施社区文化服务活动时,一定要根据小区的实际情况、场地的大小、业主的文化层次、生活习惯的地区差异及季节和时间的不同来开展,同时应注重活动的效果,尽量避免形式主义。

案例分析

案例 8.1

某小区的一名业主向管理处投诉,称其委托物业服务公司代办的房地产登记手续拖了 3 个月才办成,结果延误了他们的房地产买卖交易,造成了很大的损失。该物业服务公司调查认为,该业主的有关代办手续的凭证没有准时交齐,才产生了拖延的问题。而业主声称从北京寄来的凭证是在申请代办登记手续前一个星期发出的,并到当地邮局查询过,该挂号信已按时发至该小区值班室。但由于没有签收凭证,所以不能证实是谁签收的,后问值班员,说没有收到过。结果,双方争论不休。最后,费了一番功夫,通过北京方面办理有关证明才领到这些凭证,结果拖延了办理房地产登记的时间。

分析讨论:

(1)你认为该事的责任在谁? 为什么?

(2)物业服务公司今后该如何加强管理避免类似事件的发生?

案例 8.2

一日,××家园业主王先生火急火燎地来到物业服务公司。一进门就大声叫喊,要物业服务公司帮忙,说他家原来那伙装修工人赖着不走,不让别人干活。保安主管一面安慰业主不要着急,一面安排护卫班长先到现场。

随后,保安主管陪王先生一起回家。只见业主房内有七八名装修工人和一名工头,另外还有一名被业主称为工头相好的女子。该女子情绪激动,百般纠缠,主管反复劝说数十分钟仍然无效。这时,业主强烈要求管理处帮助把人请出家门。

在此情形之下,护卫员们听从了业主要求,动手推拉那名女子出屋,当即遭到漫骂,但护卫员们坚持骂不还口,非常理智。其他几名装修工人也被劝出房间。那名女子被请出房外后,变本加厉,污言秽语跟业主对骂,并辱骂护卫员,还恶人先告状,拨打 110 报警。

110 到后,该女子态度仍很蛮横,毫无收敛之意,还与业主动了手。在调解不成的情况下,110 将该女子与那名工头一起带离现场。其后,王先生和保安主管也被叫到派出所做了问询笔录,一场风波总算平息。

然而,没想到事情过去 2 个月后,该女子将业主王先生作为第一被告,物业服务公司作为第二被告,告上法庭,要求赔偿医疗费、误工费,恢复名誉。后经法院判决:此事物业服务公司无过错。

分析讨论:

业主是物业服务公司的衣食父母,物业服务公司不能漠视他们的要求。但对他们的要求,还是要先掂量是否正当。凡属正当的,都应当尽力襄助。不过,襄助过程中要注意遵照法规行事,避免"帮了人家、坑了自己"。你是这样理解的吗?

案例 8.3

物管企业介入前期物业管理,是维护广大业主及物业使用人的合法权益,保障其利益的重要环节,也是搞好今后物管工作的前提条件。某物业服务公司将在前期物管工作中,首先做好战略上的工作,主要有以下几方面:

①社区规划、布局、设计的完善。

②社区形象、策划与 CIS 制作。

③创建文明社区,成立业主委员会,实施对物业服务公司的监督。

④负责为社区建立电子服务、网络设计,构筑智能化的小区计算机管理平台。

在施工扫尾阶段就开始着手以下事项:

①施工工程扫尾的跟进及发现问题的建议并督促整改。

②参与单项工程甲、乙方交接验收。

③参与整体工程的甲、乙方交接验收。

④接受业主入住前的相关咨询。

⑤提供业主入住前的各项服务。

⑥办理业主入住及接房的相关手续。

⑦对业主及物业使用人的首次及二次装修进行管理。

分析讨论:

分析该公司延伸服务的内容与作用,以及对今后物业管理工作带来哪些启示。

案例 8.4

某物业服务公司接管某居住小区的班车营运,与小区业主委员会签订了合同。该公司考虑到隐含的亏损风险,双方在合同中约定:"租车费和驾驶费用从班车收入中支付,若不足从小区停车费中提取,若再不足由物业服务公司与业主委员会商定。"该物业服务公司在接管班车运行后一直严重亏损,累计 3 年亏损额达 20 万元。物业服务公司多次与业主委员会协商,但始终久拖未决。于是,物业服务公司将小区业主委员会告上法庭,要求支付班车亏损额 20 万元。小区业委会辩称,如果班车营运确实发生亏损,也是物业服务公司管理混乱所致,所以物业服务公司也应承担相应责任。

分析讨论:

(1)你认为双方责任应如何判定?

（2）本案应如何处理？

案例 8.5

某花园小区自从某物业服务公司接管之后,小区居民的生活的确方便了许多,谁家的灯泡坏了、马桶堵塞了、水龙头漏水等诸如此类的生活琐事,一个报修电话,该公司立即派专业人员上门维修。一般业主在报修时都说明损坏物的名称及部位,维修人员上门时顺便就带来了要更换的物件。并且,维修人员换件前要说明损坏原因与换件的理由,并经业主认可之后才换上物业服务公司提供的物件。

家住该小区的何先生家里的灯泡坏了都是由这家物业服务公司修理,并且用的也是该物业服务公司提供的物件,但连换了两次,都没用几天就坏了,何先生为此非常苦恼。

分析讨论：

（1）何先生有没有向物业服务公司要求赔偿的权利？

（2）如果有,那么有什么法律依据？

本章小结

为了沟通和融洽物业服务企业与业主和使用人之间的关系,使物业服务企业所提供的各种服务功能得到更充分的运用,并树立起物业服务企业的个性化形象,从而使业主和使用人对所接受的物业服务有较高的认同感,创建物业服务品牌,物业服务企业可以为业主和使用人提供无偿的便利服务。它主要是指与业主的生活、工作、生产相配套的一些经营服务。

随着物业管理市场的不断发展,物业管理已经上升为对业主和使用人的"衣、食、住、行"提供全方位的服务。为满足业主和使用人不断增长的个性化需求,同时为物业服务企业赢得更多的赢利空间,物业服务企业可以设计安排一些基本的特约服务项目:绿化服务、上学入托接送服务、托幼服务、维修服务、装修服务、管家服务、搬家服务等。同时,通过社会文化活动的开展,可以使物业管理水平更高、效果更好。因此,社区文化服务在内容和形式上应和物业管理有所联系,服务应该有文化内涵,而文化内涵可以反向推动物业管理水平跃升。

习　题

1.什么是物业管理延伸服务？主要包括哪些内容？

2.怎样实施物业管理的便民和特约服务？

3.代理物业的营销、保险的各自流程是怎样的？

4.代办房地产登记手续时,要注意哪些问题？

5.怎样策划社区文化服务活动？

第 *9* 章
物业销售与租赁管理

【本章导读】

　　物业销售与租赁是物业管理工作赖以存在的基础。物业销售与租赁的状况和特点关系到物业管理工作目标的实现。

　　本章通过对物业市场状况、物业销售和促销策略、物业租赁法律关系分析、物业租赁代理运作的介绍,希望学习者能够了解物业销售和租赁的工作流程、工作目标和操作手段,能够进行物业租赁代理操作。

　　物业的代理销售和租赁,其间涉及市场行情的分析判断、销售价格和租金水平的确定、销售形式和策略的选择与应用等,对发展商而言直接关系着其投资的回报、利益的实现和风险的规避,因而构成物业经营中最实质、最核心的内容。这里,仅从物业进入租售市场应进行的准备、进入市场的形式、销售形式及条件、促销与销售策略的实施等逐一加以介绍与分析,并对物业租赁代理及物业资源开发与经营进行探讨。

9.1　物业销售业务

9.1.1　发展商进入市场的形式

1)参加集中房地产或物业展示会

　　这种展示会,通常都是在深圳、香港、上海、北京等地举行。举办者如组织得好往往可以产生轰动效应,效果很好,甚至可能引起连锁反应,有的在展示会上就可获得订单。由于展示会是多家进场,其影响比任何单独发展商自己举办的展示会或新闻发布会要大得多。这种展示会通常表明近一时期物业开发、装饰等的最新进展和成就,对顾客的吸引力极大。

2) 参加物业展示交易会或代理商的经常活动

这种形式的特点是能持久,特别是交易市场或代理商比较有影响时,就能经常组织多家发展商进场参展,吸引客流。参加这种形式,要选择和布置好展位,准备充足的介绍资料,对可能的购买者要进行细致的介绍、洽商和说服工作。

3) 自己建立销售部或地盘接待中心

即发展商在与媒体、代理商、交易市场保持良好关系的同时,根据自身实力和条件及销售的要求,自己举办或设立销售部和常年的地盘接待中心,与样板房等一同组成销售环节,接待每一位到访者,并直观、面对面地向顾客介绍、说明和推销产品。

4) 向媒介及房地产交易部门定期或经常发布项目的有关信息

包括:项目的地理位置、设计的特色和档次、价位、项目进展情况、银行按揭的情况、销售形式(期房、现房)、期房的入住日期、首期付款的比例及一次性全额付款的折扣、产权形式(内销还是外销)等。这既是直接的推销,又是巩固顾客印象的宣传手段。

9.1.2 物业销售的形式、条件与销售策略

物业的销售分为新建物业(增量房屋)的销售和原有物业(存量房屋)的销售,其中,新建物业的销售具有决定性意义。物业的销售形式有现房与期房之分,不同形式有不同的出售条件,而销售业绩的实现还须各种销售策略的成功展开。

1) 物业销售的形式

(1)现房 指建设完成后待售的房屋,是物业销售的基本形式。现房销售的优点,对于消费者而言可进行实地考察和选择,从而避免了被效果图、样板间等所欺诈和误导而造成的风险或实际损失,还可以避免付款后项目迟迟不能竣工,以致被拖延入住的风险;对于发展商而言现房的销售比期房那种"画饼"式的销售在难度上要小得多,不仅可以省去许多展示、样板间装修和效果图的费用,而且具有比期房更大的吸引力。只要价位合理,合同规范不是"一边倒",加上项目选址、建设和定价等操作比较得当,就可顺利地实现销售。

(2)期房 相对现房而言,其销售有些类似期货交易,销售的是契约(经购销双方签署)及图纸(附图),有些类似期货的标准化合约。但二者又有不同,期货在于"炒",只有在"炒"中才能实现利益;而期房既可以"炒",也可以待竣工交付使用后入住。

期房销售的优点,对于发展商而言,可以从项目批下来,基础设施和结构施工开始后,即可进行销售,顺利的话可以提前销售部分或大部分房屋,收回或部分收回投

资,实际上是用客户的钱来开发,极大地减少发展商的融资困难、利息负担和经营风险。但销售难度极大,特别是在"房市"不景气的情况下,项目不具有特殊的优势很难促成销售。对客户而言,驱使其购买期房的动机有两方面:一是地理位置优越,无法替代,在同一城市、同一地段再难找到类似项目;二是期房的价格不仅合理而且便宜,具有一定的升值潜力。只有这两项因素都较好或其中一项特别好时,才会吸引顾客冒着被误导或被拖欠的风险前来购买。

期房销售有两个目的:一是宣传项目和形象,为项目建成后的销售奠定基础;二是尽可能提前收回投资。

2)物业销售的条件

(1)期房销售的条件　主要包括:

①已交付土地出让金,取得土地使用权,且所开发的项目"五证"(即《国有土地使用证》、《建设用地规划许可证》、《建设工程规划许可证》、《建设工程施工许可证》、《商品房销售(预售)许可证》)俱全,具有合法的销售手续。

②房屋建筑合同业已签订,发展商投资的资金已达总投资的25%,并已确定施工进度和房屋竣工交付日期。

③广告真实,在房屋所在地段、建造质量、档次及销售价格等内容上具体明确(如不能用"距中心仅10 min 车程"等含混语句),没有对顾客的误导和欺诈。

④所销售的期房,其装修质量、用料及施工应与样板间完全一致。

⑤按提供预售的商品房计算,投入开发建设的资金达到建设总投资的25%以上。拟预售的房屋属多层的,完成主体建筑封顶;属高层的,已建房屋面积应达到规划批准的拟建房屋面积的1/3以上。

⑥已取得《商品房预售许可证》。

(2)现房销售的条件　主要包括:

①"五证"俱全,有完备合法的销售手续。

②所销售的房屋经竣工验收和接管验收均为"合格"以上,项目运行配套的各项设施均能正常运转。

③广告真实,没有对顾客的误导和欺诈。

(3)原有房屋销售的条件　主要包括:

①房屋的产权关系及权属结构清楚,并有合法的产权证书,不存在所有权争议或使用权纠纷。

②对已经出租的房屋如需出售,应提前3个月通知承租人,且在同等条件下原承租人有权优先购买房屋。

③对享受补贴或以标准价购买的房屋,在出售时原单位具有优先购买权。

9.1.3　物业的促销与销售策略

物业的促销与物业的销售(营销)是两个不同的概念。物业的促销是短期内为产生轰动效应和达成销售业绩,而动用各种手段,组合各种方式进行的活动,它通常主要考虑的是短期而非长期的影响,只要这种促销活动对长远没有负影响、负效应就可以。而物业的销售(营销)则是一项长期的、综合性的活动,既包括直接的销售活动,也包括间接的品牌树立、企业信誉和形象的树立等,通过提高知名度和美誉度,以此带动和扩展销售业绩。

1)物业的促销组合策略

物业的促销组合策略包括以下4个相互关联的内容或要素:

(1)广告　这是当代社会最具影响力,对经济生活渗透力最强的传播方式。广告的形式和载体多种多样,不同的形式、载体和播出频率会有不同的"广告成本"。另外,根据广告的直接性与出资关系分为"硬广告"和"软广告"。其中"软广告"不需发展商直接出资,花费也少,并作为客观介绍,较少引起顾客的猜疑,其效果甚至超过"硬广告"所达到的影响。如在介绍开发区或市政建设项目时,顺便提及本项目(物业),或召开房地产及物业管理业内的研讨会,从而树立形象和宣传本企业的物业管理经营理念。

做好广告促销,主要应从以下方面着手:

①选好媒体和广告频率。不同的媒体和播出(刊出)频率,其成本及给消费者留下印象的深度和持久度是不同的,要综合选择和比较。最好是选择不唯一,即在同一时间内选择几种媒体同时做广告,既有"硬"广告,也有"软"广告,从而达到理想效果。

②做好广告文案工作。物业销售竞争的激烈,为做好广告文案工作提供了舞台。在广告文案工作中,核心是明确广告的诉求点即发展商通过广告想告诉消费者些什么。广告文案应前后一致不能矛盾,从而引起消费者注意,使之产生兴趣,创造和强化其购买欲望,帮助消费者排除各种干扰,实现购买。在广告文案工作中,还应注意观察现场,收集相关资料,过滤各种资料,深入揣摩客户心理,深入了解本项目优缺点和销售特点,将此作为诉求点加以发挥。

③选好广告主题词。好的广告主题词对给顾客留下鲜明印象,对促进物业项目的销售极为重要。广告主题词的要求是:定位要准,表达要贴切,寓意要深刻,意境要高远,言简意赅,令人产生回味,还要"上口";要充满思辨,充满智慧,充满温情,切忌"江郎才尽"、自吹自擂和俗不可耐。主题词还要婉转、自然表达产品与客户密不可分的关系,有时可用"一语双关"。在广告主题词不能覆盖所有信息量时,还可设立副标题。

(2)销售促进　这是鼓励消费者购买发展商开发的物业的又一手段。具体的形式可以很多,如:对先期购买者提供较多的优惠或折让,对付全款者有更大程度的让利;附一些较贵重的赠品;举办新闻发布会或研讨会、招待会;参加一些重要的交易会、展示会;设立地盘接待中心及样板间等。目的是通过这一系列的活动,达到递进的3个方面的目的:一是沟通,即通过促销活动,引起客户注意,并与之建立和保持经常联系;二是刺激,即采取某些折让、折扣、优惠或附带赠送的办法,使客户增加对本项目的兴趣;三是诱导,即通过上述诸活动,强化顾客的购买意图,帮助其排除干扰(如办理银行按揭事宜),使其最终把购买意图指向本公司的物业项目。

(3)宣传推广　主要是用"软广告"这种形式,通过有影响的新闻媒介向大众介绍和宣传本企业推出的物业项目以及发展商的势力和信誉。这种宣传比直接的广告更具有可信性,因而更为有效,因为"软性广告"对发展商信誉、实力的宣传,可消除客户的戒备心,更易引人注目。

(4)人员推销　主要是公司委派销售人员,根据自己对项目的理解,用交谈的方式同顾客沟通,完成对客户的口头"劝说",实现推销目的。在进行面对面的推销和"劝说"时要注意:一是要了解消费心理,观察客户反映,判断顾客对项目和交谈过程本身的兴趣,善于引导;二是掌握谈话技巧,能因势利导,避免尴尬局面的出现,始终保持一种和谐气氛;三是建立联系和诚信印象,并逐步强化之,最终达到推销目的。

在上述促销组合策略中,要注意整体联合运用,才能产生好的效果。

2) 物业的销售策略

(1)时机策略　要把握好物业项目上市推销的时机。时机把握恰当,项目就容易顺利脱手,投资也能得到好的回报。物业销售的时机分为"大时机"和"具体时机"。前者指地产未热起来或刚热起来时,本物业项目已建成,因为此时顾客没有更多的挑选余地,竞争对手也少,项目的销售易于占据主动。当然,这种走在"大势"前面的时机的把握是不容易的,它要求发展商有独到的眼光和超前的思维。后者指某个热点时机,如香港回归给深圳及下属县的物业销售带来有利时机;还有政府政策调整带来的销售时机,如我国政府宣布1998年下半年停止福利分房对商品房(物业)销售带来的机遇等。

(2)借势和造势策略　如在物业开发选址时获得某种内部信息,附近地区要进行大规模的开发(建成高级商贸区、金融区或度假区)或进行大规模市政建设,这意味着周边地区会因此而升值,并对建成物业项目的销售极为有利。应抓紧"借势"进行所选物业项目的开发并为日后的销售打好各方面基础。实践证明,许多有眼光的发展商往往选择开发时环境和市政条件一般的项目,而项目建成之时附近道路也通了,大市政也完成了,从而使本项目易售出且能卖出好的价位。除了"借势",还可根据项目的特点,采取一些措施"造势",如项目获省级优质工程或建设部优质工程,或荣获"鲁班奖"等,可进行大张旗鼓的宣传,制造声势,带动销售。

(3)跟随策略　即在物业的推出时机、售价、销售方式等方面,跟随附近项目发展商的策略。如在对方推出项目时己方也推出;对方设计及施工质量好、档次高,己方不如此时则在宣传上强调己方的价格实惠,服务工薪阶层;如对方推出项目的品质不如己方时,则宣传己方的设计独特、品质卓越,可为入住者提供舒适、尊贵的居住场所;如对方与己方项目的档次相似,则对方在什么媒体、时机宣传,己方则在相同媒体、时机宣传。通过"跟随",既共同"造势",又始终保持己方在物业项目销售上的优势。

(4)先行创造策略　主要是销售观念、销售方式、销售手段的率先创造。这方面,经过几年的"花样翻新"已几乎"穷尽",但在物业销售中仍不是没有创新的可能。如北京"望京新城"销售中推出"物业超市",即若干栋楼同时推出销售,风格、品质、内部结构、档次、价格完全不同,让客户"自选",这种销售方式对顾客的吸引力较大。还有的把物业销售与保险结合起来,对购买楼宇者馈赠财产保险,同样受到欢迎。此外,从销售观念考察,国内优秀的企业提出了"不是发展商在卖房,而是顾客在买房,销售人员可以而且应该做的,是帮助顾客选择最适合其购买的房屋"的销售观念,这确实是销售观念的一大进步。可以预见,今后销售的观念、方式及销售组合方式还会不断推陈出新。

(5)培育市场,培育客户群的策略　这种策略在非物业销售领域中已取得了成功,如免费到高校进行"室内音乐"知识的普及讲座促成了这一艺术形式从低谷走向峰顶;计算机先培训后销售也成为这一领域销售的"惯例"。这都体现着一种培育市场、培育客户群的策略。具体这一策略如何在物业销售中运用和操作,还有待探讨。

(6)填补空白的策略　包括:

①填补档次空白　如开发一大片物业小区,其他发展商进行的是高档别墅或高级公寓的开发,而己方进行普通住宅(物业)的开发,质量不错而价格适中,从而填补档次空白。

②填补功能或布局的空白　如别人推出的是住宅区而己方推出的是商业店铺,与住宅形成功能互补,从而填补物业功能的空白。又如其他发展商仅仅是单纯出售物业,己方则采取可租、可买,也可先租后买并行,任顾客选择,这样效果更好一些。

9.2　物业租赁管理

物业的租赁与物业的销售共同组成物业经营的最基本的环节。物业租金的设定和调整,不仅关系着减少物业的空置,使发展商能尽快收回或部分收回投资,而且关系着业主(使用人)的利益及我国住房制度的改革。因此,规范物业的租赁市场,取缔和打击不法租赁行为,用合同或契约的形式明确双方的法律关系就成为物业租赁管理的基本内容。代理物业租赁业务必须熟悉下述基本内容:

9.2.1 物业租赁及其形式

物业租赁是指物业所有者为获得经济收入而出让物业(房屋)的使用权,承租者为取得物业使用权而向物业所有者付出相应租金的一种经营形式。其中,承租人向出租人交付的租金是物业价值的经济实现(货币表现)。租金的高低及其调整对双方都是极为敏感的问题。

物业的租赁就其特征而言,分为两种形式,即一般租赁(或称传统的单纯的租赁)和连租约置业。前者是物业的所有者根据其测定或确定的租金标准及出租的面积,通过中介机构或直接向承租人收取租金。后者是一般租赁的演变,是20世纪90年代初由香港创出的一种物业经营运作形式。它具有融资和置业的双重性质,对发展商可解决资金不足的问题,分散了经营中的风险,缩短了建设周期;对承租人可以获得极大的优惠并可进行二次开发、转租和经营。在承租的同时,承租人也具有某种投资性质。其基本做法是:发展商在进行某项物业建设遇到资金不足时,向承租者发出邀请,要其先期注入部分资金作为预付租金(通常占总投资的 $1/6 \sim 1/2$),在项目建成后的若干年(通常为 $15 \sim 20$ 年),以 $1/4 \sim 1/2$ 的租金水平将项目租给或部分租给承租人,或以低廉的价格(常规价格的 $1/4 \sim 1/2$)将项目卖给或部分卖给租约置业人,再由承租人或租约置业人对项目进行装饰、二次开发及转租,承租人或租约置业人获得比单纯付租金更多的经济利益。这种形式在1993—1994年左右引入内地。突出的是北京西客站的建设就部分采取这种形式,解决了资金不足的问题并使各方获得好的效益。

9.2.2 物业租赁的准则、物业租赁关系建立和终止

1)物业租赁的准则

(1)物业所有权与使用权相分离的准则 即双方一经确立租赁关系,物业的所有权与使用权即告分离。除了连租约置业、先租后售这些租赁方式的变种外,其余形式的房屋租赁均发生所有权与使用权的分离。因此,要妥善处理出租者和承租人的关系,保证这两个方面利益的实现,即既要保证物业所有者合法取得租金收益,又要保证承租人在遵守和履行租赁协议的前提下对房屋的合法占用和使用权。

(2)租赁双方权利和义务一致的准则 即任何一方都不能只享受权利而不履行义务和相应的责任。

(3)合理确定房屋租金的准则 要维护物业所有者的权益,保证所有者能通过收取租金逐步收回投资。要根据经济的发展和收入水平、房屋销售价格的变动逐步调整房屋租金(主要是提租)和进行住房制度的改革,最终实现租金完全市场化的目标;同时又要考虑承租人的经济承受能力,将租金的调整与建立住房公积金等措施同步

或交替地推进。

（4）规范租赁市场秩序，打击、取缔投机和欺诈活动的准则　一段时间以来，我国城市及城乡结合部在租赁经营及租赁中介活动中出现较多的问题，市场秩序比较混乱。突出表现为"房虫儿"特别多，打着为住户租房、找房的名义，利用房屋租赁作诱饵，进行大量的投机、欺诈活动，甚至是疯狂的犯罪活动。包括：用假房契骗取租金和手续费、中介费；一房多租；无产权证的"公房私租"，从中牟利；承租人利用租赁的房屋制售假冒伪劣商品，窝藏枪支、赃款、赃物和其他罪证；嫖娼卖淫等。因此，必须规范房屋的租赁市场秩序及租赁活动，打击和取缔各种投机、欺诈及其他形式的犯罪，保证租赁市场的正常运作。

（5）合理组织租金收入，提高经济效益的准则　即通过租赁交易活动，尽快地组织租金收入，避免拖欠，逐步达到"以租养房"，实现物业开发与经营的良性循环，提高物业管理单位的经济效益。

（6）充分发挥房屋效应，提高房地产资源利用和运作效用的准则　主要是通过完善物业租赁市场、调整租金水平、规范租赁行为，调整物业这一特殊商品的供求关系，减少空置造成的物业资源的浪费，使现有已建成的物业充分发挥效用，在提高资源利用水平的同时较快地改善人们的居住条件。

2）物业租赁关系建立和终止

（1）建立物业租赁关系应明确的事宜

①签订的房屋租赁契约，是双方建立租赁关系的凭证，须有正式的手续（如入住通知书或房屋分配通知单）及入住者的身份证明，凡"公房私租"等私下签订的租房契约、合同不受国家法律保护。

②房屋租赁契约要按统一格式和规定填写，不得擅自变更，需要说明的问题及房屋配套设施等需在租赁契约附记栏内注明。

③房屋租赁契约通常一式两份，由双方各执一份。

（2）物业租赁合同的终止　通常，物业租赁合同的终止要做好以下工作：

①承租人由于各种原因要提前解除契约，应在 7 日前通知出租方（房管部门或物业管理部门），及时结清租金，办理手续，对设施的丢失或毁损应及时予以修复或经济补偿，清偿完毕收回所交付的押金。

②承租人承租的房屋属于"代管产"和"委托产"的，应将产权还与产权人，房屋经营部门同时停止租赁。

（3）物业租赁双方的权利和义务

①出租方的权利：一是按期收取租金的权利；二是有监督承租方爱护、使用房屋的权利，承租人不得不经出租方同意擅自对房屋结构进行改造或装修，出现上述情况，出租方有权要求承租人将物业恢复原状或予以赔偿；三是有依法或依租赁契约收回房屋的权利。

②出租方的义务：一是有保障承租人合法使用房屋的义务；二是有对房屋进行维

修和保养,保障承租人安全使用房屋的义务;三是参与协调由房屋原因引发的纠纷。

③承租人的权利:一是有合法使用房屋的权利,在规定的期限内,出租方不得以任何理由提前终止房屋租赁合同;二是有要求保障居住安全的权利,承租人有权要求出租方对房屋的自然损坏及设备破损等情况进行及时的修复,保障房屋居住的安全;三是对所承租的房屋有优先购买和续租的权利。

④承租人的义务:一是按期交纳租金,不得以任何借口拖欠或少交租金;二是要爱护所承租房屋,不得随意对房屋结构进行改造,承租人欲对房屋进行装修,须事先征得出租方的允许;三是遵守房屋租赁合同,不得私自改变房屋用途(如变住宅为商业铺面房,特殊情况须经批准并变更用途手续,补交费用)或转借、转租他人。

(4)物业租赁契约纠纷的解决办法和程序

①协商。即双方当事人之间就合同(契约)本身或执行中出现的纠纷进行协商,协商一致时对原合同进行修订或签订补充合同。

②调解。由第三方来进行,即由双方共同认定的第三者,站在公允的立场对双方协商无法解决的纠纷进行调解。

③仲裁。由仲裁机构经调查取证之后,做出有约束力、强制力的裁定,如一方不执行对方可申请强制执行。

④诉讼。即当事人一方向法院提出诉讼状,由人民法院做出裁定。

9.2.3 物业租赁代理的运作与物业租赁合同

1)物业租赁代理的运作

代理租赁流程如图9.1所示。

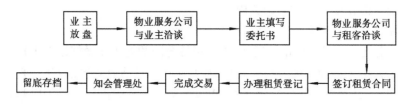

图9.1 代理租赁流程

由于物业具有使用寿命长、价格昂贵的特点,所以在物业管理过程中,注定了租赁这种交换形式会被业主广泛应用。一般业主总是通过委托物业服务公司来代理租赁业务,其一般的过程有如下几个主要步骤:

(1)业主放盘,了解情况 业主前往物业服务公司的有关部门放盘,这时作为业务人员,应热情地接待业主,从专业人士的角度为业主提供一切顾问咨询。而业主在物业出租中最担心的莫过于收不到租金(或不准时),害怕电话费、水电费、管理费拖欠以及房屋的人为损坏等,所以有许多服务项目就是针对这些问题而特设的,如代收租金、代管物业、代缴电话费等。这些服务项目有些是有偿的(一般收取业主收益的

5%的费用），有一些完全是无偿的，目的只是向业主提供一些方便，并维护业主及物业服务公司的合法权益，使业主和物业服务公司都避免一些不必要的损失。

（2）填写物业租赁委托书　在业主了解了各种情况及各项服务后，业务员应辅导业主正确地填写物业租赁委托书，除须清楚地填写业主姓名及物业地址外，还应与业主一起根据市场行情填写适当的租赁价格、收款方式及要求提供的服务项目等。为了便于联系，及时与业主沟通，以便随时就租赁条件达成一致，业务员除了应递上自己的名片外，还应与业主确定最直接有效的联系人及联系电话（或地址）。

（3）寻找客户，洽谈业务　拿到业主所填写的委托书后，业务员应及时将业主的资料输入计算机进行分类，从自己计算机建立的客户档案中寻找条件比较接近的客户，然后就可以展开洽谈工作。从一开始双方就一拍即合的例子在大多数的情况下几乎是不存在的，这就需要业务人员的"耐心、细心、恒心"。特别是在市场不景气的时候，往往租客会比较挑剔，甚至会提出许多不合理的要求，这时，就是一位优秀的业务人员大显身手的极好时机，同时也是一次难得的锻炼机会，双方要比耐心、毅力。所以每一项业务达成的整个过程中，洽谈是最为重要的。最后双方就各自所应享有的权利与承担的义务达成一致后，则要准备签订合同。

（4）收集准备有关资料文件，然后正式签订合同　在双方签订合同前，业务员应按照双方所达成的各项条件填写合同，并收集出租人与承租人双方的有效证明文件，然后请双方在租赁合同（由房管局统一印制）的有效位置签名盖章。

（5）办理租赁登记手续　房地产租赁的行政主管部门是当地的市国土局、房地产管理局（以下统称房管局）。根据规定，房屋租赁实行登记制度，未经租赁管理机构登记的租赁行为不受法律保护。双方应在签订租赁合同后，前往房管局的租赁登记所办理登记手续，并准备以下文件：

①出租人应向租赁登记所提交的房屋租赁申请书。

②出租人的房地产权利证书或证明其产权的其他有效证件。

③房屋租赁合同。

④租赁双方的身份证明文件或其他合法资格证件。

⑤其他涉及的法律、法规规定应当提供的证明文件。

一般房管局租赁登记所在收到上述文件后的 10 日内，对符合规定的，会予以登记并发给《房屋租赁证》；对不符合规定的，也应予以书面答复。

（6）完成交接手续　完成登记后，业主可以将所有的房屋钥匙、信箱钥匙、防盗门钥匙（密码）移交给租客，并根据双方所签订的租赁合同的承租日期，将期前所发生的所有费用（管理费、水电费、煤气费）由业主结算清楚，从承租日开始由租客承担所有费用。

（7）存档备案　将登记后的有关资料输入计算机存档备案，并更改事前的业主档案、客户档案，建立新的租户档案。至此，整个租赁工作宣告完成。

2) 物业租赁合同

物业服务企业应以书面的形式签订所有的租约,以保护业主的利益。租约也是一种合同,是租赁双方当事人依法订立有关物业使用权让渡法律关系的协议,签约双方必须具备合法的身份以达成合约中的协议。合同成立后,当事人之间即发生了权利义务关系。物业租赁合同的基本组成部分包括:

(1)签约双方的法定签名 租约既是一份正规的合同,又意味着房地产权益的转移,因此租约上必须注明出租者和承租者的姓名,并且要由物业所有者或其合法代表签名方能生效。当然租约的签署权可由业主在物业管理合同中授予其物业服务企业。在实践中物业服务企业应保证承租方在租约上签字后方能行使其对物业的使用权。如果租赁方属于公司或其他组织机构,租约的签署者应为租赁方的法定代表人或主要负责人,并且应在租约上加盖公章。

(2)物业的具体描述 签订合同时对租赁场所做精确的法律描述是至关重要的。如果出租对象是楼宇或公寓的一部分,租约应明确其所占空间的边界,如明确房间号和街道地址;如果出租对象是商业用房,则需要在租约中附加所出租空间的楼面布置。为周到起见,租约中还要注明租户对楼梯、电梯、大堂、车道、道路享有的权限,以及被租房间的装饰、器具等项目及其状况和其他附属空间,如车库、储藏室、露台等的权限。在工商物业出租中,对物业描述的另一项内容是物业所有者将要为租户进行的物业改造,例如要指明改造项目和所需要的费用分摊情况以及由哪一方实施改造。

(3)规定租期的条款 租约中应明确租用期及其开始与截止日期,如可以叙述为:"租用期30年,起始日为2000年4月1日,截止日为2030年3月31日"。

很多租约中还包含续租条款,就租户续租细节加以说明。续租细节包括租户提出续租的最后期限、方式、向谁提出以及续租条件和租金追加额等。

由于续租条款对租户有利,业主一般在与租户达成续租协议时要求续租租金有较大的提高,提高的幅度起码要与物价涨幅持平。无限期续租必须在租约中明确。

有的租约还允许租户在缴纳罚金的条件下提前中止租约。在工业租约中(尤其是在租户自建厂房的情况下),有时允许租户在租约到期时购买物业的全部产权。

(4)规定租金支付方式的条款 租约中应注明租户租金的交付方式。无论毛租、净租还是百分比租约,支付租金的时间和总数必须说明。如果租金是按面积计算的,在租金计算时必须注明"××元/(m²·年)"等字样。

(5)取得物业实际占有权的条款 在租约中一般还要注明物业所有者必须保证租用户对物业的实际占有权。如果在新租期开始时,物业仍被上期的租户占用,物业所有者或其代理人物业服务公司必须对占用者采取措施,且所有费用自负。若不注明,则如何实际获得物业的占有权利就可能是租户自己的责任,为避免日后发生纠纷,因此一般都要在租约中明确。

(6)调整租价的条款 由于通货膨胀、税收等因素的影响,一般租约越长,业主的利益就越可能受到威胁,因此在原始租约中应规定特定的租金调节法,这一点非常重要。可以提高租金率的方法有以下几种：

①渐进调整。在毛租和净租中,常见的调整租金的方法是渐进调整(又称自动升级租约),即规定进行定期的租金提高。例如,一幢办公楼第一、二年的租金是 100 元/(月·m²),第 3 年是 150 元/(月·m²),第四、五年为 200 元/(月·m²)。

②百分比租赁。百分比租约中租金的调整是按租户经营收入的增加而增加的。

③指数租赁。指数租赁是指以某种经济环境的宏观统计指数为依据,进行百分比租约的调整方法。最常用的指数是消费者价格指数和批发价格指数。指数应与租户的经营项目有关,可以从可信赖的独立机构中获取。对于办公楼宇、服务机构、经济组织、经纪公司等组织的租户,可以用此方法。

租金的调整频度和幅度由双方在租约拟订前商定。例如,租金数额可以确定为：基本租金 4 800 元/月,调节租金与消费商品价格增长同步,即消费商品价格每增长 1%,租金提高 1%,若第一年物价涨幅为 6%,则下一年租金为 5 088 元/月。

④价格收缩条款。价格收缩条款是指租金价格的调整除了随经济指数变动外,还要考虑其他因素如工资水平、税率、水电费价格和物业运行开支等的变动,有升有降。当考虑物业运行费用时,租户仅增加负担超出预先确定开支的部分。预先确定开支的部分称为支出基点,超出部分被称为运行机制超支,该条款常见于办公租赁。

⑤重估定价。重估定价就是在租约生效的一段时期(通常为 5 年)后,双方同意由独立评估人就当时的市场价格对物业的租价重新评估并确定。

(7)承担不可预见费的条款　一般来说租约越长,出现无法预期的费用变化或其他不可预见的突发问题就越多。因此,租约中应该附有要求租户分担不可预见费的条款,以保护业主的利益。

(8)规定物业用途的条款　物业所有者在租约中要附加对物业用途加以限制的条款,例如,在办公物业租赁中可限制物业从事的业务类型,如"建议仅从事一般的保险代理业务,而不可涉及其他";或不得进行违法用途(如制假伪劣产品)。在公寓租约中可附加:"只供居住不供商用"。

(9)规定转租和分租的条款　转租是指租户将其对物业的占有与收益权利转让给第三者,而分租是指租户将部分权利进行转让。多数租约是禁止上述行为的,除非经过所有者事先允许。如果租约中没有明确禁止转租或分租行为,租户就有权对其租用权进行转租或分租,这样可以确保业主对物业的控制权和对租户的选择权。

(10)承担灾祸损失的条款　对火灾损失、毁坏资产及赔偿等问题在租约中也应有明确的规定。任何由租户造成的对物业的损毁都必须由租户负责,对损毁的物业业主有权中止租约,并保留对租户追究法律责任的权利。物业的毁损若不是由租户造成的,则租户有权中止租约,也可以让业主对物业进行修复并在修复期间内免交租金,还可以空出不能使用的部分并适当降低租金数额。

(11)租户责任条款　租约中要规定租户的责任,包括要求租户及时修复或赔偿由租户直接或间接造成的损失,要求租户对所有管道、电梯和其他设备进行规范操作,不得故意毁坏物业的任何部分并防止他人破坏,不得妨碍其他租户对安静环境的要求等责任。

(12)租户对物业改造的条款　租户在未经业主或其代理人——物业服务公司书面允许的条件下,不得对物业结构做任何改动。多数租户自行进行的对物业的改造将被作为物业的附属物而成为所有者物业的一部分。但商业和工业物业则一般容许租户为了生产经营的需要而进行自行改造,这些改造部分就属于租户自己的资产,因此在租户能够恢复物业本来面貌的条件下,可以在租期结束时移走。但要注意在租约中对租户移走自有改造部分的措辞的微小差别都可能造成不同的后果。例如一个长期租用的租户在初次租赁时做了部分装修,在第三个租赁期他搬走,而条款只要求恢复到租赁初期的状态;此时,租户只要恢复到上一次租赁时的装修情形即可,而第一次租赁时的装修他可以不管,不再恢复,这时业主不得不承担再装修的费用。

(13)规定保证金的条款　租约还应该包含租户缴纳保证金和保证金归还条件等内容。保证金可以是现金、支票、转让的票据等,在租期结束业主或物业服务企业应归还租户的保证金。若需要扣留,必须指出租户对自己物业造成的损失。

(14)规定业主职责的条款　该款可以规定以下内容:

①账单与通知单的及时送达。租约应注明业主或代理人——物业服务公司通过邮寄或递送的方式在适当时间及时向租户发送有关通知或账单。

②保障租户的隐私权。保障租户的充分隐私权是业主的职责,为此租约条款中应注明:严禁业主和物业服务企业人员随便进入租户所租用的物业内,但紧急情况、必要的维修需要以及临近租赁期满的除外。如果物业被拍卖,条款中就应允许购买者参观物业。

对商业与工业物业,为保证所有者对物业监督的合法性,物业管理者应保留随意出入并巡视物业的权利,以便随时发现对物业的滥用行为和未经允许的增建或改建。精明的物业管理人员还可以从巡视中发现租用公司的经营情况。

③物业的维护。租约中还应该规定业主对物业维护所负的责任。一般要求业主负责所有必需的维修事务。业主一般通过物业服务公司来维护电梯系统,提供诸如公共区域的管理、保洁等一系列服务。

如果业主对提供物业维护和其他服务确有困难的,物业服务公司在草拟租约中应尽量减轻业主在这些方面的责任。当然如果业主将物业变卖,则除了将保证金交还或移交给新业主外,其对该物业不再负任何责任。

(15)关于索赔的规定条款　该款可以规定以下内容:

①业主失责时的租户索赔。这又分为以下3种情况:

A.业主违约。租约中应注明如果业主或物业管理者未能履行租约规定的责任,租户可以对因违约造成的损失提出赔偿的诉讼请求。

B.业主未按期交付被租用物业。有时业主由于前租户未能空出物业或维修、改建工程未能按时完成等原因,而拖延交付物业使用权。在这种情况下如果租户未能在租期开始时获得所租物业的相应权利,可以拒付租金或中止租约,也可通过法律手段获得相应的权利,要求业主赔付由此造成的损失和律师费用。因此物业管理者在签约时应留有余地,在租约中写明允许业主在必要时推迟交付被租物业,以使租户在容许的推迟期限内不中止租约或采取其他行动,容许租户在实际租用开始后再计算租金等。

C.业主未能提供租约规定的服务。如果业主未能向租户提供必要的服务,如不能正常地供热、供水,以及业主没有提供必要的维护而使物业无法正常使用等,租户有权要求中止租约,放弃对物业的租用。因此为了业主的利益,租约中应要求租户在业主的服务失败时,向业主提供书面通知,并给予一定的恢复被中断服务的时间。

②租户违约时的业主索赔。若租户违反租约,租户将承担相应的违约责任,由此造成业主损失的,还应赔偿损失。

9.3　物业经营管理

我国近年来大量高层和超高层建筑纷纷落成,一幢幢拥有数万平方米的可供出租并集办公、商场、商务、康乐、餐饮服务于一体的大型建筑群正如雨后春笋般在我国大城市拔地而起。这对我国刚刚起步的物业管理提出了挑战,如何使这些耗资巨大、设施先进、结构复杂的高档物业在建成后能保值增值,是物业服务企业面临的重大课题。经营性物业如酒店、写字楼、购物中心、工业厂房与仓库以及出租的公寓等的统一招租日渐成为物业服务企业的经营项目。

9.3.1　物业经营管理内容

需要进行经营的物业包括写字楼、酒店、商贸中心、工业厂房及仓库等不同类型和用途的物业,因此物业经营管理的内容也应根据这些不同类型的物业特点和委托人的要求来分别确定。但无论是哪一类、哪一种用途的物业经营,其管理基本包括以下几个方面的内容:

1)制订管理计划

在接管一宗物业后,物业服务公司首先要制订一份管理计划和预算方案,并经委托方同意。计划应详细说明物业管理所提供的服务内容以及所采用的方法。计划制订一般有以下 4 个步骤:

(1)确定具体目标　物业所有者(业主)的目标是制订管理计划的基础。业主除了最大限度地获得利润以外,没有具体的目标,物业管理人员就要通过有关调查,分析有关投资信息,来确定较为具体的目标。

(2)检查物业质量状况　要确定实现目标所需花费的工作量、时间和费用,而且要熟悉和检查所接管物业的物理状况。只有熟悉了解所管理的物业,才能确定维修和管理的重点,并估算出完成这些工作所需的时间和费用。即使是新建物业,也要熟悉和检查。

(3)制定租金方案和出租策略　物业出租实际上是出售一定期限的物业使用权,只有在业主和租客双方都满意的情况下,租约才会继续下去。从这种意义上来讲,为物业的出租和提高出租率而进行努力是永无止境的。

①制定租金方案。租金方案的好坏关系到物业的出租率和出租收入,进而关系到业主的投资回报率和物业服务公司的经济效益,所以,租金方案的确定非常重要。

从理论上讲,租金是由经营成本、固定税费和业主期望的投资回报率所决定的,但实际上租金的高低主要取决于同类型物业市场的供求状况,而市场上的一般租金水平也是决定物业租金水平的重要因素。高于或低于市场一般租金水平的租金都可能导致业主利益受损,并且不能完成预期目标。如果确定的租金高于市场一般租金水平,就意味着物业有空置的风险;而低于市场一般租金水平,虽然可能使出租率达到100%,但可获得的租金收入是不理想的,甚至可能获得的是不能抵偿所有投资成本的租金收入。

②制定出租策略。良好的出租策略能够提高物业的出租率,因此,制定有效的出租策略相当重要。决定出租策略的主要因素是市场。在制定出租策略时,首先要对同类物业市场和竞争对手情况以及此类的物业市场需求量和需求增长率进行调查分析,对自己的优势和劣势进行剖析;同时开展租客的心理研究,这样在制定出租策略的过程中便可以扬长避短,以期胜利占领市场。

(4)提出预算方案　预算是收益性物业管理中经营计划的核心,是计划和控制的重要工具。预算方案主要包含以下内容:

①预算收益的估计。这主要包括预期的租金收入、管理服务费收入和各种附属文化娱乐、商业设施的营业收入。其中租金收入是根据租金市场和物业面积以及估计的出租率而概算取得的。

②预期经营管理费的估计。投资性物业的经营管理费主要包括物业出租的经营成本和各种物业管理服务费。

③允许空置率水平的估计。出于各类因素的影响,物业出租率不可能每时每刻都达到100%,应该允许有一定的空置率。物业空置率水平会影响到预期收益,因此,允许的空置水平的估计比较重要。

2) 制定市场宣传策略

物业管理人员通过制定物业市场宣传策略,利用各种社交场合及宣传手段进行宣传,使物业的出租率和租金水平达到一个较为理想的程度。

(1)确定宣传主题　物业管理人员制定市场宣传策略的第一步要把宣传主题定位正确。一般来讲,宣传是围绕着物业的特性进行,如宣传物业所处的地理位置、周围的景观、交通方便性等,而不是物业租金的低廉。因为物业(尤其是商业、工厂而言)租金水平相对于物业的其他特性来说可能并不十分重要,物业的特性、质量、外部环境、地理位置才是吸引租客的主要因素。

（2）选择宣传媒介，搞好宣传工作　物业服务企业确定物业宣传主题之后，就要选择适当的宣传媒介。一般来讲，物业的宣传媒介因物业的类型不同而有不同的选择。如报纸上分类广告比较适合居住类物业的出租宣传，而电视宣传就比较适合大型投资性物业的出租宣传。"看楼"是当前比较流行的宣传手段，它是指物业服务企业将拟出租物业部分整理好，带领有兴趣租房的人前往参观。在参观过程中，物业的本身和物业管理人员的工作情况、服务效率水平都是非常重要的。这是租客对物业的第一印象，也许良好的第一印象就导致了租赁成交，所以必须要重视"看楼"导游小姐或导游先生的素质培养。

3) 制定租金收取办法

为了尽量减少租客迟付或拖欠租金给业主带来的损失，并能和租客建立良好的信任关系，需要研究制定可行有效的租金收取办法。

（1）制定收取租金的弹性策略　尽管租金收取有一定的程序和时间的规定，但也要体谅租客的特殊困难，并设法为其解决这些困难，以达到按期收齐租金的目的。这就是说，租金收取办法要有一定的弹性，以便使物业服务企业和租客间建立起良好的信任关系，尤其在经济不景气或租客业务发生困难时，这种弹性策略对提高物业的出租率和物业服务企业的声誉尤为重要。当然这并不排除必要时诉诸法律的可能。

（2）奖励措施的制定　在制定收租办法中，制定和采取奖励措施非常重要。物业管理企业对提前缴纳租金的租户实行一定额度的奖励，如年初交齐全年租金的可免半个月或一个月的租金，以鼓励先进，鞭策落后；对于无故推迟交纳租金的租户，可按比例收取一定的滞纳金。同时应知道采取奖励措施比采取罚款措施更有效。

（3）选择灵活的收租方式，确定合理的收租时间　物业服务企业要根据租客的收入特点灵活地选择收租方式，合理确定收租时间，并通过电话、信件、亲临访问，提醒租客按时缴纳租金。如有特殊情况，物业服务企业可主动上门收取租金，对租客主动缴纳租金的行为表示感谢。

9.3.2　物业经营管理原则

针对经营性物业管理的特性，联系我国目前的情况，管理投资性物业应坚持以下原则：

1) 综合管理原则

一宗物业，尽管有许多产权人，但管理应该是统一的。物业的管理权和所有权可以分离，产权人可以自行管理物业，也可由物业服务公司进行管理。但无论采取哪种方法，单宗物业的管理应该是统一的，这样才会减少损耗，贯彻最大物质效益原则。

2）社会化原则

投资性物业管理按照社会主义市场经济的要求,从行政管理逐步过渡到经营服务型管理,从单位自管向社会化管理转化。社会化的重要性体现在物业管理市场化,按照市场规律,实行优胜劣汰的竞争机制。

3）经济效益和社会效益并重的原则

投资性物业管理追求最大的经济效益是正确的,符合市场经济规律,但同时也要清醒地认识到投资性物业管理仍属于服务性行业,管理的对象是建筑物及附属设施,而服务对象是人。因此,物管企业在追求经济利润时,不能忽视社会效益,为使用者提供优质服务,美化城市,造福全社会。

4）专业管理与民主管理相结合的原则

投资性物业管理要向专业化管理发展,应同时注意必须和使用者、产权人进行协商,共同完成管理任务。要充分发挥业主委员会的作用,积极参与重大问题的决策,对物业服务公司的财务状况、服务情况及工作人员的表现进行监督,支持物业服务企业对物业进行专业化管理。

9.3.3 零售商业物业的经营管理

零售商业物业的经营管理,最重要的就是物业的统一招租活动。在统一招租过程中,由于商场的每一位零售商都要依赖其他零售商家产生的人流,加上百分比租约的普遍使用,零售商的成功便为业主带来了投资利润,也意味着业主投资的成功。所以在零售物业的统一招租过程中,租户与商场相宜的搭配是极为重要的。

1）零售商业物业的分类

零售商业物业依据其建筑规模、商业辐射区域以及经营商品的特点可划分为5种类型:

(1)市级购物中心 市级购物中心的建筑规模一般都在3万平方米以上,其商业辐射区域可覆盖整个城市,服务人口在30万人以上,年营业额在5亿元以上。在市级购物中心中,通常由一家或数家大型百货公司为主要承租人;男女时装店、家用电器设备商店、眼镜店、珠宝店、摄影器材商店、男女鞋店、体育健身用品商店等通常也可作为次要承租人进入中心经营;银行分支机构、餐饮店、影剧院、汽车服务中心等也常成为这些市级购物中心的承租人。按其所服务的对象不同,市级购物中心也有高档和中档之分。

(2)地区购物商场 地区购物商场的建筑规模一般在1万～3万平方米,商业服务区域以城市中的某一部分为主,服务人口为10万～30万人,年营业额在1亿～5亿元。地区购物商场中,中型百货公司往往是主要承租人,家具店、超级市场、图书及音像制品店、礼品店、快餐店、男女服装店、玩具店等常常是这类商场的次要承租人。

(3)居住区商场　居住区商场建筑规模一般在 3 000 ~ 1 万平方米,商业服务区域以城市中的某一居住小区为主,服务人口为 1 万 ~ 5 万人,年营业额在 3 000 万 ~ 1 亿元。居住区商场内,日用百货商店和超级市场通常是主要承租人,自行车行、装饰材料商店、普通礼品店、音像制品出租屋、药店等常常是这类购物中心的次要承租人。

(4)邻里服务性商店　这些商店的建筑规模一般在 3 000 m² 以上,且以 500 ~ 1 000 m² 建筑面积者居多,服务人口在 l 万人以下,年营业额在 3 000 万元以下。方便食品、瓜果蔬菜、日用五金、烟酒糖果及软饮料、服装干洗、家用电器维修等的经营者通常是这些商店的承租人。

(5)特色商店　这些商店通常以其经营的特殊商品或服务及灵活的经营方式构成自己的特色。如专为旅游者提供购物服务的旅游用品商店、精品商店、物美价廉的直销店或仓储商店、有较大价格折扣的换季名牌商品店等。这类商店的建筑规模、商业服务半径、服务人口、年营业额等差异较大。

2)零售商业物业租赁的宣传

同其他资产一样,零售物业标志是最为有效的宣传。零售物业可以通过报纸广告、广播、宣传册以及来往的信件来宣传,其中最有效的策略就是宣传册、邮寄广告以及与潜在租户的私人交往。一般来说,广告费用不能超过购物中心总预算的 20%。

(1)品牌广告　零售商业物业的标识广告不仅对商场最初的租赁和空场地的租赁起着重要作用,而且对于商场的商品买卖也相当重要。商人往往最关心品牌的价值,而租户们也一样希望通过招牌来确认自己的身份,因为这代表着数年来他们在投入上获得的名声。如重庆朝天门的大正商场,由于品牌的树立,业主每年的租金收入就达数百万。

①租赁前期的品牌广告。商业物业品牌广告有几类,在租赁前期即物业的建设阶段,通常用张贴广告的形式在建筑上做广告,主要用于宣传商业物业的情况和场地的价值以及业主等情况;在个别场地也可在窗户上表明此处出租,这类广告通常给出场地的面积、电话号码和联系人姓名等。

②建成运行后的品牌广告。商业物业建成运行后都有一个专门的、永久性的标识。如果租户的物业没有区别于他人的标记,那么就可以通过标杆式标记实现,当然相对主承租商来说,一般小租户对此不甚关心。

(2)陈列式广告　物业管理人员可通过陈列式广告在大都市报纸经济栏目中出现,或选择一些周刊或贸易杂志来促销物业。例如,一家新开张的大型地区性购物中心发布广告时可选择在周末进行,以便更多的人来参加,也有利于设置一个好的情景来吸引潜在租户。

(3)宣传册　一本简洁、可读性强、印刷有品位的宣传册可以送给那些经过精心挑选的潜在客户,它可能使某个物业或某个整体性的物业的优势更加突出。宣传册中不应涉及租赁条款,因为这可能使潜在租户还未了解物业的优点之前就产生了畏难情绪。

(4)信函广告　信函广告是大型购物中心广泛采用的,小型物业一般受经费支出的限制不常使用。信函广告应邮寄给那些最有可能成为承租人的公司,这些名单可以从电话黄页簿中获得。

(5)个人联系　个人联系是寻找购物中心租户的最有效的方法,尤其对于小型物业更是如此。因此,物业管理者要对旺铺的下一个期满日做好记录,以便终止前一两年内做好公关。进取的、成功的商人是购物中心赖以生存的基础,他们往往是下一个租赁期的潜在客户;租约终止前提前与职业性或群众性组织联系是获得潜在租户的好办法。

(6)共同的宣传报道　零售物业的一个显著特点是:个人承租者为吸引顾客购买其商品一般都要努力地做言辞,扩大其商品的影响。这样做的结果也是把顾客的注意力转移到了购物中心。广告宣传扩大了物业的知名度,使得现有的租户增加,同时也提高了物业对潜在承租人的吸引力。因此,物业服务企业在签订租约时可以规定,承租人须拿出一部分收入(可按租赁面积支付)与其他承租人一起联合为购物中心做广告。

(7)促销活动　对于地区性的购物中心,有组织的、全方位的促销活动是不可或缺的。物业服务公司应该安排专人负责地区性购物广告,这些人可以通过组织花卉植物展、汽车展、艺术展、古物展和季节性活动等来吸引顾客。

(8)出租代理商　宣传册与邮寄信函除了作为潜在租户信息来源外,还可以用来寻求与外界经纪人和出租代理商的合作。物业服务企业通常设立出租代理机构或采取其他经济刺激手段,鼓励本地区的主要商业经纪人为物业介绍客户。通过经纪人的活动,物业在市场的影响力得以提高;对经纪人来说,通过从地产公司领取薪金,可把大部分时间花在与本地生意兴旺的业主交流以及对理想中的租户的游说上,可以为物业的出租作出贡献。

3)选择承租人

在选择零售商业物业的承租人时,物业服务企业要对许多因素进行权衡,除了消费者的自然习惯外,物业服务企业必须要预计有哪些因素可以主动地吸引消费者的光顾。理想的承租人要能够提供货真价实的商品和服务,且与其他零售商业物业中的同类商家相比具有竞争力。还要对零售商的信誉和财务状况进行了解和分析,因为除了承租人所提供的商品和服务的质量及其对消费者所承担的责任外,还要看其是否有支付租金的能力,这将影响到能否在本物业内安置该零售商以及在哪个具体位置安置更合适的问题。

(1)声誉　声誉是选择零售商作为零售商业物业承租人时首先要考虑的因素。

由于声誉是对商家公众形象的评估,所以物业服务企业要注意了解零售商对待消费者的态度。这对于一些大型百货公司、连锁店来说,很容易对其声誉做出评估。例如一位消费者购买了某商家的商品,能否方便地享受退货或更换服务,就反映出该商家的顾客服务质量;仔细观察零售商的售货员对消费者的态度和服务水准,就能使物业服务企业认识到潜在承租人是如何进行经营的。

(2)财务能力 除了承租人的声誉外,物业服务企业还要认真地分析承租人的财务状况。大型零售商在某一个连锁店经营成功,并不表明其母公司或其相关权益人的成功。母公司可能会通过转让其下属的某一连锁店,来解决整个企业对资金的需求。

(3)承租人组合与位置分配 一宗零售商业物业内经营不同商品和服务的出租空间构成了该物业的承租人组合。以一个大型百货公司为主要承租人的购物中心将以其商品品种齐全、货真价实吸引购物者,以仓储商店或折扣百货商店为主要承租人的商场将吸引那些想购买价廉商品的消费者。主要承租人的类型决定了每一项零售商业物业最好的承租人组合形式。对于次要承租人所经营的商品和服务种类,不能与主要承租人所提供的商品和服务种类发生冲突,两者应是互补关系,这样才能形成特色。

各承租人在整个零售商业物业中相对位置的确定也异常重要,鞋店往往在大商场中是男女服装部分的很自然的补充,各类冷饮店一般设置在商场入口处或与快餐店相邻。合理地为每个承租人确定位置,对于提高该承租人乃至整个物业的吸引力具有很大作用。

9.3.4 写字楼的经营管理

写字楼的经营管理任务也就是办公物业的统一招租。物业服务企业接受业主委托,就要做好写字楼的统一招租工作。写字楼的办公室租赁有长期的,也有短期的,因此,写字楼的租售宣传、潜在客户的寻找、日常性的租赁业务是写字办公大楼经营必不可少的环节,也是保证业主经济效益的一个基本组成部分。

1)写字楼的租赁宣传方法

写字楼的租赁需要对潜在租户作系统的、连贯性的营销计划,分析他们所需的面积数,向他们宣传适合其经济能力与所需面积的办公空间。尽管写字楼的租赁有很多种方法,但对于每一个人来说,了解物业市场是必要的。潜在租户对于写字楼的选择主要取决于是否具有明显的价格优势、所处的环境、劳动力市场、经济增长、声誉以及新地区的经济情况等。

一般最常用的吸引潜在租户的方法是:标志牌、宣传册、陈列式广告、信函广告、媒体报道、游说、租赁代理与销售中心等。不同的办公场所适合不同的租赁方法,物业管理者应确定每一种办公楼所适用的租赁方法,以及采用何种策略抓住潜在租户,

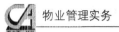

以增强其对楼宇的需求。

写字楼租赁的宣传方法与零售商业物业租赁的宣传方法大同小异,在此不再赘述。

2) 寻找潜在租户,选择承租人

广告等宣传活动虽然能激起对办公楼宇的需求,但物业的租赁还是要通过与潜在租户的单独联系来进行。因此,在寻找潜在租户中,收集租户的相关信息,了解他们的需求,并提供专业化的服务就显得很重要。

物业服务企业应慎重选择承租人并与之保持友好关系。在选择承租人时应考虑承租人所经营业务的类型、财务稳定性和长期赢利的能力、所需面积的大小及其需要提供的特殊物业管理服务的内容。如果对这些信息研究不够,可能会给物业服务企业或业主带来损害。

9.4 物业销售与经营管理中的常见问题与应对措施

9.4.1 常见的商品房买卖欺诈问题及应对措施

1) 商品房买卖常见的欺诈问题

①经营者故意隐瞒真相,妨碍消费者获得产权的情况。具体包括:

A.不具备开发资质,"五证"不全,编造虚假文件。

B.故意隐瞒影响消费者正常使用的重大质量问题。

C.致使合同无效或根本违约的行为。

②虚假售楼广告、沙盘录像、照片等承诺与实际不符。

③明知检测机构测量有误,但故意不纠正。

2) 商品房买卖常见纠纷

上述问题导致的商品房买卖纠纷主要来源于商品房买卖双方的不平等地位。具体来说有以下一些常见纠纷:

①开发商单方订立不平等合同,或单方确定一些应由买卖双方约定的条款,造成消费者在不知情的情况下交纳的定金难以归还。

②开发商单方扩大解约权,设定自身减免责任条款。

③开发商有意模糊标的物,以便在虚假宣传、面积误差补偿等问题上能使用于己有利的条款。

④销售过程存在违法行为,如一房二卖、签约先交钱。

3) 应对措施

①向律师了解有关商品房买卖方面的法律法规,做到心中有数。

②关注开发商的商业信誉,调查其是否有不良记录以及"五证"是否齐全。

③务必要求开发商提供《商品房买卖合同》及相关资料,特别是对补充协议、附件约定的内容要认真阅读,弄清自己的权利义务,不要在不知情的情况下贸然交付定金,必要时可咨询专业人员或律师。

④把好从签约到验收的每一关,不在导购人员口头承诺、宣传广告、沙盘模型的影响下草率签字。

4) 关于商品房买卖纠纷的司法解释

《最高人民法院关于审理商品房买卖合同纠纷案件适用法律若干问题的解释》(以下简称《商品房买卖纠纷司法解释》),对商品房预售合同的效力、商品房销售广告、拆迁补偿安置、房屋面积缩水、商品房的交付使用及风险承担、商品房质量、商品房按揭等方面如何具体适用法律做出更加明确、具体的规定。另外,对房地产开发企业严重违反诚实信用原则,损害买受人利益的恶意违约、欺诈等行为,《商品房买卖纠纷司法解释》明确规定可以适用惩罚性赔偿原则。

(1)销售广告可以成为商品房买卖合同的内容　《商品房买卖纠纷司法解释》规定,商品房的销售广告和宣传资料为要约邀请,但是房地产开发企业就商品房开发规划范围内的房屋及相关设施所做的说明和允诺具体、确定,并对商品房买卖合同的订立以及房屋价格的确定有重大影响的,应当视为要约。本解释特别提到,这些说明和允诺即使未载入《商品房买卖合同》,亦当视为合同内容,当事人违反的,应当承担违约责任。

(2)房屋面积缩水不超过3%将难以解除合同　买房者都会担心一个问题——房屋面积缩水。《商品房买卖纠纷司法解释》明确规定,房屋面积缩水超过3%的,买受人有权解除合同,并可要求赔偿损失。司法实践中,如房屋面积缩水在3%以内(含3%),此时买受人要求与房产商解除合同,根据本司法解释,该诉求得不到法院的支持。

(3)房产商恶意违约、欺诈将付出沉重代价　商品房买卖过程中,房地产开发企业恶意违约或欺诈,致使买房人无法获得房屋产权的,将担负惩罚性赔偿责任。

(4)到期不给办理房产证,买房人可以申请赔偿损失　购买商品房却迟迟拿不到房产证,买房者可向人民法院起诉或依据仲裁协议请求开发商赔偿损失。

(5)"交钥匙"就算房屋交付使用　《商品房买卖纠纷司法解释》第11条明确规定,对房屋的转移占有,视为房屋的交付使用。"交钥匙"就算交付使用。

(6)商品房质量严重影响正常居住购房合同可解除　如果购买的商品房因质量问题严重影响买受人正常居住使用,法院应支持买房者解除房屋买卖合同。

(7)商品房买卖合同将不被轻易确认为无效　《商品房买卖纠纷司法解释》充分体现了促进商品房市场健康发展的精神,主张不轻易确认合同无效。

(8)集资房、房改房、经济适用房不适用《商品房买卖纠纷司法解释》　本司法解释只调整商品房买卖纠纷,而不调整其他的房屋买卖纠纷。

(9)法院应支持拆迁户优先取得补偿安置房　根据《商品房买卖纠纷司法解释》的相关规定,人民法院应该支持拆迁户优先取得补偿安置房屋。

(10)包销商也要参加商品房买卖合同纠纷诉讼　如果买房户因为商品房买卖合同与房地产开发企业发生纠纷,人民法院将会通知包销商参加诉讼。

(11)商品房买卖合同确认无效,当事人可请求解除"按揭"贷款合同　在商品房买卖合同被确认无效,或者被撤销、解除时,当事人任何一方可以请求解除按揭贷款合同。

9.4.2　房地产开发商擅自更改规划及应对措施

1)有关土地规划的法律规定

①房地产开发商开发建设项目必须符合城市规划和城市规划管理技术规定,必须经过政府规划部门审批。

一般来说,开发商开发建设项目应按先后顺序向政府规划部门申请以下3种许可文件。

第一,申请《建设项目选址意见书》。申请时应填报申请表,按规定附送有关文件、图纸。大中型建设项目还应当事先委托有相应资质的规划设计单位做出选址论证。政府规划部门审核同意的,应核定设计范围,提出规划设计要求。

第二,申请《建设用地规划许可证》。开发商应按规定报送建设项目可行性研究报告和设计方案以及有关文件、图纸。

第三,申请《建设工程规划许可证》。建设单位或个人领取《建设工程规划许可证》时,应按规定缴纳执照费,并在法定时间内开工。逾期未开工又未申请延期或者申请延期未获批准的,《建设工程规划许可证》即失效。

②政府规划部门参与土地使用权出让计划的制订,以保证规划要求得到贯彻和执行。土地使用权出让必须按照城市规划和城市规划管理技术规定的要求进行。土地使用权出让合同必须有政府规划部门根据批准的详细规划提供的出让地块的位置、范围、规划用地性质、容积率、建筑密度、绿地率、停车场地等各项规划要求及附图。土地使用权的受让人在开发和经营土地的活动中,未经原审批的政府规划部门同意,不得变更出让合同中的各项规划要求。

③设计单位、施工单位和建设单位都必须严格按照建设工程规划等规划要求设计、施工和建设。建设工程竣工后,建设单位或个人必须向政府规划部门申请规划验收,验收不合格的,房地产管理部门不予房地产权属登记。

2) 开发商擅自更改规划的应对措施

①规划主管部门给以行政处罚。开发商在房地产开发过程中,擅自更改规划设计的,比如增加容积率、加高楼房的层数、将绿地改为建设用地、将商业用途改为住宅用途等,违反了规划管理方面的行政法规规范,系行政违法。对此,规划主管部门可以做出责令改正、通报批评或罚款等行政处罚。

②在购房合同中用专门条款对规划内容进行约定。如果开发商提供的是格式合同,应当在格式合同的补充条款中对此予以约定,并且要求开发商将小区规划设计图及相关资料等附于合同后作为附件。

③购房者应弄清楚所购住房及其相邻房屋与社区情况,不宜完全听信售楼人员的宣传,应注意保存相关的书面证据资料,比如销售广告、开发商的承诺书、购房合同、规划设计图等。

3) 房地产开发商"合法"更改规划的应对措施

开发商在开发经营过程中,往往会因利益关系而更改规划。为了避免因擅自更改规划而被业主起诉,开发商往往将其更改规划的申请递交到有权的规划部门。一旦更改规划的申请获得批准,开发商就理所当然地施工了。对此,在购房合同中,购房者可以与开发商就"不得更改规划"进行约定。这样,即使开发商的更改规划申请得到政府规划部门的批准,开发商也应承担违约责任。

对于在购房合同中没有约定"不得更改规划内容"的购房者,该怎样维护自己的合法权益呢? 可以就具体案情灵活选择其他方法。比较常见的方法有以下 3 种:

第一,如果开发商更改规划,影响到自己所住房屋的通风、采光或者进出入通道的,可以相邻权受到侵害要求侵权赔偿。

第二,在开发商更改规划获得批准后尚未或刚施工时,提起行政诉讼,并申请停止更改规划批复的执行。一旦批复被撤销,开发商就没有理由再施工。这种方法,应注意把握时机,因为如果等到楼已建得差不多了,再要开发商或政府规划部门将楼推倒,成本太大,几乎不太可能。

第三,如果售楼广告的内容被写进合同或者作为合同附件存在,而更改规划又导致广告内容无法实现的,业主就可以根据购房合同提起违约诉讼。

4) 开发商避免建设项目规划更改纠纷的途径

①开发商因事前意想不到的原因更改规划时,应尊重业主的知情权,最好告知业主更改规划的原因,并征求业主的意见。如果有不同意见,可以相互协商,并就补偿方案达成协议。

②政府规划部门在审批开发商更改规划的申请时,应当考虑利害关系人(即业主)的利益和要求。在审批做出前,可以召集业主代表与开发商听取双方意见。条件成熟时,可以进行类似听证的程序,尽量做到审批决定既合法又合理。如果只偏听开

发商的一面之词做出不合法的更改规划批复,业主可以提起行政诉讼,请求撤销"更改规划批复"。

③因更改规划导致纠纷或者矛盾时,开发商和业主都应当诉诸于法律渠道,不能以诋毁、攻击、威胁等非法手段导致矛盾进一步激化。

9.4.3 二手房买卖中常见问题及应对措施

1)二手房买卖中常见问题

(1)还款能力不足引起的问题　通过贷款支付主要房款是大多数购房人的首选付款方式。如果购房者不能通过银行审查,自身没有能力支付房款,基于买卖合同的约定又必须在一定期限内支付房款的话,将不可避免地造成违约,最后不得不承担违约责任。

(2)期房限转之后的期房买卖　在"期房限转"政策出台之前,通过预售合同权益转让方式办理的房产买卖占据了二手房交易市场相当的份额。此类二手房交易出现纠纷,原因在于售房人受到经济利益的驱使,宁愿选择违约(即按照合同约定承担违约责任)也不愿意继续履行合同,更有甚者,直接转售他人。

(3)户籍迁移之阻碍　户籍迁移一直都是二手房交易过程中难以解决的问题。户籍管理属于公安部门进行的行政管理,法院无权干涉,而且法院也不受理二手房交易中以户籍迁移为诉讼标的的案件,因此这个问题目前而言可以说解决乏术。

2)应对措施

①在签订合同之前,购房者应当充分考虑到自身的支付能力和银行信贷能力。如果中介公司承诺贷款的,应当要求其出具书面承诺或者作为付款担保人。从法律关系上来看,贷款合同与房屋买卖合同属于两个不同的法律关系,除非在买卖合同中约定"贷款未能成功,可以成为终止购房合同且不用承担违约责任的条件";否则,一旦未能获得贷款,基于买卖合同付款时间的约定,购房者就必须以其他方式如期支付房款,这就在一定程度上造成了购房者违约的可能。

②交易双方所签订的购房合同应当受到法律保护。

③针对目前户籍纠纷中的管理盲点,应当在购房合同中约定以户籍迁移为条件的违约责任,即要求未按照约定迁移户口的售房人承担赔偿责任,直至解除合同。为了保证售房人履行合同或在售房人违约时买受人得到保障,也可以以户籍迁移作为支付部分房款的条件。即是说,如售房人不能兑现户籍迁移承诺,则买受人可依约免交部分房款。在目前的房产转让与户籍迁移相分离的体制中,这样的应对措施是必不可少的。

案例分析

案例 9.1

某花园小区的一租户想要搬出一部分家具。他千方百计联系此时正在国外的业主,但就是联系不上。按照管理规定,租户搬出家具,必须有业主的书面许可证明,而没有业主的书面许可,管理处不予放行。急于搬出家具的租户万般无奈,找到租户管理处领导,恳求给予特殊照顾。该部门领导考虑,若简单放行,恐怕损坏业主的利益;若拒不放行,又会使租户感到不便,处于两难境地。

分析讨论:

(1)如果你是该租户管理处的领导,你该怎么办?

(2)你如何看待物业管理规章制度中的原则性与灵活性?

案例 9.2

某大厦内某公司向物业服务公司提出申请,要求星期五上午借用大厦会议室举办业务培训会,参加人数约 50 人。物业服务公司批准了该用户的申请,并向用户介绍了会议室管理规定和使用要求。但是使用当天,该公司约有近 100 人来到会议室,场面杂乱,不仅把楼层洗手间搞得一塌糊涂,还遭到其他楼层用户的投诉。投诉用户还反映,该公司有传销之嫌疑,请物业服务公司查明。

大厦物业服务公司接到投诉后,立即派保安员到会议室现场。经保安员查看,会议内容属内部业务员培训性质,且有合法经营执照,不属传销公司。

分析讨论:

今后物业服务公司应如何避免此类事件的发生?

案例 9.3

"××花园"是某市的高尚住宅小区,它的中心地带是一片空地。业主买房时,开发商承诺该地带将建幼儿园、会所、绿地及停车场。但事后,开发商经建委同意后,该地带除建幼儿园、会所外,还要建多栋联体高层住宅楼。业主认为更改规划影响了自己的居住环境,与开发商的矛盾和纠纷由此而生。

××新城是某市著名楼盘,但最近发生了一起集体诉讼,B 区的 308 名业主起诉市规划委员会。案件由来是,B 区南侧 1 万多平方米的空地上将建起一幢 33 层编号为 429 号的联体住宅楼,而开发商承诺该位置本是 6 层办公楼、停车场及绿地。B 区业主们认为,429 号楼建成将影响自己的通风和采光,而且 429 号楼的土地使用权约有 1/3 归 B 区业主所有,开发商擅自更改规划的行为得到了市规划委员会的同意,其行政行为侵犯了业主们的合法权益,故将市规划委员会告上法庭。

分析讨论:

开发商能否更改规划?

本章小结

　　本章涉及物业服务的前序工作,也是在通常情况下物业服务企业介入物业开发使用的环节之一。物业的销售与租赁涉及对物业市场的认识、促销策略的选择、销售态势的把握和销售对象的选择。

　　物业租赁工作的关键是对国家有关法规规章的把握以及租赁法律文件的制作和物业租赁流程的完善,以避免权责关系的不明确所造成的任何一方利益损失或对法规、政策的违反。

习　题

　　1. 物业的销售条件和策略有哪些?

　　2. 简述物业的租赁形式。

　　3. 试述物业租赁代理的运作过程。

　　4. 物业租赁合同的基本组成部分有哪些?

　　5. 简述零售商业物业承租人的选择。

第 *10* 章
ISO 9000 质量管理体系
在物业管理中的运用

【本章导读】

　　物业管理的服务质量直接反映了物业服务企业的水平，也导致业主满意度的差别。服务质量管理有各种方法与手段，其中 ISO 9000 质量管理体系的引入，不失为规范物业服务日常工作流程，将服务作业标准化、规范化的有效手段。

　　本章通过对质量体系指导思想、内审和认证审核程序、体系文件基本要求的介绍，使学习者领会质量管理的目标、要求、基本内容、工作方法，能够参与质量体系建设工作。

　　纵观国内外的发展趋势，ISO 9000 标准在越来越多的国家和地区以及相当广泛的领域中被推广，同时在物业管理中，ISO 9000 标准也得到了很好的运用。围绕这一主题本章主要论述 ISO 9000 标准的整体情况、贯标宣传与培训、文件编写与发布、内审与管理评审、认证审核与监督审核以及贯标中的注意事项等，目的是对 ISO 9000 质量管理体系在物业管理中的运用有一个基本的认识和了解。

10.1　概　　述

10.1.1　ISO 简介

　　所谓 ISO，它是国际化标准组织（International Organization for Standardization）的英文缩写，其前身是国际标准化协会（ISA），成立于 1926 年，1942 年因第二次世界大战而解体。

　　第二次世界大战后，随着世界各国经济的相互合作和交流，对供方质量体系的审核已逐渐成为国际贸易和国际合作的需求。世界各国先后发布了一些关于质量管理体系及审核的标准，但由于各国实施的标准不一致，给国际贸易带来了障碍，质量管理和质量保证的国际化成为当时世界各国的迫切需求。1946 年 10 月 14 日，中、美、英、法等 25 个国家的代表在伦敦召开会议，决定成立新的标准化机构——ISO。1947 年 2 月 23 日 ISO 正式成立，现已成为一个由各国标准化团体组成的世界性联合会，主要工作是负责起草国际标准。

10.1.2　ISO 9000 标准

1) ISO 9000 标准简介

国际标准化组织是由各国标准化团体(ISO 成员团体)组成的世界性的联合会。制订国际标准的工作通常由 ISO 的技术委员会来完成，各成员团体若对技术委员会已确立的标准项目感兴趣，均有权参加该委员会的工作。与 ISO 保持联系的各国际组织(官方的或非官方的)也可参加有关工作。由技术委员会通过的国际标准草案提交各成员团体表决，国际标准需要取得至少 75% 参加表决的成员团体的同意才能正式通过。

由国际标准化组织制定的质量管理和质量保证标准统称为 ISO 9000 系列标准。ISO 9000 系列标准的颁布，使各国的质量管理和质量保证活动统一在 ISO 9000 标准的基础上。标准总结了工业发达国家先进企业的质量管理的实践经验，统一了质量管理和质量保证的术语和概念，并对推动组织的质量管理，实现组织的质量目标，消除贸易壁垒，提高产品质量和顾客的满意程度等产生了积极的影响，得到了世界各国的普遍关注和采用。迄今为止，它已被全世界 150 多个国家和地区采用为国家标准，并广泛用于工业、经济和政府的管理领域，有 50 多个国家建立了质量管理体系认证制度，世界各国质量管理体系审核员注册的互认和质量管理体系认证的互认制度也在广泛范围内得以建立和实施。

2) ISO 9000 系列标准的特点

①适用灵活，即该系列标准提供多种模式可供选择，各个要素可以根据需要进行合理的剪裁或增删，要素的实施程度和证实程度可以适当调整。

②强调实践性，即所有的活动都应有文件规定，所有的规定都应执行，执行情况必须有客观证据加以证实，并有一定的可追溯性。

③强调对组织内各部门的职责权限进行明确划分和协调，从而使企业能有效、有序地开展各项活动，保证工作顺利进行。

④强调管理层的介入，明确制定质量方针和质量目标，并通过定期的内审和管理评审达到了解企业质量体系运行情况的目的。及时采取措施，纠正不合格，改进和完善质量体系。

⑤强调不断改进，即强调应有不断进行质量策划、质量改进、质量体系的完善和产品(服务)质量改进等永无止境的思想，把顾客满意、增强竞争力作为实施质量改进

的动力。

⑥强调全体员工的参与及培训,确保员工素质符合工作的要求,并使每位员工都有较强的质量意识。

3) 世界各国对 ISO 9000 标准的应用

ISO 把质量管理和质量保证标准推荐给各国,各国在采用这套标准时都应转化为本国的标准。我国于 1989 年 8 月实施了等效采用的 GB/T 10300 系列标准。为了与国际接轨,国家技术监督局于 1992 年 10 月决定等同采用质量管理和质量保证标准,颁布了 GB/T 19000 ~ ISO 9000 系列标准。所谓等效采用,是指我国的标准与国际标准在技术内容上基本一致,只有小的差异,即在形式、编排上有所差异。所谓等同采用,就是将质量管理和质量保证标准的中文译本直接作为国家标准,在技术内容和结构上不做或稍做编辑性修改。

为了实施 ISO 9000 认证,目前已有 50 多个国家建立了质量体系认证/注册机构。目前,世界上许多著名的大型企业,特别是跨国公司,都制订了全面实施 ISO 9000 工作计划,并正在大力实施。据有关国际组织调查统计,在 ISO 9000 发布后的 6 年时间里,有 76 个国家颁发了近 10 万张证书。

目前,ISO 9000 族标准已不再是企业独享的"专利",它已为各国政府、金融、交通、通信以及宾馆、旅游、物业管理等第三产业所接受,在国际上出现了"ISO 9000 现象"。ISO 9000 已成为当今国际上最为重要的国际惯例之一。

ISO 9000 族标准是世界上许多经济发达国家质量管理实践经验的科学总结,具有通用性和指导性。实施 ISO 9000 族标准,可以促进组织质量管理体系的改进和完善,对促进国际经济贸易活动、消除贸易技术壁垒、提高组织的管理水平都能起到良好的作用。质量管理和质量保证标准大约每隔 5 年修订一次。第一个版本是 1987年 3 月 15 日颁布的,现已作废;第二个版本在 1994 年 7 月 1 日修订颁布,现已作废;第三个版本于 2000 年 12 月 15 日修订颁布。

10.2　贯标宣传与培训

为了使企业的员工在短时期内了解和理解要建立的质量管理体系,可通过召开全企业动员大会、定期出版宣传刊物、张贴标语等形式进行宣传。同时,经过对各级人员的培训,使其理解质量管理体系要求,清楚与他们工作有关的条款,并要求各部门严格按照计划完成工作。在建立初期,宣传、培训对象主要是企业的领导层和管理层。对各层次人员应制定不同的培训大纲。培训、学习是公司各项工作开展的先导,在体系文件编制完成后,需要更多的培训和学习,特别是各部门的岗位培训,对物业服务公司尤为重要。可采取各种形式鼓励各级人员学习 ISO 9000 标准。公司有一个明确的方针和目标,但如要进行变革,提高效率,必须得到员工热情、积极的支持,每个人都需要知道自己的工作因变革而将受到的影响并必须形成一致的意见,即变革是从公司的利益出发的并会带来改善。成功的公司都认识到每个员工的工作对公司成功的重要性,通过贯标宣传和培训能增强员工的主人翁意识。

10.2.1　做好贯标宣传工作

(1)目的　依据 ISO 9000 标准建立起质量管理和质量保证体系,能规范物业服务企业的质量管理行为,提高物业管理质量水平,为社会提供合格的、优质的物业管理服务,增强企业在物业管理行业(市场)的竞争力。

(2)意义　有利于提高全社会物业管理服务质量水平;有利于增强贯标企业在物业管理市场的竞争力和知名度,使更多的开发商、业主委员会乐于将物业委托给企业管理,为企业申报评定高级别的资质等级创造条件;有利于增强全体员工的质量意识和素质,使每位员工都清楚自己该做什么、怎么做、做到什么程度,应留下哪些证据;有利于企业管理工作步入规范化、程序化、标准化轨道,降低质量管理成本,提高工作效率和经济效益;有利于增强业主及使用人对物业服务公司的信心,主动配合公司的服务工作。

10.2.2　ISO 9000 基础知识培训

(1)培训对象　物业服务企业(公司)总经理、部门经理、主管。有条件的企业应进行全员培训。

(2)培训内容　ISO 9000 族标准。

(3)培训方式

①由物业服务企业(公司)内部接受过 ISO 9000 族标准培训的人员讲解。

②聘请专门咨询机构的人员进行讲解。

③聘请其他适宜的人员进行讲解。

(4)培训目的　了解 ISO 9000 标准的内容、要求,了解在物业管理中实施 ISO 9000 的目的和意义。

(5)培训时间　根据具体情况自行确定,一般为 1~2 个工作日。

10.3　文件编写与发布

10.3.1　质量体系文件的概念

质量体系文件是描述质量体系的一整套文件,是一个企业贯标,建立并保持企业开展质量管理和质量保证的重要基础,是质量体系审核和质量体系认证的主要依据。建立并完善质量体系文件是为了进一步理顺关系,明确职责与权限,协调各部门之间的关系,使各项质量活动能够顺利、有效地实施,使质量体系实现经济、高效运行,以满足顾客和消费者的需要,并使企业取得明显的效益。

10.3.2　质量体系文件编写的指导思想

(1)系统性　应按系列标准的要求,结合企业的实际情况,从企业的整体出发,分析产品寿命周期的全过程,从而确定适用的质量体系要素和适用程度,来编写质量体系文件。

(2)协调性　各质量体系文件之间、体系文件与企业的其他管理性文件之间应相互协调一致,构成一个有机整体。

(3)科学性　质量体系的建立应遵循实事求是、因地制宜的原则,文件内容的制订要讲究科学性,既要与系列标准的要求相衔接,又要充分结合实际考虑质量问题的预防性和体系的有效性。

(4)可操作性　体系文件既要有一定的先进性,又要结合企业的实际情况,反映企业的管理水平和生产水平,落实质量活动和质量职责,确保各项文件规定的内容切实可行。

(5)经济性　编制体系文件有许多工作要做,不仅要编制质量手册、质量计划,而且还要编制一整套具有可操作性的程序文件和质量记录。编写时应充分考虑顾客和公司双方的利益、成本和风险,以最佳成本实现适宜的质量。

10.3.3　按质量管理体系要求编制文件

在编写体系文件的过程中有助于创新,重新考虑并提出问题,同时,通过制定希望达到的目标,去寻找达到目标的方法。这对物业服务公司来说是一种切实可行的计划实施变革的方法。

1) 质量手册的编制

可由顾问师就质量手册的编写要求对公司相关人员进行培训,然后指定专业人员编制初步的质量手册,由工作小组根据质量管理体系标准的内容,审核手册的符合性,由顾问师进行最终审定。

质量手册的编写可按如下步骤进行:

①列出确定的质量方针、目标和程序或列出对此的编制计划。

②决定与所选用的质量体系标准相应的质量体系要素。

③从有关方面(如顾客)收集涉及质量体系的资料。

④散发并整理对现行做法的调查表。

⑤从业务部门收集补充的原始文件或参考资料。

⑥确定待编手册的格式和结构。

⑦根据预定的格式和结构将现有文件分类。

⑧使用适合于本单位的任何办法完成质量手册的草案。

2) 程序文件的编制

由公司相关人员针对程序文件的编写要求进行培训。从影响产品或服务质量的因素考虑,一个有用的办法是画出所涉及的过程,细想它们是如何连接在一起的。应考虑:

①要采购的材料、设备和资源。

②生产和行政管理过程及其与产品或服务设计标准、公司质量计划目标的一致性。

③现存的体系和运作指导书(例如培训、采购程序和测试程序)如已是正确的,则不必重写。

④如何进行最终产品检验,确保满足顾客的要求。

3) 各类管理规范的补充和完善

这类文件的整理主要涉及业务具体运作的指导书、质量记录、各类表格等,可对企业现有的这类文件进行确认,明确补充内容使之达到标准要求。这类文件的整理涉及的范围更广,在整理、编制过程中应充分发挥相关人员的积极性和智慧。通过相关人员的参与,也使他们更清楚地了解其工作的流程,在以后的实施中会自觉地按文件的规定去做,因为这些指导书是他们自己编制的。

10.3.4 发布体系文件

在这个环节应注意以下几点:

①不必等到所有的文件编写完毕才一起颁发。

②文件颁发前应组织相关部门人员进行评审,这样可减少以后文件修改的工作量,增强可操作性。

③文件颁发后,相关部门人员应立即组织学习,并自生效日期起执行。

10.4 内审与管理评审

10.4.1 内审的实施步骤

一个组织在建立质量体系时,就应对内部质量体系审核做好总体安排和组织管理。内部质量体系审核的工作需要由一个职能部门来管理。

实施审核的步骤及该阶段的工作内容主要有以下几项:

①召开一次简短的首次会议。

②进行现场审核。

③确定不合格项目并编写不合格报告。

④汇总分析审核结果。

⑤召开末次会议,宣布审核结果。

⑥编写审核报告。

以上几项中,确定不合格项目并编写不合格报告显得特别重要,又尤为实用。

10.4.2　不合格报告的编制

现场审核中编写"不合格报告",是一件非常重要的工作。

1) 不合格的定义和类型

GB/T 6583 ~ ISO 8402 标准中对"不合格"下的定义是"没有满足某个规定的要求"。在质量体系审核中,"规定的要求"来自有关的法律、法规、质量保证标准、质量手册、质量计划、合同、各种书面程序和作业指导书等必须遵循的文件。没有满足某个规定的要求即构成不合格。

质量体系在建立和实施中可能出现 3 类不合格,即:

(1)体系性不合格　即质量体系文件与有关的法律、法规、质量保证标准、合同等的要求不符。例如一家公司未建立对分供方进行评定其质量保证能力和建立分供方档案的程序,采购原材料或元器件时只考虑价格低和可立刻交货而不顾其质量,这就是一种体系性的不合格。

(2)实施性不合格　即未按文件规定实施。例如某公司的采购程序虽规定了要定期评定合格分供方的名单,按名单采购,但实际上该公司的合格分供方名单自编制后,多年来从未重新评定、修改过,实际上也不按名单去采购,这就是一种实施性的不合格。

(3)效果性不合格　有时质量体系文件规定是符合标准或其他文件要求的,也确实实施了,但由于实施不够认真或对不合格的真正原因没有找到,纠正措施实施后未能达到规定要求,这种不合格称为效果性不合格。

2) 不合格报告的内容

①受审核部门及负责人姓名。

②审核员姓名。

③审核依据。

④不合格事实的描述。

⑤不合格类型。

⑥建议采取的纠正措施计划及完成日期。

⑦纠正措施完成情况及验证。

10.4.3　管理评审

管理评审是一项很重要的质量活动,是一种高层次的对质量体系的全面检查。

1)管理评审的内容和做法

在 ISO 9000 族系列标准中对管理评审都有所阐述和要求。综合这些标准中的说明并根据国际上某些流行的做法,可以对管理评审的性质、内容和具体做法归纳为下列几点:

①管理评审是由最高管理者即一个组织的最高领导对现行质量体系的持续适宜性和总体有效性,包括质量方针和目标在内所进行的正式而系统的全面检查和评价。

②管理评审的依据是受益者的期望,其中最重要的是顾客的期望和社会要求(尤其体现为法规、法律的要求);并要考虑新技术采用、质量概念的发展、市场战略、社会要求和环境条件等的变化。

③质量体系审核(包括内、外部质量体系审核)的结果是进行管理评审的重要信息之一,管理评审必须对这些审核结果加以分析研究。尤其对内部审核的结果(如纠正措施、预防措施的计划和实施等),在管理评审中要加以审查和确认。因此,管理评审常常安排在一轮内审全面完成后进行,但不能错误地理解为评审的内容仅限于内审结果的确认。

④管理评审结论正确与否的衡量标准应是,按管理评审结论调整后的质量体系运行的有效性和效率是否有所提高,体系对新的客观条件是否适应,产品质量是否改进以及经济效益是否提高等。

⑤管理评审应定期进行,这种"定期"可以理解为两次评审之间应有一定的时间间隔,也可理解为由最高管理者根据实际需要在一定周期内决定具体的日期进行评审。例如总经理在公司总部办公会议上决定下次会议定为专题的评审会议等。一般认为管理评审每年一次。

⑥管理评审一般应包括或涉及下列内容:

A.组织结构的适合性,包括人员和其他资源。

B.质量问题和采取的措施。

C.顾客的意见和申诉。

D.体系运行情况与质量保证标准的符合程度。

E.审核报告(包括内、外部审核)。

F.质量方针实施情况,质量方针和目标与当前顾客需求的相关性。

G.需进行改进/改变的范围。

H.未能完成的工作。

有的企业在管理评审时还讨论人员培训、设备维护等问题。

⑦管理者在管理评审工作中应特别注意可能将导致发生质量问题的趋势,尤其对那些经常发生问题的领域要特别注意。应对管理评审中所发现的问题及时采取措

施,对质量体系进行修正,对修正的有效性要进行评价。这类评审的记录都应保存。

一个组织的最高领导对质量体系进行定期或经常的管理评审有利于质量体系的持续有效和不断改进,因此坚持管理评审制度是最高管理者质量意识的表现之一。

10.5　认证审核与监督审核

10.5.1　认证审核

在认证审核阶段应做好以下工作:

1)认证准备及培训

根据认证机构的具体认证审核计划,成立陪同小组,确定各部门的接待人员。

2)认证机构初访

根据企业体系运作情况,与认证机构联系确定初访时间,在初访时主要由陪同小组人员负责陪同进行,记录认证机构审核员在初访过程中所提的每一个问题,及时进行整改,并保证在正式审核前完成。

3)认证前评估

在认证机构审核前,可由顾问师进行预评估,以便公司有进一步整改的机会,了解公司所做的一切准备工作,确保审核的顺利进行。

4)确定认证时间

管理者代表和工作小组可根据公司的实际情况,通过最高领导的确认,与认证机构确定审核时间。

5)正式认证

正式审核时由陪同小组人员陪同认证,并做好记录。管理者代表在每天审核结束后收集认证机构审核员在审核过程中所提出的问题,要求其他部门在第二天的认证审核中得到改进。

6)持续改进

(1)纠正不符合　针对认证机构在认证审核过程中提出的不符合和建议,管理者代表应组织各有关部门及时采取改进措施。

(2)体系的完善　在总结质量体系从建立到认证的过程的基础上,提出下一阶段的工作目标,分解落实到各相关部门,确保体系的不断完善。

10.5.2　监督审核

质量体系是在不断改进中得到完善的,而这种改进是永无止境的。一个组织的最高管理者应确信,任何情况下,本组织的质量体系都有不足和有待改进之处,应通过经常性的质量监督、内部审核和管理评审等手段,不断改进质量体系。

在证书有效期内,认证机构的监督审核是不定期的,一般是每年 2 次,每次监督审核的范围一般是质量体系的某些要素而非全部。

10.6　贯标中的注意事项

10.6.1　"该说的要说到,说到的一定要做到"

1) 注重 ISO 9000 族标准的落实

①质量体系应把质量活动作为连续不断的工作过程,要始于顾客的需要,终于顾客的满意。

②质量体系应以深入细致的质量文件为基础,可对关键性的、持久的质量活动进行识别,并在全组织范围内具体化和沟通。

③质量体系应使服务组织广泛的质量活动得到切实的管理。

④质量体系应保证有组织、有计划地开展连续的质量改进活动。

2) 理解和把握质量体系的目标和手段

①规定切实可行的质量方针和目标。

②成为强烈的顾客导向。

③开展实现质量方针和目标所必需的全部活动。

④使所有活动在组织范围内构成一体。

⑤把质量任务明确分配给各个部门和全体人员。

⑥组织特定的分承包方控制活动。

⑦全面的设备维护。

⑧规定质量信息的有效流动、处理及控制。

⑨培养强烈的质量意识,组织有效的质量激励和培训。

⑩形成有效的纠正和预防系统。

⑪对体系和过程连续不断地控制。

⑫对质量成本及质量绩效的规范化评估。

⑬系统活动的定期审核等。

3) 提示质量体系的功效

①实现适宜的质量成本并使顾客充分满意的质量体系目标。

②实现服务质量不断提高的质量体系目标。

③提高顾客满意程度,实现组织或产品在顾客中的信誉不断提高的质量体系目标。

④实施质量策划及其规定的职责、程序有效执行和不断完善的质量体系目标。

4) 明确质量体系实施要点

①科学的质量体系要求正确识别所有的质量活动并制定严密的、可操作的特定控制程序或规定——"该说的要说到"。

②所有程序(规定)的有效执行才能使科学的质量体系发挥功效——"说到的一定要做到"。

③要特别注意防止形式主义的危害,注意"说到一定要做到",才能使 ISO 9000 族标准的实施工作健康发展。

5) 做好质量体系的评价

①体系文件是否符合所选定的标准的要求,是否符合组织的实际,可操作性如何,是否能被员工正确理解——该说的说到没有。

②文件中所有的规定在实际工作中是否得到有效执行,执行的效果如何,执行情况应有完整的证据——说到的做到没有。

③实施 ISO 9000 族标准就是根据服务组织的实际,建立一个完整、科学的质量体系。这个体系只有正常运转才能显示其功效,给服务组织带来利益。

10.6.2　防止"一刀切"

一个组织的管理体系受该组织的具体目标、产品、过程及其实践的影响,因而各组织的质量体系是不同的。质量管理在遵循质量管理基本原理并保证实现总的一体化质量管理大纲的前提下,不同行业、不同组织的质量体系在具体细节方面应有所不同。所以,建立质量体系应考虑组织的实际,包括社会环境、文化背景、组织规模、产品(服务)性质、现有组织、管理经验、管理现状、人员素质等。实践证明,同一质量管理目标可能由多个方法来实现,而最切实际的体系设计才能实现良好的运转。

实施"一刀切"的质量管理体系有很大的危害:做了不需要做的事,使成本上升;忽略了该做的事,使质量得不到完全的控制;看重了不太重要的事,轻视了重要的事,破坏了体系的协调性和有效性。脱离了实际的体系肯定不能实现良好的运转,也不能发挥其功效。ISO 9000 族标准的生命力就在于其灵活适用,"一刀切"不仅违背了 ISO 9000 族标准的基本精神,也会给组织带来危害。

10.6.3　实施 ISO 9000 族标准寄希望于自身的努力

1）实施 ISO 9000 族标准是组织的自身需要

实施 ISO 9000 族标准是组织生存和发展的百年大计,是提高质量和拓展市场的紧迫需要。服务组织尤其是物业服务企业的最高管理层与全体员工的领悟和决心是实施 ISO 9000 族标准的直接动力,认真实施 ISO 9000 族标准将使服务组织自身直接受益。

2）保持和提高质量体系是组织持久性的工作

在质量体系的实施过程中要特别注意:
①咨询仅起引路作用,实际操作仍靠组织自身。
②审核和评审只解决阶段性评价,保持和提高仍靠组织自身。
③有组织、有计划的质量体系审核和评审可促使体系有效性的发挥和提高。
④持久运行的质量体系才能显示其持久性的效果。

3）适应需要不断改进、完善的质量管理体系

实施 ISO 9000 族标准不应以取证为目的,获得认证证书只说明过去,不说明今后。获得证书只是手段,服务组织质量体系的实际运行水平是获取证书或得到顾客认可的前提。

物业管理组织要根据物业管理发展的需要建立一个能持久运行的质量体系,这是组织追求的目标。质量体系的有效性取决于组织自身的认识、自身的努力和不断改进。

本章小结

ISO 9000 质量管理体系是目前国际较为成熟、通用的质量保障手段系列。ISO 体系强调规范性和明确性,注重持续改进,是一种全员参与的质量控制工程。它较能结合企业工作实际,进行系统的质量管理体系建设,具有较高的科学性和可操作性。

通过专业的认证机构和专门的人员指导,物业服务企业可以借助本体系建立满足顾客需要的细致服务的系统工程,大大改善物业服务工作质量。本体系成功的关键是"做记录上的事,记录所做的事",以此提高企业管理水平和服务质量,增强企业信誉度和竞争力。

习　题

1. 谈谈物业服务企业实施 ISO 9000 的意义。
2. 简述内审的实施步骤。
3. 结合物业管理工作特点,分析物管企业贯标中的注意事项。

第 **11** 章
物业管理考评与创优

【本章导读】

　　在物业服务行业准入标准较低,准入机制不够健全的情况下,加强对物业服务企业的管理,保证本行业的正常发展和规范化,就成为一个重要问题。为此,我国政府以行政手段加强对本行业的监督和指导,大力发挥行业协会的作用,以确保物业服务企业具备应有的服务能力和服务水平。物业管理考评标准的出台和创优工作的实施,成为帮助物业服务行业发展的有力措施。

　　本章通过对物业管理考评创优工作内容、要求的介绍,希望学习者掌握考评创优工作的基本要求和主要工作内容,能够应对考评创优工作。

　　近年来,通过开展物业管理的考评与创优工作,不仅提高了物业服务企业本身的服务质量和管理水平,而且也带动了整个物业管理行业的发展。本章主要论述了考评、创优的整体情况,创优策划与实施,创优、考评的现场情况等,目的是使读者对物业管理考评与创优这项工作有一个基本的了解和认识。

11.1　考评、创优概述

11.1.1　物业管理考评、创优的意义

　　自 1995 年建设部在全国范围内开展"全国物业管理优秀示范小区(大厦)"评比以来,每年一度的考评工作已成为物业服务公司普遍关注的大事。考评工作在这几年来的发展,恰如物业管理行业的发展一样,从最初被推着走、逼着走到如今的上千物业服务公司竞相投入。这一强烈反差正体现了物业考评工作的重要性。

　　对政府行政主管部门而言,每年投入大量的人力、物力去组织这场几乎历时 1 年

的"大考",主要目的是推动物业管理行业的发展。我国物业管理经过20多年的风雨历程,已成为城市管理的重要组成部分,在人们生活中扮演着越来越重要的角色。但现实中的物业管理仍存在着许多不尽如人意之处,使得对物业管理的投诉成为百姓投诉的一大热点。物业管理要提高管理质量,满足业主日益增长的需要,唯有建立一套全国统一的健全的操作规范。制定标准并进行考评,等于是细化物业管理内容,量化服务标准,统一管理尺度。政府通过考评这种形式,依据政府制定的标准去检查考察,树立行业典范,淘汰不合格企业,依靠政府力量促进物业管理迈向市场化、社会化,推进房屋管理体制改革。经过几年的实践,可以看到政府最初的目的已基本达到。在这种全方位的考核制度下,越来越多的物业服务公司走上了专业化、社会化的管理道路,服务水准得以不断提高,管理运作不断规范。

对物业服务公司而言,如果能够顺利通过考评,跻身优秀物业管理行列,无疑是为企业树立了一个品牌、一个高水平管理的标志。随着物业管理行业的迅猛发展,全国物业服务企业已逾万家,从业人员过百万。物业服务企业面向社会,面向市场,形成集约化品牌经营已成为必然趋势。在这种激烈的竞争环境下,任何一家物业服务公司想要生存,想要形成规模化经营,就必须将服务的品牌打出去,不断提供优质的高水平的服务。考评正起到这种"试金石"、"活广告"的作用。优秀小区(大厦)是对优秀管理的评价,在这种严格、具体、操作性极强的考评标准要求下,获得优秀(示范)小区称号就是对物业服务公司管理水平的一种权威性认可。

对发展商而言,优秀的物业管理无疑会招来更多的客户购房。时下,越来越多的业主在购买商品房时把物业管理质量作为选择房屋的重要衡量指标之一。一个获得国优的物业服务公司所管项目无疑会赢得更多业主的垂青,成为业主挑选物业的砝码,从而大大提高物业租售率。对业主而言,物业服务公司获得国优,会提高物业的知名度,使业主的物业升值。

可以说,政府的鼓励,物业服务企业自身的开拓发展,发展商的支持,业主的需要形成了一个良性循环,在这样的前提下,物业服务公司参加考评就成了一种必然趋势,成为整个房地产行业发展的需要。

11.1.2　内部考评与外部考评

物业管理的考评形式包括内部考评和外部考评两类。

1)内部考评

内部考评是物业服务企业对自身物业服务管理水平的考评,其主要的步骤如下:

(1)细分自检项目　参评单位可将考评标准分为资料准备和硬件改造两大类。前类交由资料组统一准备,后一类则根据物业情况,把项目及相应分值细分至各专业部门,由专业部门落实到日常管理与操作的每一步中。参评单位根据分值为专业部门的工作自评打分。

(2)组织自检自评　自评可采取分部自评、交叉自评和专家自评3种方式。分部自评即由各专业部门对本部所管工作进行自评。这种自评方式的优点是各专业部门对于本专业工作比较了解,便于开展专业化、有针对性的检查;缺点是所检查的是自己负责的工作,难于发现问题且打分会有偏袒。交叉自评是各分管项目负责人交叉检查,这种自检方式的优缺点正好与分部自检相反,容易发现一些日常工作易忽略的问题,但因不具专业深度而易流于表面。专家自评是请本行业专家来专项自检。由于专家不是本物业管理人员却都具有专业水准,只要考评单位真正希望发现问题,他们往往都能做到高标准、严要求,既能提出问题又能提供解决方案。这样的自评比较行之有效,评分结果也较真实客观,但在时间、精力、费用上花费较多,因此成本高,不易常进行,参评单位可于正式考评前适当请专家自检 1~2 次。

(3)整改落实　无论采用哪种方式自检,都需将自检发现的问题整改落实。对发现的问题进行汇总,然后将需整改项目落实到各部门,并规定完成时间、验收人。整改落实过程在考评中将一而再、再而三地重复,直至问题基本解决。需要注意的是:自评时间相对会很长,要注意保留及整理有关会议资料及整改、验收表格资料,它们都是考评单位具体实施考评方案的支持资料。很多公司实际做了工作,但因未留下书面资料而使考评中此项显得苍白。

2) 外部考评

外部考评主要是政府相关机构或民间的社会组织对物业服务企业的考评。目前外部考评主要是由政府牵头组织。一般物业管理示范大厦(小区)的考评工作从时间上分 3 个阶段进行:通常每年的五六月开展市级考评工作,由市级地方物业管理行政主管部门对各参评单位进行考评及综合打分;通过市考评的公司由市推荐,1 年后可参加省级考评;获得省考评示范的单位(成绩一般在 95 分以上)可于 1 年后由省推荐参加国家建设部组织的全国考评,最终选出全国物业管理示范单位。参评单位应根据考评时间长、任务重、规模大的特点,策划好这 3 个阶段的工作。

(1)市级考评阶段　这一阶段指从管理公司确立考评目标至市级考评期间,时间可长可短,各物业服务公司应视情况而定,以 3~5 个月为宜。这一阶段主要完成以下几项工作:

①确定所管物业需达到的管理水平,统筹安排全年的工作分段,成立考评迎检领导小组,确定考评任务分组成员名单。考评组一般分为资料组和自检整改组,分别负责考评资料的统一准备和大厦各项目的检查整改。

②自评自检。针对考评标准逐条对所管物业进行自评自检,将发现的问题汇总整理。

③将自评自检发现的问题落实到各个任务分组中,确定具体负责人、初步完成时间、验收人。自评自检的过程可能会反复,进行数次直至达到最终目标。

④参观及专家辅助检测。组织成员到已获得示范称号的物业参观学习并请行内专家现场指导。

⑤市级正式考评。做好市主管部门考评前的准备工作及现场具体迎检工作。

(2)省级考评阶段　这一阶段指从市级考评结束至省级考评期间,其工作重点是对市级主管部门提出的意见进行整改。此时应针对再次发现的问题进行专题性参观学习,并将有关工作资料补充到考评资料中去,然后迎接省级考评。

(3)国家建设部考评阶段 这一阶段指省级考评结束至国家建设部考评期间,其工作基本上与第二阶段类似。需要注意的是:要对上阶段考评提出的整改意见做出切实反映,并将整改后形成的新制度落实到日常工作中去,积累原始资料。

11.1.3 考评创优准备

1)完整的考评资料

由于每个参评物业安排的考评时间一般仅为半天或更短,参加考评人员对物业相对又很生疏,加上一些涉及日常运作的情况又很难通过现场考评把握,考评要在如此短的时间内详细考察参评单位的各项工作,最有效、最便捷的方式就是查阅资料。因此,书面资料内容是否完整、条理是否清晰,对参评单位做好迎检工作来说是至关重要的。完整的考评资料应包括以下3部分:

(1)参评资料 按照考评标准每一部分每一条目的具体要求,收集有关资料。例如按"业主委员会与物业服务企业签订物业管理合同,双方责权利明确"的要求,应附入业主委员会与物业服务企业所签订的合同复印件。参评资料包括:

①文字资料。如规章制度、岗位职责、工作程序(操作规程)等。

②图纸资料。如工程验收图纸、接收图纸、平面图、管网图等。

③图片资料。包括绘制图表(柱状图、曲线图、流程图)、彩图、照片等。考评标准中涉及达标率的统计可以用图表说明,涉及工作程序、紧急处理程序的可以用流程图表示。彩图、照片一般多用于考评标准中有要求又难以用文字表达、只能通过现场检查来考核的地方,如"小区内绿地布局合理,花草树木与建筑小品配置得当"一条,就可以补充小区绿地照片加以强化。

④样本资料。考评中涉及"严格执行"的措施、方案及设备设施保养制度及值班制度等,如果仅通过制度来反映标准,就很不确切,必须附入记录、表格等原始样本。样本应选取日常工作中有代表性的实操记录来复印。

(2)原始备查资料 原始备查资料包括行政资料(合同文本、会议纪要、工作报告、业主委员会资料等)、人事资料(培训记录、考核、奖惩等)、工程资料(验收图纸、装修资料、维修记录、设备台账等)、用户资料(来往函件、用户公司资料等)、业务资料(清洁检查记录、绿化检查记录、工程巡查记录、回访记录等)及其他资料。物业服务公司在长年的运作中,积累下的原始资料难免堆积如山,但只能按要求选取一份作样本,这些原始资料就存放于各个职能部门档案内。可是,如果考评者想详细了解参评单位的实际运作,就很可能要求查看职能部门的原始资料。为免被动,参评单位可以将原始资料收集在统一的文件柜中,放在考评现场以备临时查阅。因原始资料数量巨大,也可以有所选择,如业务资料可以选近半年的记录,用户资料可以选择两户完整的用户档案。

（3）现场翻阅资料　参评单位应为每位考评者准备一份供现场翻阅的资料,使考评者对参评单位的情况有大致了解。这些资料可以包括:物业彩图,如小区规划总平面图或大厦整体外观图及所处位置示意图;物业规划建设概况,包括规划建设数据、现入住(出租)情况统计等;管理公司、管理处情况以及管理架构、人员状况简介;参评单位迎检汇报材料;迎检资料总目录。考评单位也可以根据实际,选择能宣传本单位特点的资料。

2) 规范、整理考评资料

为快捷、有效地规范、整理考评资料,参评单位可以按以下程序进行:

（1）搭建粗线条架构　按考评小区标准 8 大部分、大厦标准 9 大部分,将考评资料粗分为几大部分,并按此架构将现有资料做相应分类。这是整个整理过程的序曲。

（2）建立细化目录　将每一条具体的考评标准列出,并将此标准应附带的资料详细列出目录。目录要建立在现有资料的基础上,同时还应对标准有规定但目前尚缺的资料也列出目录,并在目录上注明,以便寻找补充。

（3）复印整理,填充资料　按所列出的资料,将已有的资料复印整理后填入。复印应用统一的 A4 纸或 B5 纸,少量无法缩印的图纸按规格折叠。

（4）补充缺少的资料　按目录标明的缺失资料,如“无重大违法违纪案件”的证明、一些应有的记录数据等一时无法收齐,应联系相关职能部门设法补充。

（5）编写页码　编写每卷的页码,页码编写可以采用档案编号法。书籍式页码方式相对较清晰,而档案式页码便于增减资料内容。

（6）打印分目录及卷名　整理好的每一卷要有清晰的分目录,标明哪份资料在卷内第几页,同时,打印卷名。卷名可以以标准内容为名,如将“按规划要求建设,房屋及配套设施投入使用”作为第一部分第一卷的卷名。

（7）装订　将资料分卷装订,装订时应达到以下标准:外观统一、分项装订、易于拆改。

（8）打印总目录　因在整个过程中要多次进行资料的增删,因此总目录需在考评资料全部定稿后再打印。根据考评要求,总目录最好打印 5 份左右,除资料中存 2 份作备份外,剩余 3 份在考评时供考评者审查。

（9）分盒,装饰　资料分卷宗分别按小区 8 部分、大厦 9 部分装盒。最后要对盒表进行“装饰”,制作精美的盒签,使资料更整齐,美观,更易查找。盒签要统一设计,尽可能做到纸张大小统一、版面格式统一、制作统一、张贴统一。

11.2　创优策划与实施

11.2.1　考评创优标准

（1）全国物业管理示范住宅小区标准及评分细则　如表 11.1 所示。

表 11.1　全国物业管理示范住宅小区标准及评分细则

序号	标准内容	规定分值/分	评分细则
一	基础管理	32	
	1. 按规划要求建设,住宅及配套设施投入使用	1	符合 1.0,不符合 0
	2. 已办理接管验收手续	1	符合 1.0,不符合 0
	3. 由一家物业服务企业实施统一专业化管理	1	符合 1.0,不符合 0
	4. 建设单位在销售房屋前,与选聘的物业服务企业签订物业管理合同,双方责权利明确	1	符合 1.0,基本符合 0.5,不符合 0
	5. 在房屋销售合同签订时购房人与物业服务企业签订前期物业管理服务协议,双方责权利明确	2	符合 2.0,基本符合 1.0,不符合 0
	6. 建立维修基金,其管理、使用、续筹符合有关规定	1	符合 1.0,已建立但管理、使用、续筹不符合规定扣 0.5,未建立 0
	7. 房屋使用手册、装饰装修管理规定及业主公约等各项公众制度完善	2	完善 2.0,基本完善 1.0,不完善 0
	8. 业主委员会按规定程序成立,并按章程履行职责	2	符合 2.0,基本符合 1.0,不符合 0
	9. 业主委员会与物业服务企业签订物业管理合同,双方责权利明确	2	符合 2.0,基本符合 1.0,不符合 0
	10. 物业服务企业制订争创规划和具体实施方案,并经业主委员会同意	1	符合 1.0,不符合 0
	11. 小区物业管理建立健全各项管理制度、各岗位工作标准,并制定具体的落实措施和考核办法	2	制度、工作标准建立健全 1.0;主要检查物业管理服务工作程序、质量保证制度、收费管理制度、财务制度、岗位考核制度等,每发现一处不完整规范扣 0.2;未制定具体的落实措施扣 0.5;未制定考核办法扣 0.5
	12. 物业服务企业的管理人员和专业技术人员持证上岗;员工统一着装,佩戴明显标志,工作规范,作风严谨	2	管理人员、专业技术人员每发现 1 人无上岗证书扣 0.1;着装及标志符合 0.5,不符合 0
	13. 物业服务企业应用计算机、智能化设备等现代化管理手段,提高管理效率	2	符合 2.0,基本符合 1.0,不符合 0

续表

序号	标准内容	规定分值/分	评分细则
一	14. 物业服务企业在收费、财务管理、会计核算、税收等方面执行有关规定;至少每半年公开一次物业管理服务费用收支情况	2	执行有关规定1.0,未执行0;公开1.0,未公开0
	15. 房屋及其共用设施设备档案资料齐全,分类成册,管理完善,查阅方便	2	包括房屋总平面图、地下管网图,房屋数量、种类、用途分类统计清册,房屋及共用设施设备大中修记录,共用设施设备的设计安装图纸资料和台账,每发现一项不齐全或不完善扣0.2
	16. 建立住用户档案、房屋及其配套设施权属清册,查阅方便	2	每发现一处不符合扣0.2
	17. 建立24 h值班制度,设立服务电话,接受业主和使用人对物业管理服务报修、求助、建议、问询、质疑、投诉等各类信息的收集和反馈,并及时处理,有回访制度和记录	2	符合2.0,值班制度不符合扣0.5,未设服务电话扣0.5,发现一处处理不及时扣0.2,没有回访记录每次扣0.1
	18. 定期向住用户发放物业管理服务工作征求意见单,对合理的建议及时整改,满意率达95%以上	2	符合2.0,基本符合1.0,不符合0
	19. 建立并落实便民维修服务承诺制,零修、急修及时率100%,返修率不高于1%,并有回访记录0	2	建立并落实1.0,建立但未落实扣0.5,未建立扣1.0;及时率符合0.5,每降低1个百分点扣0.1;返修率符合0.3,不符合0;回访记录完整0.2,记录不完整或无回访记录0
二	房屋管理与维修养护	14	
	1. 主出入口设有小区平面示意图,主要路口设有路标,组团及幢、单元(门)、户门号标志明显	2	符合2.0,无示意图扣0.5,无路标扣0.3,幢、单元、户号每缺一个扣0.1
	2. 无违反规划私搭乱建,无擅自改变房屋用途现象	2	符合2.0,每发现一处私搭乱建或擅自改变房屋使用用途1.0
	3. 房屋外观完好、整洁,外墙面砖、涂料等装饰材料无脱落,无污迹	2	符合2.0,每发现一处不完好、不整洁、脱落、污损扣0.2

续表

序号	标准内容	规定分值/分	评分细则
二	4.室外招牌、广告牌、霓虹灯按规定设置,保持整洁、统一、美观,无安全隐患或破损	2	符合2.0,未按规定设置0;按规定设置,但不整齐或有破损每处扣0.1,有安全隐患每处扣0.5
	5.封闭阳台统一有序,色调一致,不超出外墙面;除建筑设计有要求外,不得安装外廊及户外防盗网、晾晒架、遮阳篷等	2	符合2.0,每发现一处不符合扣0.2
	6.空调安装位置统一,冷凝水集中收集,支架无锈蚀	2	符合2.0,每发现一处不符合扣0.5
	7.房屋装饰装修符合规定,未发生危及房屋结构安全及拆改管线和损害他人利益的现象	2	符合2.0,每发现一处不符合扣0.5
三	共用设施设备管理	15	
	1.共用配套设施完好,无随意改变用途	1	符合1.0,每发现一处不符合扣0.5
	2.共用设施设备运行、使用及维护按规定要求有记录,无事故隐患,专业技术人员和维护人员严格遵守操作规程与保养规范	2	设施设备运行按规定记录0.5,无事故隐患0.1,遵守操作规程0.6,每发现一处不符合扣0.2;遵守保养规范0.4,每发现一处不符合扣0.1
	3.室外共用管线统一入地或入公共管道,无架空管线,无碍观瞻	2	符合2.0,发现一处不符合扣0.2
	4.排水、排污管道通畅,无堵塞、外溢现象	1	符合1.0,发现一处堵塞或外溢扣0.5
	5.道路通畅,路面平整;井盖无缺损、无丢失,路面井盖不影响车辆和行人通行	2	通畅平整1.0,发现一处不通畅、不平整、积水扣0.2;发现井盖缺损或丢失扣0.6,路面井盖不影响通行0.4,发现一处不符合扣0.2
	6.供水设备运行正常,设施完好,无渗漏、无污染;二次生活用水有严格的保障措施,水质符合卫生标准;制定停水及事故处理方案	2	设备运行正常,设施完好,无渗漏、无污染0.6,发现一处不符合扣0.2;保障措施严格0.4,无措施或措施不严0;水质符合卫生标准0.5,不符合0;有处理方案0.5,无处理方案0
	7.制订供电系统管理措施并严格执行,记录完整;供电设备运行正常,配电室管理符合规定,路灯、楼道灯等公共照明设备完好	2	符合2.0,发现一处不符合扣0.5

序号	标准内容	规定分值/分	评分细则
三	8. 电梯按规定或约定时间运行,安全设施齐全,无安全事故,轿厢、井道保持清洁;电梯机房通风,照明良好;制定出现故障后的应急处理方案	2	符合 2.0,发现一处不符合扣 0.5
	9. 北方地区,冬季供暖室内温度不低于 16 ℃	1	符合 1.0,不符合 0
四	保安、消防、车辆管理	10	
	1. 小区基本实行封闭式管理	1	符合 1.0,不符合 0
	2. 有专业保安队伍,实行 24 h 值班及巡逻制度;保安人员熟悉小区的环境,文明值勤,训练有素,言语规范,认真负责	2	符合 2.0,无专业保安队伍扣 1.0,其他每发现一处不符合扣 0.2
	3. 危及人身安全处有明显标识和具体的防范措施	2	符合 1.0,不符合 0
	4. 消防设备设施完好无损,可随时起用;消防通道畅通;制订消防应急方案	2	符合 2.0,发现一处不符合扣 0.5
	5. 机动车停车场管理制度完善,管理责任明确,车辆进出有登记	2	制度完善 0.5,基本完善 0.3,不完善 0;因管理责任造成车辆丢失扣 0.5(管理单位公开承诺赔偿的不扣);每发现一台车辆乱停放扣 0.1,出入无记录扣 0.2
	6. 非机动车车辆管理制度完善,按规定位置停放,管理有序	2	符合 2.0,制度不全或不落实的扣 1.0,乱停放每部车扣 0.2
五	环境卫生管理	14	
	1. 环卫设备完备,设有垃圾箱、果皮箱、垃圾中转站	1	符合 1.0,每发现一处不符合扣 0.2
	2. 清洁卫生实行责任制,有专职的清洁人员和明确的责任范围,实行标准化保洁	2	未实行责任制的扣 1.0,无专职清洁人员和责任范围的扣 0.5,未实行标准化保洁的扣 0.5
	3. 垃圾日产日清,定期进行卫生消毒灭杀	2	每发现一处垃圾扣 0.2,未达到垃圾日产日清的扣 0.5,未定期进行卫生消毒灭杀扣 0.5
	4. 房屋共用部位、共用设施设备无蚁害	1	符合 1.0,每发现一处不符合扣 0.2

续表

序号	标准内容	规定分值/分	评分细则
五	5. 小区内道路等共用场地无纸屑、烟头等废弃物	2	符合2.0,每发现一处不符合扣0.2
	6. 房屋共用部位保持清洁,无乱贴、乱画,无擅自占用和堆放杂物现象;楼梯扶栏、天台公共玻璃窗等保持洁净	2	符合2.0,每发现一处不符合扣0.2
	7. 商业网点管理有序,符合卫生标准;无乱设摊点、广告牌和乱贴、乱画现象	2	符合2.0,每发现一处不符合扣0.2
	8. 无违反规定饲养宠物、家禽、家畜	1	符合1.0,不符合0
	9. 排放油烟、噪声等符合国家环保标准,外墙无污染	1	符合2.0,每发现一处不符合扣0.2
六	绿化管理	7	
	1. 小区内绿地布局合理,花草树木与建筑小品配置得当	1	符合1.0,基本符合0.5,不符合0
	2. 绿地无改变使用用途和无破坏、践踏、占用现象	2	符合2.0,基本符合1.0,不符合0
	3. 花草树木长势良好,修剪整齐美观,无病虫害,无折损现象,无斑秃	2	长势不好扣1.0,其他每发现一处不符合扣0.2分
	4. 绿地无纸屑、烟头、石块等杂物	2	符合2.0,每发现一处不符合扣0.2
七	精神文明建设	3	
	1. 开展有意义、健康向上的社区文化活动	2	符合2.0,基本符合1.0,不符合0
	2. 创造条件,积极配合、支持并参与社区文化建设	1	符合1.0,基本符合0.5,不符合0
八	管理效益	5	
	1. 物业管理服务费用收缴率98%以上	2	符合2.0,每降低1个百分点扣0.5
	2. 提供便民有偿服务,开展多种经营	2	符合2.0,基本符合1.0,不符合0
	3. 本小区物业管理经营状况	1	赢利1.0,持平0.5,亏本0

（2）全国物业管理示范大厦标准及评分细则　如表 11.2 所示。

表 11.2　全国物业管理示范大厦标准及评分细则

序号	标准内容	规定分值/分	评分细则
一	基础管理	22	
	1.按规划要求建设,住宅及配套设施投入使用	1	符合1.0,不符合0
	2.已办理接管验收手续	1	符合1.0,不符合0
	3.由一家物业服务企业实施统一专业化管理	1	符合1.0,不符合0
	4.建设单位在销售房屋前,与选聘的物业服务企业签订物业管理合同,双方责权利明确	1	符合1.0,基本符合0.5,不符合0
	5.在房屋销售合同签订时购房人与物业服务企业签订前期物业管理服务协议,双方责权利明确	2	符合2.0,基本符合1.0,不符合0
	6.建立维修基金,其管理、使用、统筹符合有关规定	1	符合1.0,已建立但管理、使用、续筹不符合规定扣0.5,未建立0
	7.房屋使用手册、装饰装修管理规定及业主公约等各项公众制度完善	1	完善1.0,基本完善0.5,不完善0
	8.业主委员会按规定程序成立,并按章程履行职责	1	符合1.0,基本符合0.5,不符合0
	9.业主委员会与物业服务企业签订物业管理合同,双方责权利明确	1	符合1.0,基本符合0.5,不符合0
	10.物业服务企业制订争创规划和具体实施方案,并经业主委员会同意	1	符合1.0,不符合0
	11.大厦物业管理建立健全各项管理制度、各岗位工作标准,并制定具体的落实措施和考核办法	2	制度、工作标准建立健全1.0;主要检查物业管理服务工作程序、质量保证制度、收费管理制度、财务制度、岗位考核制度等,每发现一处不完整规范扣0.2;未制订具体的落实措施扣0.5;未制定考核办法扣0.5
	12.物业服务企业的管理人员和专业技术人员持证上岗;员工统一着装,佩戴明显标志,工作规范,作风严谨	1	管理人员、专业技术人员每发现1人无上岗证书扣0.1;着装及标志符合0.3,不符合0

续表

序号	标准内容	规定分值/分	评分细则
一	13. 物业服务企业应用计算机、智能化设备等现代化管理手段,提高管理效率	1	符合1.0,基本符合0.5,不符合0
	14. 物业服务企业在收费、财务管理、会计核算、税收等方面执行有关规定,至少每半年公开一次物业管理服务费用收支情况	1	执行有关规定0.5,未执行0;公开0.5,未公开0
	15. 房屋及其共用设施设备档案资料齐全,分类成册,管理完善,查阅方便	1	包括房屋总平面图、地下管网图、房屋数量、种类、用途分类统计成册,房屋及共用设施设备大中修记录、共用设施设备的设计安装图纸资料和台账,每发现一项不齐全或不完善扣0.1
	16. 建立住用户档案、房屋及其配套设施权属清册,查阅方便	1	每发现一处不符合扣0.2
	17. 建立24 h值班制度,设立服务电话,接受业主和使用人对物业管理服务报修、求助、建议、问询、质疑、投诉等各类信息的收集和反馈,并及时处理,有回访制度和记录	2	符合2.0,值班制度不符合扣0.5,未设服务电话扣0.5,发现一处处理不及时扣0.2,没有回访记录每次扣0.1
	18. 定期向住用户发放物业管理服务工作征求意见单,对合理的建议及时整改,满意率达95%以上	1	符合1.0,基本符合0.5,不符合0
	19. 建立并落实便民维修服务承诺制,零修、急修及时率100%,返修率不高于1%,并有回访记录	2	建立并落实1.0,建立但未落实扣0.5,未建立扣1.0;及时率符合0.5,每降低1个百分点扣0.1;返修率符合0.3,不符合0;回访记录完整0.2,记录不完整或无回访记录0
二	房屋管理与维修养护	9	
	1. 大厦、栋号、楼层、房号标志明显,大堂内布置合理并设立引路方向平面图,驻大厦各单位名录标识在大堂内显著位署	1	符合1.0,无示意图或发现一处标志不清或没有标志扣0.2
	2. 无违反规划私搭乱建,无擅自改变房屋用途现象	2	符合1.0,发现一处私搭乱建或擅自改变房屋使用用途均扣0.5

续表

序号	标准内容	规定分值/分	评分细则
二	3. 大厦外观完好、整洁;外墙是建材贴面的,无脱落;是玻璃幕墙的,清洁明亮、无破损;是涂料的,无脱落、无污渍;无纸张乱贴、乱涂、乱画和乱悬挂现象	2	符合 2.0,大厦外墙是建材贴面的每发现一处脱落扣 0.2,是玻璃幕墙的每发现一处破损或不洁扣 0.2,是涂料的每发现一处褪色不一致的扣 0.1;每发现一处纸张乱贴、乱涂、乱画和乱悬挂扣 0.2
	4. 室外招牌、广告牌、霓虹灯按规定设置,保持整洁、统一、美观,无安全隐患或破损	1	符合 1.0,未按规定设置 0;按规定设置,但不整齐或有破损每处扣 0.1,有安全隐患每处扣 0.5
	5. 空调安装位置统一,冷凝水集中收集,支架无锈蚀	2	符合 2.0,每发现一处不符合扣 0.2
	6. 封闭阳台统一有序,色调一致,不超出外墙面;除建筑设计有要求外,不得安装外廊及户外防盗网、晾晒架、遮阳篷等	1	符合 1.0,每发现一处不符合扣 0.1
	7. 房屋装饰装修符合规定,未发生危及房屋结构安全及拆改管线和损害他人利益的现象	1	符合 1.0,每发现一处不符合扣 0.5
三	共用设备管理	35	
	(一)综合要求	4	
	1. 制订设备安全运行、岗位责任制、定期巡回检查、维护保养、运行记录管理、维修档案等管理制度,并严格执行	1	符合 1.0,每发现一处不符合扣 0.2
	2. 设备及机房环境整洁,无杂物、灰尘,无鼠、虫害发生,机房环境符合设备要求	1	符合 1.0,每发现一处不符合扣 0.2
	3. 配备所需专业技术人员,严格执行操作规程	1	符合 1.0,不符合 0
	4. 设备良好,运行正常,1 年内无重大管理责任事故	1	符合 1.0,不符合 0

续表

序号	标准内容	规定分值/分	评分细则
三	（二）供电系统	3	
	1.保证正常供电,限电、停电有明确的审批权限并按规定时间通知住用户	1	
	2.制订临时用电管理措施与停电应急处理措施并严格执行	1	符合1.0,临时用电措施或停电应急措施不符合均扣0.5
	3.备用应急发电机可随时起用	1	符合1.0,不符合0
	（三）弱电系统	2	
	1.按工作标准规定时间排除故障,保证各弱电系统正常工作	1	符合1.0,发现一处不符合扣0.5
	2.监控系统等智能化设施设备运行正常,有记录并按规定期限保存	1	符合1.0,基本符合0.5,不符合0
	（四）消防系统	5	
	1.消防控制中心24 h值班,消防系统设施设备齐全、完好无损,可随时起用	1	发现一处不符合扣0.5
	2.消防管理人员掌握消防设施设备的使用方法并能及时处理各种问题	1	每发现一处不符合扣0.2
	3.组织开展消防法规及消防知识的宣传教育,明确各区域防火责任人	1	符合1.0,责任人不明确每发现一处扣0.2
	4.订有突发火灾的应急方案,设立消防疏散示意图,照明设施、引路标志完好,紧急疏散通道畅通	1	无应急方案扣0.5,各种标志每缺少一个及每发现一处不畅通扣0.1
	5.无火灾安全隐患	1	每发现一处安全隐患扣0.5
	（五）电梯系统	6	
	1.电梯准用证、年检合格证、维修保养合同完备	1	符合1.0,不符合0
	2.电梯按规定或约定时间运行,安全设施齐全,通风、照明及附属设施完好	1	每发现一处不符合扣0.2
	3.轿厢、井道、机房保持清洁	1	符合1.0,不符合0

续表

序号	标准内容	规定分值/分	评分细则
三	4.电梯由专业队伍维修保养,维修、保养人员持证上岗	1	符合1.0,不符合0
	5.运行出现故障后,维修人员应在规定时间内到达现场维修	1	符合1.0,不符合0
	6.运行出现险情后,应有排除险情的应急处理措施	1	符合1.0,不符合0
	（六）给排水系统	9	
	1.建立大厦用水、供水管理制度,积极协助用户安排合理的用水和节水计划	1	符合1.0,基本符合0.5,不符合0
	2.设备、阀门、管道工作无常,无跑冒、滴漏	1	每发现一处不符合扣0.2
	3.按规定对二次供水蓄水池设施设备进行清洁、清毒;二次供水卫生许可证、水质化验单、操作人员健康合格证齐全;水池、水箱清洁卫生,无二次污染	2	符合2.0,发现一处不符合扣0.5
	4.高压水泵、水池、水箱有严格的管理措施,水池、水箱周围无污染隐患	1	没有管理措施扣0.5,水箱周围每发现一处隐患扣0.2
	5.限水、停水按规定时间通知住用户	1	符合1.0,基本符合0.5,不符合0
	6.排水系统通畅,汛期道路无积水,地下室、车库、设备房无积水、浸泡发生	1	符合1.0,每发现一处不符合扣0.2
	7.遇有事故,维修人员在规定时间内进行抢修,无大面积跑水、泛水、长时间停水现象	1	符合1.0,基本符合0.5,不符合0
	8.制订事故应急处理方案	1	无处理方案扣1.0,方案不完善扣0.5
	（七）空调系统	3	
	1.中央空调系统运行正常,水塔运行正常且噪声不超标,无严重滴漏水现象	1	符合1.0,基本符合0.5,不符合0

续表

序号	标准内容	规定分值/分	评分细则
三	2. 中央空调系统出现运行故障后,维修人员在规定时间内到达现场维修	1	符合1.0,基本符合0.5,不符合0
	3. 制订中央空调发生故障应急处理方案	1	无应急处理方案扣1.0,有方案但不完善或执行不够的扣0.5
	(八)供暖供气系统	3	
	1. 锅炉供暖设备、煤气设备、燃气设备完好,运行正常	1	符合1.0,不符合0
	2. 管道、阀门无跑冒、滴漏现象及事故隐患	1	每发现一处不符合扣0.2
	3. 北方地区冬季供暖居室内温度不得低于16 ℃	1	符合1.0,不符合0
四	共用设施管理	4	
	1. 共用配套服务设施完好,无随意改变用途	1	符合1.0,每发现一处不符合扣0.2
	2. 共用管线统一下地或入公共管理,无架空管线,无碍观瞻	1	符合1.0,每发现一处不符合扣0.2
	3. 道路、楼道、大堂等公共照明完好	1	符合1.0,每发现一处不符合扣0.2
	4. 大厦范围内的道路通畅,路面平坦	1	符合1.0,每发现一处不符合扣0.2
五	保安及车辆管理	9	
	1. 大厦基本实行封闭式管理	1	符合1.0,不符合0
	2. 有专业保安队伍,实行24 h值班及巡逻制度;保安人员熟悉小区的环境,文明值勤,训练有素,言语规范,认真负责	2	符合2.0,无专业保安队伍扣1.0,值班及巡逻记录等不规范每处扣0.2
	3. 结合大厦特点,制订安全防范措施	1	对特殊的部位要有相应的防范措施,每发现一处无防范措施扣0.2
	4. 进出大厦各种车辆管理有序,无堵塞交通现象,不影响行人通行	1	符合1.0,基本符合0.5,不符合0
	5. 大厦外停车场有专人疏导,管理有序,排列整齐	1	符合1.0,基本符合0.5,不符合0

序号	标准内容	规定分值/分	评分细则
五	6.室内停车场管理严格,出入登记	1	符合1.0,基本符合0.5,不符合0
	7.非机动车车辆有集中停放场地,管理制度落实,停放整齐,场地整洁	1	符合1.0,基本符合0.5,不符合0
	8.危及人身安全处设有明显标志和防范措施	1	符合1.0,不符合0
六	环境卫生管理	10	
	1.环卫设备完备,设有垃圾箱、果皮箱、垃圾中转站	1	符合1.0,每发现一处不符合扣0.2
	2.清洁卫生实行责任制,有专职的清洁人员和明确的责任范围,实行标准化保洁	1	未实行责任制的扣0.5,无专职清洁人员和责任范围的扣0.3,未实行标准化保洁的扣0.2
	3.垃圾日产日清,定期进行卫生消毒灭杀,房屋共用部位、共用设施设备无蚊害	2	每发现一处垃圾扣0.2,未达到垃圾日产日清的扣0.5,未定期进行卫生消毒灭杀扣0.5
	4.房屋共用部位保持清洁,无乱贴、乱画,无擅自占用和堆放杂物现象;楼梯扶栏、天台公共玻璃窗等保持洁净;大厦内共用场地无纸屑、烟头等废弃物	2	符合2.0,每发现一处不符合扣0.2
	5.商业网点管理有序,符合卫生标准;无乱设摊点、广告牌和乱贴、乱画现象	2	符合2.0,每发现一处不符合扣0.2
	6.无违反规定饲养宠物、家禽、家畜	1	符合1.0,不符合0
	7.大厦内排烟、排污、噪声等符合国家环保标准,外墙无污染	1	每发现一处不合格扣0.2,发现一次环保部门下放的整改通知扣0.5
七	绿化管理	4	
	1.绿地无改变使用用途和无破坏、践踏、占用现象	1	符合1.0,基本符合0.5,不符合0
	2.花草树木长势良好,修剪整齐、美观,无病虫害,无折损现象,无斑秃	1	长势不好扣1.0,其他每发现一处不符合扣0.1分
	3.绿地无纸屑、烟头、石块等杂物	1	符合2.0,每发现一处不符合扣0.2
	4.对大厦内部、天台、屋顶等绿化有管理措施并落实	1	无措施扣1.0,有措施但落实不力扣0.5

续表

序号	标准内容	规定分值/分	评分细则
八	精神文明建设	3	
	1. 全体业主和使用人能自觉维护公众利益,遵守大厦的各项管理规定	1	符合1.0,基本符合0.5,不符合0
	2. 设有学习宣传园地,开展健康向上的活动	1	符合1.0,基本符合0.5,不符合0
	3. 大厦内的公共娱乐场所未发生重大违纪违法案件	1	符合1.0,基本符合0.5,不符合0
九	管理效益	4	
	1. 物业管理服务费用收缴率在98%以上	2	每降低1个百分点扣0.5
	2. 提供便民有偿服务,开展多种经营	1	符合1.0,基本符合0.5,不符合0
	3. 本大厦物业管理经营状况	1	赢利1.0,持平0.5,亏本0

11.2.2　建设优秀物业区域的措施

1) 建章立制以法治规范服务

健全的规章制度是搞好小区物业管理工作的保证。物业管理单位的操作运行需要以法律作为保障,业主需要以法律准绳规范自己在住宅小区内的各种活动,做到知法、守法。因此,物业服务企业应重视建章立制的基础建设,制订住户手册,建立健全管理规章和制度,使住宅小区管理有统一的规章可循,真正做到以法管区、以法治区。这是搞好物业小区建设的根本保证。

2) 确立全新的服务管理思想

物业管理是以服务为核心,集服务与管理为一体的新兴行业,这种经营管理型模式改变了过去单一的行政管理型模式,是社会发展的必然趋势,也是因居民生活水平的提高对居住环境以及服务质量提出的更高要求。如何保持小区舒适、优美的居住环境,使小区居民感到方便、省心、安心、舒心,为居民提供一个理想的安居场所,是物业服务公司确立管理指导思想的前提。物业服务公司应以服务为宗旨,树立服务思想,把服务摆在首要位置,"寓管理于服务,以服务体现管理"。

3）建立高素质的服务管理队伍

物业小区管理的范围相当广泛,服务项目呈多元化,服务对象也针对社会的各个阶层,这种管理内容的多样性和复杂性要求物业管理形式的专业化和高效率,对物业管理队伍提出了更高的要求。所以在小区管理实施过程中,必须建立一支高素质的服务管理队伍,并结合物业小区的实际,制订高标准、高起点的内部管理制度;以认真的服务态度、规范熟练的操作,服务和管理好物业小区。

4）落实全方位的服务管理措施

搞好物业小区建设,必须将为业主服务的思想落实到管理措施上,一方面要把超前服务作为各项服务管理措施的出发点,另一方面,在拓宽服务范围、完善服务制度、丰富服务内容、改进服务方法上多动脑筋,多做工作。在实际运作过程中,无论分内、分外服务都要体现一家统管,综合服务。也就是说,只要是小区居民提出的任何合理的服务要求,不管是否与物业服务公司的管理范围有关,都应热情受理,不推诿敷衍或拒之门外。属于物业管理范围的,立即交办不过夜;不属于物业管理范围的或是需要同有关部门协商解决的,要认真做好记录,主动上门联系,及时向业主返回信息。能解决的,及时催办,一时难以解决的,说明原由或帮助业主想办法,变通解决。

11.3　考评创优

11.3.1　考评检查

1）考评分组

考评小组一般分为资料组、设备组、环境组 3 个小组对参评单位进行现场考评。

（1）资料组　侧重检查参评单位的文字资料及图纸方面的内容,工作重点集中于查阅资料、详细询问楼宇验收情况、是否成立业主委员会及业主委员会的组成和规章、是否建立维修基金、管理合同是否完备、员工考核情况等;有时还会对现场,尤其是物业服务公司办公地点进行查看,如要求现场演示计算机,运用智能化管理手段进行现代化管理等。

（2）设备组　重点看设备现场,只用极少时间翻阅资料或根本不翻阅资料,成员多是设备专家,会从专业角度检查物业设备及其运作情况。

（3）环境组　侧重对物业维修养护、环境、绿化等方面进行检查。

当然分组情况也因考评时间长短、参加人员多少而有所变化,如有时设备组和环境组并为一组,有时考评组先查资料再分头检查等。

2) 线路安排

因考评组现场检查的重点放在天台、设备房、楼层及外围环境,参评单位可以根据这4个地点设计相应的路线。路线可以分9条分别独立设计,也可以设计一条线路将4个地点串起来,以方便考评组的不同要求。

3) 检查内容

(1)环境卫生 考评小组检查时一般会侧重于卫生死角,具体包括:

①设备房。大厦标准第三项对设备及机房卫生做出要求,考评小组会根据标准,对设备房卫生进行重点检查,尤其是易出现油污、水渍、锈斑的地方。很多参评单位对高层设备卫生不加注意,考评时就易丢分。

②绿地。考评住宅第六项、大厦第七项对绿地卫生做出了要求,考评小组会按标准检查绿地及花槽,察看花盆有无杂物、石块、烟头等。

③消防通道。消防通道因很少行走,卫生不易引起重视,加上很多单位消防通道内允许吸烟,故烟头比较多,容易丢分。

④天台。隔热层下面容易堆积垃圾,卫生较难清理;天台排水管、地漏周围也容易有垃圾堆浮。

⑤公共空间死角。如电梯槽及电梯装饰边缝等地方。

⑥沙井、下水道。因这些地方并非每日清理,容易堆积垃圾。

(2)消防系统 消防系统是检查中的重点。消防系统检测中最易查而又不会影响物业内正常工作、生活的就是烟感器。考评小组成员会用点燃的烟头靠近烟感器以测试系统的灵敏度,看能否正常报警。检测烟感器同时也是对消防监控中心应急反应能力的测试。测试烟感器的同时考评小组一般会开始计时,检查保安能于烟感器反应之后多长时间内赶到现场。另外,考评小组还会检查灭火器是否按消防规定摆放于消防箱内或挂于墙上。考评小组可能还会检查消防栓内设备是否齐全,消防栓封条的检查时间等。

(3)电梯 考评小组会在人流较少时紧急停电梯,测试维修人员的反应能力及监控中心的配合情况。考评人员也可能会遮住监控录像镜头或按紧急呼叫键,以此检查管理人员的规范用语等细节。

(4)二次供水水池 考评标准对二次供水有较详尽的要求,考评人员可能会检查水池的密封性、周边及池内卫生情况。

(5)制度 考评组人员一般会抽查保安人员、设备房操作人员、大堂或服务中心的服务人员有关管理制度、岗位职责、应急措施、应急电话等内容。

(6)原始记录 放置于电房、电梯机房、监控中心等处的巡查表及当值记录中反映的问题及处理结果也是考评组人员抽查的内容。

11.3.2　参评单位迎接考评

参评单位在迎接考评时应注意以下问题:

(1)接待　参评单位一般应准备好接送车辆,由1~2名接待负责人员跟车。可以利用行车时间大致介绍公司及物业情况。参评单位如预先已接到通知,应有管理人员在门口迎接考评人员。

(2)现场布置　安排会议的场所不要求专用会议厅,只需要有足够空间就坐及放置资料就够了。现场布置应以简洁、整齐为主,不宜过于豪华、隆重,可适当摆放小盆的鲜花以活跃气氛,但注意不要摆放过于高大的摆设,以免遮挡视线;应准备便于携带的瓶装水,以便于考评人员现场检查时饮用;可以适量摆放一些水果作点缀。现场会议上最好能按参加人员姓名安排好位置,摆好姓名牌,请考评小组及其他参加会议人员按安排好的顺序就坐。

(3)环境布置　可在会议室悬挂欢迎条幅或在大堂摆放欢迎牌,不宜过于夸张。

(4)礼仪人员　适当安排1~2名礼仪人员。应事先规范礼仪人员的用语、接待指引工作内容及现场会议召开时应提供服务的内容。

(5)参评人员　考评标准对统一着装有具体要求。参评单位需注意的是,工作人员、管理层皆要统一着装及统一佩戴工作证。

(6)考评会议参加人员　考评会议参加人员不宜多,通常由物业服务公司负责人及业务骨干、业主代表及服务接待人员参加,参评单位也可根据需要邀请物业所属派出所、街道办事处、居委会工作人员参加,并请他们谈物业服务公司日常对治安、消防、环卫的管理情况。

11.3.3　考评会议的程序

正式的考评一般会以类似会议的形式进行,目的是将相关人员聚集在一起,通过介绍、汇报、交流、提问等形式了解物业有关情况,取得考评需要的部分资料。

考评会议召开的程序一般按以下步骤进行:

①考评组主持人做简短开场白。

②参评单位介绍本单位物业情况,介绍人一般为物业服务公司负责人,时间20~30 min。

③如有派出所、街道工作人员代表参加,考评小组会征询他们的意见,请他们发言。

④考评组与参评单位互通分组情况。

⑤分组考评。资料组检查重点及大部分时间会安排详细查看资料;房屋组、设备组、环境组的重点是对现场进行抽查。

⑥参评单位人员回避,考评组评议。打分情况在这时会基本确定。

⑦讲评。由考评小组推荐一人对考评发现的问题进行讲评。讲评的内容是再行整改的重点。

本章小结

在物业管理考评和创优工作中,物业服务企业通过参与政府部门或行业协会举办的各种评优活动,取得权威认可,从而提高企业管理水平和工作质量。在目前物业服务行业成熟度不高,消费者认可度不够的情况下,考评创优工作成为规范物业的软硬件标准、评价物业服务水平的有效途径。

按照考评创优工作的既定标准,物业服务企业可以明确本企业的发展阶段和竞争实力,了解工作目标和改进之道,以更好地完成服务工作。

习 题

1. 简单设计一个物业服务企业迎接市级考评的筹备方案。
2. 企业自评自检过程中怎样才能做到避免形式主义,切实发现问题?
3. "全国物业管理示范住宅小区标准及评分细则"包括哪些主要内容?

第**12**章
物业管理实务技能训练

【本章导读】

职业技术教育要求学生在掌握必备知识的基础上有较强的实际动手能力,为此实践训练不可缺少。通过一系列实训课程的实习,大家可以在真实或仿真的工作环境中,掌握在未来工作岗位上接触的现实问题的处理能力,为实现"零距离"上岗创造条件。本章能力训练目标,参照《物业管理员国家职业标准》要求设置,适当考虑了职业提升后的能力要求。下面这些项目,可在课堂教学过程中作为同学们巩固所学知识、提高创新能力的训练手段。

12.1 物业维护管理服务技能训练

能力目标:掌握物业设备管理的主要工作内容,能够处理管辖项目的设施设备管理的具体业务。

实训 12.1.1

某小区物业管理基本状况如下:

1)房屋基本情况

(1)占地面积:32 402.22 m²。

(2)总建筑面积:81 170 m²。

(3)建筑层数:地下 1~2 层;地上 1~15 层,共计 17 层。

(4)小区由 3 栋板塔连体小高层和 1 栋塔式小高层组成,另加半地下停车库。

(5)住宅套数:557 套。

(6)停车位数量:规划 401 辆,其中地上 194 辆(待建),地下 207 辆。

(7)电梯数量:12 台三菱 GPS-CR 系列电梯。

(8) 物业管理用房: 1 号楼 3 单元 101 号及 2 号楼地下一层的两间备用房。

(9) 公摊部位: 物业管理用房、中控室、变电室、水箱间、电梯机房、楼梯间、楼 (电) 梯厅、电梯井、过道、外墙。

(10) 各楼层用途:

地下第 2 层: 1 号楼、4 号楼为人防。1 号楼平时为汽车库; 4 号楼设计中平时为自行车库, 现为出租用房。3 号楼为汽车库。

地下第 1 层: 1 号、3 号、4 号为汽车库; 2 号楼为设备用房。

地上 1~15 层: 住宅部分。

(11) 小区人车分流, 远红外线、闭路监控, 楼宇对讲, 24 h 生活热水。

2) 物业管理服务内容

(1) 工程设备管理区域: 变配电室、水泵房、锅炉房、中控室。

(2) 物业管理区域: 红线范围内的所有公共区域。

3) 物业管理服务要求

(1) **中控室运行管理** 中控室负责小区弱电系统 (包括消防报警系统、监控系统、门禁系统、对讲系统、红外线系统等) 的值班、检查、检测和弱电设备的日常维修保养工作。

标准:

① 24 h 值班, 值班人员必须持证上岗。

② 保证消防报警系统、门禁系统、对讲系统及闭路监控系统运行正常, 各系统工作稳定。

③ 一般性故障立即排除, 维修合格率 100%; 暂时不能处理的, 通知有关部门采取应急措施, 要求应急措施得当、有效。

④ 定期进行消防普查。

⑤ 设备机房整洁。

⑥ 保证设备机房的安全。

(2) **房屋日常养护维修** 房屋日常养护维修是指为保持房屋原有完好等级和正常使用所进行的日常养护、及时修复小损小坏等房屋维护管理工作。

标准:

① 定期进行房屋安全普查和房屋完损等级评定, 保证房屋完好率达 98% 以上。

② 爱护小区内设施、设备, 未经业主同意不得对小区的结构、设施等进行改动。

③ 及时完成公共区域及业主各项零星维修任务, 零修合格率 100%, 一般维修任务在接报后 24 h 内完成。

(3) **给排水设备运行维护** 给排水设备运行维护是指为保证小区给排水设备、设施的正常运行、使用所进行的日常养护维修。

标准:

① 控制室 24 h 值班, 加强日常检查巡视, 保证给排水系统正常使用。

② 建立正常供水管理制度, 保证水质符合国家标准。

③加强巡查,防止跑、冒、滴、漏,保证设备、设施完好。

④二次供水卫生许可证、水质化验单、操作人员健康合格证齐全。

⑤定期对水箱进行清洗、消毒。

⑥保持水箱清洁卫生,无二次污染。

⑦保证室内外排水系统通畅。

⑧设备出现故障时,维修人员应在接到报修后 5 min 内到达现场,零修合格率 100% ,一般性故障排除不过夜。

(4)供电设备管理维护　供电设备管理维护是指为保证小区供电系统正常运行, 对供电设备的日常管理和养护维修。

标准:

①统筹规划,做到合理、节约用电。

②供电运行和维修人员必须持证上岗。

③配电室 24 h 值班。

④加强日常维护检修,公共照明、指示灯具的线路、开关要保证完好。

⑤设备出现故障时,维修人员应在接到报修后 5 min 内到达现场,零修合格率达 到 100% ,一般性维修不过夜。

⑥供电设备定期维护。

⑦严格执行用电安全规范,确保用电安全。

⑧保证避雷设备完好、有效、安全。

(5)供热锅炉的管理和维护　供热锅炉的管理和维护是指为保证小区正常供暖 及热水供应,对锅炉设备的日常管理和养护维修。

标准:

①保证供热锅炉运行正常、安全。

②按规定时间供暖,且室内温度不低于 16 ℃ 。

③供暖系统出现故障时,维修人员应在接到报修后 10 min 内到达现场,零修合格 率达到 100% ,一般性维修不过夜。

(6)电梯运行维修　电梯运行维修是指为保证小区电梯设备正常使用所进行的 日常管理、维修养护和中修。

标准:

①电梯采用无人驾驶,24 h 运行。

②安全设施齐全、有效,电梯内求救电话保持正常工作状态。

③通风、照明及其他附属设施完好。

④电梯准用证、年检合格证、维修保养合同完备。

⑤轿厢、井道保持清洁。

⑥因故障停梯,维修人员接到报修后应在 5 min 内到达现场抢修,及时排除故障。

(7)卫生保洁　卫生保洁是指为保证小区公共区域、庭院等环境清洁而进行的日 常管理与保洁工作。

标准:

①楼(电)梯厅干净、明亮,地面无杂物。

②电梯门、轿厢、显示牌无尘土、印迹,表面光亮。

③玻璃、门窗无污迹、裂痕。

④庭院地面清洁,无废弃物。

⑤垃圾筒内垃圾日产日清,并摆放整齐,外观干净。

⑥扫雪及时,符合有关扫雪的要求。

(8)安保、消防、秩序管理 安保、消防、秩序管理是指为保证小区安全和正常生活秩序,保证监控、自动报警、门禁系统正常运行,所进行的安全保卫和防火、防盗工作,以及车辆、道路及环境秩序管理等。

标准:

①对来访人员进行登记,杜绝闲杂人员进入。

②小区内环境秩序良好,人车分流,道路通畅,车辆停放有序;地下车库照明、通风良好。

③保证消防自动报警系统、监控系统、门禁系统、对讲系统正常运行。

④各种消防设施、设备配备合理,更新及时,使用有效。

⑤能及时发现和处理各种事故隐患,确保安全。

⑥对突发事件有应急预案,完善责任制,确保能迅速、有效地处置突发事件。

4)各项管理指标要求

(1)杜绝火灾事故,杜绝刑事案件。

(2)环境卫生、清洁率达99%。

(3)消防等设备、设施完好率100%。

(4)房屋完好率98%。

(5)智能化系统运行正常率98%。

(6)零修及时率100%,返修率小于1%。

(7)服务投诉少于1%,处理率100%。

(8)业主满意率95%。

请结合上述信息,设计该物业区域房屋及设施设备的维修养护计划及实施方案。

实训12.1.2

2000年6月,开发商A公司在其建设的住宅小区经验收后,与B物业服务公司办理了承接手续。2000年11月,该小区的供暖系统出现问题,不能正常供暖。业主请求B物业服务公司修理,办公室王经理告诉业主,该问题应由开发商A公司负责,与自己无关。随后,业主请求A公司修理,A公司称,该物业已通过验收,交由B物业服务公司管理,应由其修理。

(1)小区不能正常供暖,应当由谁负责修理?

(2)这件事情你觉得应该怎样处理?

实训 12.1.3

××物业服务公司在 11 月 9 日消防大检查中,消防局对 4 号楼的室内外消防栓试水时,水压特别小。

请说明物业服务公司对消防设备的日常养护应注意哪些问题。

实训 12.1.4

××物业服务公司负责管理的 1 号楼是一座 32 层超高层楼宇,某日由于工程质量原因造成电梯井渗水,致使电梯停运数小时。

在整个事件中该物业服务公司应采取哪些处理措施?

实训 12.1.5

××物业服务公司所管辖的小区业主大部分反映,最近一段时间自来水流量忽大忽小。对此,业主委员会将此事向该物业服务公司进行了反映。

如果物业服务公司派你去处理这件事,你该如何处理?

实训 12.1.6

××小区有多户业主到物业服务公司报修水表,均反映他们的水表走得很快。例如一户只有三口人,用水量竟然达到 100 t。

如果你是物业服务公司主管水的管理员,如何处理这个问题?

实训 12.1.7

小李是某物业服务公司的培训师,经常对所服务的小区业主讲解电梯使用知识。请问她应该如何讲解?

实训 12.1.8

某高层住宅楼管理处正在召集员工会议时接到报告,本楼内 1 号电梯突然故障,停在 25 层与 24 层之间,电梯轿厢内共有 4 个人(注:电梯由专业电梯企业负责保养维修)。

如果你是此次电梯救援行动的负责人,你该如何做?

12.2　安保服务技能训练

能力目标:能够根据安保工作的法律和制度规范要求,完成安保工作中的具体任务,处理工作中出现的突发事件。

实训 12.2.1

门卫是物业安全的第一卫士,在物业治安管理中具有极其重要的作用。

请你谈谈做好写字楼门卫工作要注意哪几个方面?

实训 12.2.2

巡逻是物业安全的又一保障,必须加强安保巡逻,消除各种不安全因素。

请你说出对巡逻范围和巡逻方式有哪些具体规定?

实训 12.2.3

某小区的《业主公约》约定 2 楼居民不可以安装防盗窗。家住 2 楼的陈先生因天气闷热开窗纳凉,后因忘记关窗,使不法分子有了可乘之机,入室行窃,损失数万元。陈先生认为,因为物业服务公司要求 2 楼不能安装防盗窗,直接导致了窃贼能轻易登堂入室,相关安保人员也没有及时发现制止,因此陈先生要求该物业服务公司赔偿自己的损失。

请你谈谈物业服务公司是否应该赔偿陈先生的损失,理由是什么?

实训 12.2.4

某房地产公司打出销售广告,承诺提供高质量的物业管理服务,设专门保安检查出入人员及进出车辆。王某骑摩托车到该住宅小区看房,进入该小区大门时,保安人员发给王某一张车辆出入证,并申明出大门时凭证放行摩托车。半个小时后,王某看完商品房下楼准备回家时,发现摩托车不翼而飞,但车辆出入证还在自己手中。于是,王某要求负责该住宅小区安全的物业服务公司赔偿,该公司认为并未收取王某车辆保管费,车辆出入证只是车辆出入凭证,拒不赔偿。于是,王某诉至法院,要求保安公司赔偿损失。

进门发放出入证,车辆丢失物业服务公司应否负责?

实训 12.2.5

2003 年 5 月,江某新买了一辆汽车。由于小区车位较少,而江某回家时间较晚,因此常常无处停放自己的汽车。江某经了解得知楼下有一片空地,物业服务企业没有搞绿化或其他设施计划,就打算平整一下做个车棚。施工时,物业服务企业发现此事,予以制止,告诉江某不可随意占用小区内的公共场地。江某认为,小区内的场地属于业主大家所有,业主有权使用。为此,江某与物业服务企业发生纠纷,并诉诸法院。

请问法院应支持谁的主张?理由是什么?

实训 12.2.6

某物业服务公司的停车场管理员在工作中常遇到这样一种情况：小区的外来车辆乱停乱放，不服从管理。

请问遇到这种情况你如何处理？

实训 12.2.7

安保人员服务用语设计：
(1)对来访人员……
(2)当对讲机无人接听时对来访者……
(3)当来访人员离开时……
(4)对在小区中违章驾车逆行者……
(5)对违章停车者……
(6)对车场内闲杂人员……
(7)对车辆离开停车场时……
(8)当车辆进入停车场时……
请针对上述不同对象或不同情景，请设计交流时的规范用语。

实训 12.2.8

某写字楼 9 楼两间办公室的工作人员向物业公司反映，他们的办公室失窃，丢失现金、笔记本电脑若干。

你认为该事件的处理程序应该怎样？

实训 12.2.9

某日，王先生电话预约的搬家公司车辆行至小区出入口时突发故障，在自动道闸开启的时间内未能驶离道口。车辆重新启动后，将下落的道闸横杆撞坏。

小区门岗保安人员应如何处理这件事？

实训 12.2.10

某住宅小区 9 号楼有一业主家中发生了天然气管道漏气。
如果你是物业服务公司的工作人员，应如何处理？

实训 12.2.11

某物业服务公司接管了新建成的××花园小区，工程部张经理带领几位工程部和管理部的工作人员制定出一套较为规范、完备的小区房屋装饰装修管理制度。

如果让你负责这项工作，请具体说明上述这类房屋装饰装修管理制度主要应包括哪些方面的内容。

实训 12.2.12

在某物业服务公司刚接管的某住宅小区内,有一栋危房,公司指定技术员小钱先了解此栋危房的情况,确认危险等级,然后向公司提供一份危房处理建议书。

小钱应怎样开展这栋危房的调查和鉴定工作?

实训 12.2.13

某新建小区自 2007 年春季业主入住以来,不少楼房的外墙出现裂纹渗水,有的还出现明显的裂缝,业主们对此反映非常强烈。

面对上述情况,作为接管该小区的物业服务公司应该做些什么工作?

实训 12.2.14

某物业服务公司接管了刚建成的××住宅小区,该小区由多幢 16 层以上的高层楼宇组成,不少业主担心电梯的安全问题。物业服务公司的负责人向业主们做了保证,一定加强电梯设备的维修管理,并向工程部提出了具体要求。

你认为物业服务公司对电梯设备的维修管理应该有哪些要求?

实训 12.2.15

某公寓业主洪女士下班回家,打开自家房门后,发现小保姆倒在血泊之中。洪女士立即向公寓物业管理处报警。

物业管理处接到洪女士的报警后,应如何处理此事?

实训 12.2.16

某超市发现商品被盗,怀疑刚走出收费口的一位顾客偷了东西。此时,在大门口值勤的保安得到领导指示,对该顾客进行搜身检查。

(1)保安能否对该顾客进行搜身检查?

(2)如果该顾客同意进行搜身检查以证明自身清白,应如何处理?

(3)如保安对该顾客进行搜身检查后,发现了被盗商品应如何处理?

实训 12.2.17

北京某物业小区治安班长王某接到业主报案,犯罪嫌疑人入室抢劫后留有可疑爆炸物。王某立即冲上去抱起可疑爆炸物,3 min 跑下 20 楼。

假如有一天,你遇到这种情况会怎样处理?

实训 12.2.18

我国消防管理的方针是"预防为主,防消结合"。消防设备保证随时有效供水就显得至关重要。

物业服务公司应该怎样加强对消防设备的维修管理?

实训 12.2.19

物业服务公司应按照法律法规、行为规范标准及业主委托合同的约定,实施消防安全管理。为此,在物业管理中应确定专(兼)职消防管理员,要求其具备一定的消防灭火知识和消防管理知识,经消防部门培训后持证上岗。

描述在初期火灾出现和扑救无效后,保安员和当值主管的工作任务。

实训 12.2.20

某物业服务公司安保部的消防主管万先生正在制订物业管理区域消防管理方面的应急预案。

请你帮助万先生写出发生火灾火警时的紧急疏散程序。

实训 12.2.21

小何在××物业服务公司任消防主管,负责火灾防范工作。他还有一项重要任务就是向客户宣传消防知识,为了防止火灾的发生,要向业主介绍常见火灾隐患的处理办法。

请你说出小何需要介绍的内容。

12.3　环境管理服务技能训练

能力目标:能够组织有关人员进行保洁、绿化工作。

实训 12.3.1

某物业服务公司接管某住宅小区之后,当日就接到很多业主关于小区环境差的投诉和抱怨,有些业主甚至扬言要为此拒交物业管理费。可见,物业环境绿化和管理是十分重要的。

你认为物业服务企业在这方面应做好哪些前期工作?

实训 12.3.2

小王是某住宅小区物业管理处的保洁部主管,正在负责制订物业管理区域日常环境卫生方面的保洁操作规程。

请你代小王写出 10 项他应制订的有关操作规程。

实训 12.3.3

××物业服务公司 15 天后将接管某大型办公园区,保洁部正在拟订保洁设备和工具采购清单。园区内的写字楼均为高层楼宇,有大理石地面及地毯、玻璃幕墙等。

请你根据需要帮助保洁部列出至少20项所需的保洁设备和工具名称。

实训12.3.4

某单位绿化占地面积约为12 000 m²,绿化覆盖率高,有大量不同规格、品种的乔木、修剪造型灌木以及造型盆景,其中以灌木、袋苗修剪居多,并有上千盆小盆栽摆设。

(1)请描述养护工作的主要内容。

(2)为养护工作设定基本质量标准。

(3)设计一套养护方案,含不同季节的养护工作重点。

请你设计绿化养护管理方案。

实训12.3.5

××花园有一片敞开式绿地,每到傍晚时分,众多住户和游客都喜欢在这里驻足小憩。然而,一些现象也成了小区管理中的难题:有些人随意在草地上穿行、坐卧、嬉戏,导致绿地局部草皮倒伏、植被破坏、黄土裸露,不得不反复补种和养护,效果也不尽如人意。

假如你是一名物业管理员,请你提出解决这个问题的对策。

12.4 客户管理服务技能训练

能力目标:能够有效地与客户进行沟通,进行各种应急突发事件的处理。

实训12.4.1

××住宅小区的业主冯先生家的下水道堵塞了,他到小区的物业服务中心请人帮助维修,物业管理员陈某负责接待,并对报修及时进行了处理。冯先生表示对接待服务非常满意。

请分角色演示报修接待及正确处理的过程。

实训12.4.2

王小姐是某小区的住户,她的邻居是最近刚搬来的白先生。自从白先生入住以来,王小姐就没有感到安静和干净过。每天白先生都往门前扔大量的垃圾,晚上还总从屋里传来巨大的音响声,一直到深夜,吵得王小姐无法看书和入睡。王小姐多次向白先生提出意见,都没有效果。王小姐无奈,请物业服务公司出面协调。

如果请到你,你会怎样做?

实训 12.4.3

居住在某小区顶楼的林先生是某信鸽协会的会员之一,平日以养鸽为乐。由于鸽子经常出入鸽笼,并且鸽笼清洁不及时,四处洒落的鸽粪造成了楼下邻居晾晒衣物的不便。并且,由于鸽笼靠近顶楼水箱,对于该楼居民的用水水质也造成了一定的影响。时间一长,该楼居民与林先生就产生了纠纷,遂找该小区物业服务公司解决。物业服务公司的工作人员屡次上门劝解,林先生都毫不让步,认为自己既然是信鸽协会的会员,就应该拥有养鸽的权力。其他居民见问题久不解决,随即投诉了该物业服务公司。而该物业服务公司却无奈地表示,物业服务公司在遇到该类问题时,只能劝解、告诫,却没有强行拆除鸽笼的权力。

你觉得这件事怎样处理才有效?

实训 12.4.4

夏天是用电高峰时期,在一些老居民楼中因为设备老化的原因,有时会发生断水、断电的情况。一旦此类情况发生较多,物业服务公司就可能派不出足够的人手维修,导致维修不及时,从而受到居民投诉。

请问如果你是物业服务公司的负责人,如何解决这一问题?

实训 12.4.5

××小区的一位住户向物业服务公司反映,邻居家养了一只公鸡,每天早晨打鸣,影响了其他住户休息。

物业服务公司应怎样处理这件事?

实训 12.4.6

某大学物业管理专业毕业生小孙在毕业前夕到某物业服务公司实习,有机会参与某新建住宅小区业主入住接待工作。

(1)请你告诉小孙,业主前来办理入住手续时,她应按照怎样的程序为业主办理手续。

(2)分角色演示入住接待的整个流程。

实训 12.4.7

赵先生应聘到物业管理处的客户部,负责接待客户的投诉工作。

(1)请问赵先生应做好哪些环节的客户投诉接待和处理工作?

(2)请班上同学扮演不同角色的投诉者,一位同学扮演赵先生,表演接待投诉的情景。

实训 12.4.8

小关来到××物业服务公司客服部工作,被安排到接听客户电话的岗位上。

(1)在小关走上这个岗位之前,请你给小关提些建议,告诉他怎样做好这项工作。

(2)接、打电话中的规范做法是怎样的?

(3)分角色进行演示。

实训 12.4.9

××物业服务公司负责管理写字楼××大厦,租用该大厦 1 000 m² 写字间的××贸易公司,已连续 3 个月没有按规定交纳物业服务费。

假如你作为大厦物业管理处的经理助理,负责追缴该贸易公司拖欠的物业服务费,你准备怎样做?

实训 12.4.10

居住在××小区 9 栋 2 楼的 5 户居民在自家的窗户上安装了金属护栏,原因是小区 1 楼住户窗户均安装了护栏,致使 6 栋和 3 栋 2 楼住户最近接连发生被盗事件。这 5 户居民认为应增加必要的安全防范措施。该小区的物业服务公司得知后立即要求这 5 户居民自行拆除,理由是××小区业主委员会与本物业服务公司签订了物业服务合同,约定居民不得擅自改变房屋结构及设施设备的结构、外貌、设计用途、功能布局等。该 5 户居民承认安装护栏的事实,但拒不拆除。

物业服务公司可以按照怎样的程序、采取哪些方法解决该问题?

实训 12.4.11

某物业服务公司策划开展文体娱乐活动,以便物业服务人员与业主之间增强了解与沟通,融洽关系,推进合作。

请你策划活动流程。

实训 12.4.12

为增强与业主的感情联系,××物业服务公司将组织一次企业员工与业主的联谊活动。

请问在确定活动主题、编写活动宣传材料、组织活动实施的过程中,应做好哪些具体工作?

实训 12.4.13

某商业物业新建于某城市三环以外,交通便利性不够;周围均为新建住宅楼盘,入住率不高。该商业物业的空置面积很大,××物业服务公司希望尽快将空置房屋租出去。

如果你负责这项工作,为寻找和争取租客,你会采取哪些有效的措施?

实训 12.4.14

房地产项目流程包括从市场调研、可行性分析、项目定位、营销推广到物业管理多个环节。目前,房地产项目的上市,越来越依靠专业化的销售机构来进行,以期取得良好业绩。

代理物业营销服务的流程是怎样的?

实训 12.4.15

某大厦业主把其物业委托房产代理商租赁。代理商与租户签订了租赁合同。租户到大厦物业服务公司办理入住手续时,因未携带业主委托代理商签订租赁合约的授权书,物业服务公司不同意该租户入住。但代理商声称业主一定会认可的,于是物业服务公司为租户办理了入住手续。事后,业主不承认代理商所签订的合同,要求物业服务公司采取措施收回其物业。物业服务公司发出限期搬出的通知后,租户却不同意搬出,并向物业服务公司投诉,要求公司赔偿其装修损失 10 万元。

(1)该租户办理入住时应提交哪些资料?

(2)建立业主档案对处理本案的意义是什么?

(3)本纠纷案的主要责任人是谁?

(4)本纠纷案应如何处理为好?

实训 12.4.16

已经入住 2 年的某联排别墅(TOWNHOUSE)项目现有 300 多户居民,其中白领人士较多。该项目位于郊外,缺乏附属配套设施。

假设你是该项目的物业管理处经理,请针对上述情况,完成以下工作:

(1)为该物业项目设计 4 种合适的综合经营服务项目。

(2)如果这些项目不是物业服务公司自己经营,而是对外承包,那么物业服务公司应如何监控服务质量?

实训 12.4.17

为维护物业服务单位和物业产权人、使用人的合法权益,促进物业管理行业的健康发展,根据《物业管理条例》、《物业服务收费管理办法》等法律、规章的规定,物业服务收费是必要的,也是有法可依的。它是指物业服务企业按照物业服务合同的约定,对房屋及配套的设施、设备和相关场地进行维修、养护、管理、维护相关区域内环境卫生和秩序,向业主所收取的费用。物业服务企业根据业主的委托提供物业服务合同约定以外的服务,服务收费标准由双方约定,不同类型的服务收费项目可以有所不同。

调查周边写字楼物业服务收费项目和收费标准。

实训 12.4.18

深圳××物业服务公司是广州地区规模较大、有一定实力的物业服务公司。1998 年,该公司把创优和引入 ISO 9002 质量标准体系管理模式作为全年工作重点。公司要求全体员工实现管理观念的转变,同时要认识到企业要生存、求发展必须练内功,而推行 ISO 9002 质量体系是促进规范化、科学化管理的重要手段。经过半年的积极准备,按照"动员—培训—编定文件—试运行—内审"5 个步骤开展工作,初见成效。随后,该公司及其属下的 3 个管理处接受了深圳质量认证中心的质量审核,并顺利通过了现场认证。

(1)深圳××物业服务公司是如何实施 ISO 9002 质量体系认证的?

(2)深圳××物业服务公司的主要经验是什么?

附　录

附录 1　物业管理员国家职业标准(节选)

附表 1.1　物业管理员

职业功能	工作内容	技能要求	相关知识
一、客户管理服务	(一)日常客户服务	1. 能够向业主或使用人提供入住服务; 2. 能够做好客户接待工作,并处理一般客户投诉; 3. 能够拟写物业管理的常用文书; 4. 能够进行日常物业管理的档案管理	1. 接待服务规程; 2. 接待工作礼仪常识; 3. 物业管理常用文书基本写作知识; 4. 一般档案管理知识; 5. 物业管理合同及房屋租赁合同示范文本内容
	(二)收费服务	1. 能够按时收取物业管理费用; 2. 能够代收水、电、气等费用	1. 物业管理费用构成和收费标准; 2. 有关物价的政策法规
二、物来维护管理服务	(一)房屋建筑维护管理	1. 能够向业主和使用人说明房屋使用注意事项; 2. 能够组织、管理有关人员对房屋进行日常养护和维修; 3. 能够管理监督室内装饰装修工程	1. 房屋构造与识图的常识; 2. 房屋日常维修养护的内容与程序; 3. 室内装饰装修管理法规
	(二)房屋附属设备、设施维护管理	1. 能够向业主和使用人说明房屋附属设备、设施的功能和使用注意事项; 2. 能够组织有关人员对房屋附属设备、设施进行日常保养和维修	1. 房屋附属设备、设施的构成与分类; 2. 房屋附属设备、设施的使用知识; 3. 房屋附属设备、设施的日常养护知识; 4. 水、电、暖、气、消防等设备、设施的一般维修知识与安全操作规程

251

续表

职业功能	工作内容	技能要求	相关知识
三、环境管理服务	(一)安全服务	1. 能够组织保安人员提供安全保卫服务； 2. 能够正确执行消防制度，并正确设置和使用消防器材； 3. 能够进行管区车辆管理； 4. 能够及时处理突发事件	1. 安全、保卫常识； 2. 管区内的治安保卫制度； 3. 防火规范和消防要求； 4. 处理突发事件的基本常识
	(二)环境保洁与绿化美化管理	1. 能够组织、指导有关人员进行卫生保洁； 2. 能够组织有关人员对环境进行绿化美化	1. 环境保洁的知识； 2. 环境保护的内容与要求； 3. 绿化美化基本知识

附表 1.2　助理物业管理师

职业功能	工作内容	技能要求	相关知识
一、方案制订	(一)物业接管验收与撤管	1. 能够根据委托合同拟订管区物业的接管验收与撤管方案； 2. 能够组织物业的接管验收与撤管； 3. 能够建立与管理物业管理档案	1. 制订物业管理合同的基本要求； 2. 房屋接管验收标准； 3. 档案建立与管理知识
	(二)物业管理费用	1. 能够计算物业管理费； 2. 能够组织、安排、指导物业管理费收取工作	1. 物业管理费用的计算方法； 2. 物业管理服务收费管理办法
	(三)房屋租赁服务	能够拟订房屋租赁方案	1. 房屋租赁的有关规定； 2. 房屋租赁市场预测知识
二、客户管理服务	(一)客户关系管理	能够有效地与客户进行沟通	1. 心理学基本知识； 2. 公共关系基本知识
	(二)文体娱乐活动的组织与管理	能够在管区内组织和管理各种有益的文体娱乐活动	社区文体娱乐活动的组织与管理知识

职业功能	工作内容	技能要求	相关知识
三、物业维护管理服务	（一）房屋建筑维护管理	1. 能够进行房屋安全管理； 2. 能够进行房屋维修管理； 3. 能够进行房屋维修工程施工管理； 4. 能够组织、检查房屋的装饰装修工程，并按规定处理有关事宜； 5. 能够识读建筑图纸	1. 建筑构造与识图的基本知识； 2. 房屋完损等级评定标准； 3. 城市危险房屋管理规定； 4. 房屋维修管理的内容与要求； 5. 房屋修缮工程施工管理规定； 6. 建筑装饰装修管理规定
	（二）房屋附属设备、设施维护管理	1. 能够组织有关人员对房屋附属设备、设施进行保养； 2. 能够进行房屋附属设备、设施维修管理； 3. 能够拟定电梯的运行、维护、管理计划； 4. 能够运用智能化管理系统进行管理； 5. 能够对关键设备的外包性维修养护工作进行管理	1. 各类设备、设施的使用和安装规程； 2. 电梯的操作、保养和维修基本内容； 3. 电梯管理的有关规定； 4. 楼宇智能化系统基本知识与管理知识
四、环境管理服务	（一）安全服务	1. 能够拟订治安管理制度和工作程序； 2. 能够拟订消防管理制度； 3. 能够拟订车辆管理制度； 4. 能够预防和处理突发事故	1. 安全防范设施管理的有关规定； 2. 消防知识； 3. 车辆管理知识
	（二）环境保洁与绿化美化管理	1. 能够拟订卫生保洁方案； 2. 能够拟订绿化美化管理方案，并组织实施	1. 清洁卫生工作要求； 2. 居住区绿化标准
五、管理与培训	培训与指导	1. 能够对物业管理员进行业务培训； 2. 能够指导物业管理员的工作	培训方法与考核基本知识

附表 1.3　物业管理师

职业功能	工作内容	技能要求	相关知识
一、方案制订	（一）物业管理方案拟订	1.能够在物业管理早期介入中对物业的规划设计方案、施工质量等提出合理建议； 2.能够根据委托合同拟订物业管理方案； 3.能够拟订各项物业管理制度； 4.能够拟订管区再开发利用方案	1.居住区规划知识； 2.房地产开发基本程序； 3.前期物业管理知识； 4.产权权属基本知识； 5.物业管理成本测算与可行性研究基本知识； 6.物业管理制度基本知识； 7.停车场（库）建设基本知识
	（二）资金管理	1.能够拟订物业管理费用收支计划，并控制预算； 2.能够编制专项维修基金的使用计划； 3.能够处理物业管理收费纠纷	1.物业管理费用预算知识； 2.物业管理企业财务管理知识
二、物业维护管理服务	（一）维护管理	1.能够拟订房屋及附属设备、设施的维修养护计划； 2.能够拟订管区内安全防范设施的设置方案； 3.能够进行房屋维修技术管理	1.住宅工程初装饰竣工验收办法； 2.住宅防范设施管理规定； 3.房屋维修技术管理
	（二）维修预算	1.能够编制房屋修缮方案； 2.能够编制设备、设施的维修、更新预算方案	1.房屋修缮定额知识； 2.房屋修缮预算知识； 3.设备设施维修预算知识

职业功能	工作内容	技能要求	相关知识
三、综合服务	综合经营服务	1. 能够策划经营服务项目； 2. 能够组织开展经营服务工作	1. 经营服务项目市场预测基本知识； 2. 经营服务项目的要求及标准
四、管理与培训	（一）物业管理市场开发	1. 能够进行物业管理的市场开发； 2. 能够草拟物业管理的投标书	1. 市场营销的基本知识； 2. 物业管理招投标基本知识
	（二）培训与指导	1. 能够对物业管理师以下人员进行业务培训和指导； 2. 能撰写工作总结和专业论文	论文写作常识

附录 2　比重表

附表 2.1　技能操作

项　目			物业管理员/%	助理物业管理师/%	物业管理师/%
技能要求	客房管理服务	日常客户服务	20	—	—
		收费服务	10	—	—
		客户关系管理	—	5	—
		文体娱乐活动的组织与管理	—	5	—
	方案制订	物业接管验收与撤管	—	10	—
		物业管理费用	—	10	—
		物业租赁服务	—	5	—
		物业管理方案制订	—	—	30
		资金管理	—	—	20
	物业维护管理服务	房屋建筑维护管理	20	15	—
		房屋附属设备、设施维护管理	20	15	—
		维护指导	—	—	15
		维修预算	—	—	10
	环境管理服务	安全服务	15	15	—
		环境保洁与绿化美化管理	15	15	—
	综合服务	综合经营服务	—	—	10
	管理与培训	物业管理市场开发	—	—	10
		培训与指导	—	5	5
合　计			100	100	100

主要参考文献

[1] 黄安勇.物业管理实务[M].北京:中国建筑工业出版社,1999.

[2] 贺学良,ALBERT LO,王子润.物业管理实务[M].上海:文汇出版社,1997.

[3] 罗小刚,王友华,方中东.物业管理金典[M].广州:中山大学出版社,2001.

[4] 谢凯.大厦物业管理实务[M].广州:广东人民出版社,2000.

[5] 罗小刚,方中东,王一翌.物业管理投诉案例分析[M].广州:广东经济出版社,2003.

[6] 王堤.物业管理国际质量标准[M].武汉:华中师范大学出版社,1998.

[7] 王友华,王一翌.物业管理创优考评指南[M].广州:中山大学出版社,2002.

[8] 李世谦,刘云,吴文盛,黄振辉.物业管理实务[M].北京:经济管理出版社,1997.

[9] 徐淳厚.物业管理实务[M].北京:中国商业出版社,1998.

[10] 廖声群.深港物业管理实务[M].南昌:江西科学技术出版社,2001.

[11] 方芳,吕萍.物业管理[M].上海:上海财经大学出版社,2003.

[12] 方芳,吕萍.物业管理实务[M].上海:上海财经大学出版社,2001.

[13] 周珂.物业规范管理教程[M].北京:中国计量出版社,2001.

[14] 上海陆家嘴物业管理有限公司.物业管理实务运作[M].上海:上海远东出版社,2001.

[15] 陈瑞正,周心怡,等.物业管理标准作业规程[M].天津:天津大学出版社,2001.

[16] http://www.wyfwgw.com/Article/355.html.